新能源（能源化学）新兴领域
“十四五”高等教育教材

能源大数据与人工智能

主　编　李　明
副主编　宫　雨　禹春霞
蓝兴英

Energy Big Data and Artificial Intelligence

中国教育出版传媒集团
高等教育出版社·北京

内容提要

本书为新能源(能源化学)战略性新兴领域“十四五”高等教育教材。全书紧密围绕能源行业需求,瞄准理论与前沿技术,融合行业特色案例,全面介绍能源大数据与人工智能技术,既注重理论知识的系统性和科学性,又强调实践应用的针对性和可操作性。全书共分为四篇:能源大数据与人工智能概述、大数据技术、人工智能技术、大数据与人工智能在能源领域的实践;具体分为10章,从基础理论到前沿应用,循序渐进地展开论述。

本书可供大数据、人工智能及能源化学等相关专业的本科生或研究生使用,也可供相关人员参考。

图书在版编目(CIP)数据

能源大数据与人工智能 / 李明主编 ; 宫雨, 禹春霞, 蓝兴英副主编. -- 北京 : 高等教育出版社, 2025. 4.
ISBN 978-7-04-063699-4

Ⅰ. TK01

中国国家版本馆CIP数据核字第2025WF8645号

nengyuan dashuju yu rengong zhineng

策划编辑 张 政　　责任编辑 张 政　　封面设计 李树龙　　版式设计 李彩丽
责任绘图 裴一丹　　责任校对 张 薇　　责任印制 张益豪

出版发行 高等教育出版社
社 址 北京市西城区德外大街4号
邮政编码 100120
印 刷 北京中科印刷有限公司
开 本 787 mm×1092 mm 1/16
印 张 13
字 数 260千字
购书热线 010-58581118
咨询电话 400-810-0598
网 址 http://www.hep.edu.cn
http://www.hep.com.cn
网上订购 http://www.hepmall.com.cn
http://www.hepmall.com
http://www.hepmall.cn
版 次 2025年4月第1版
印 次 2025年4月第1次印刷
定 价 34.50元

物 料 号 63699-00

“新能源（能源化学）新兴领域系列教材”编委会

主　任　徐春明

副主任　（以姓氏笔画为序）

李　明　邱　萍　宋昭峥　张　瑛　周　倩　周广林　黄海燕

编　委　（以姓氏笔画为序）

万红霞　马　丁　马　跃　王　瑞　王建良　王雅君　韦岳长
车　赛　石孝刚　包　莹　曲江兰　朱　娣　许济沧　孙晓华
孙源卿　李　凯　李　莹　李叶青　李永峰　李宇明　李贺平
李振兴　杨　帆　吴志杰　宋卫余　张　英　张　楠　张　潇
张　鑫　张晓灿　岳长涛　禹春霞　姜伟丽　姜桂元　宫　雨
袁桂梅　黄国勇　曹　睿　龚　露　彭丹丹　董腾飞　蒋成银
蓝兴英

本书编委会

主　编　李　明

副主编　宫　雨　禹春霞　蓝兴英

编　者　（按姓氏笔画排序）

王　瑞　王建良　石孝刚　包　莹　许济沧　李　莹　李贺平

序　言

碳中和目标下的能源结构转型、绿电绿氢等可再生能源与传统流程工业的深度融合，催生了跨行业、跨专业复合型人才培养的新需求！为全面贯彻党的二十大精神，深化新工科建设，加强高等学校战略性新兴领域卓越工程师培养，中国石油大学（北京）新能源（能源化学）虚拟教研室根据教育部办公厅《关于组织开展战略性新兴领域“十四五”高等教育教材体系建设工作的通知》要求，充分发挥教材作为人才培养关键要素的重要作用，着力破解能源新兴领域高等教育教材整体规划性不强、部分内容陈旧、更新迭代速度慢等问题，建设了《有机化学》《物理化学》《基础化学实验》《能源材料化学》《能源电化学》《氢能源化学》《能源大数据与人工智能》共七部新能源（能源化学）新兴领域教材，努力体现时代精神、能源特色，融汇产学共识、凸显数字赋能，着力打造具有战略性新兴领域特色的高等教育专业教材体系，牵引带动相关领域核心课程、重点实践项目、高水平教学团队建设，重在提升人才自主培养质量。

徐春明

中国科学院院士

2024 年 8 月

前 言

能源是维系人类生产和生活的基本能量和动力来源,“双碳”目标的制定加快了能源行业转型升级的步伐,“十四五”发展规划进一步强调了清洁低碳、安全高效的能源发展方向。在这一背景下,随着大数据、人工智能等新一代信息技术的飞速发展,能源系统的数字化、网络化、智能化转型已成为不可逆转的趋势。然而,面对拥有庞大数据量的复杂能源系统,如何高效地利用大数据技术和人工智能技术助推能源行业转型升级是当前亟待解决的问题。因此,本书与实际应用场景相结合,重点阐释大数据和人工智能的概念及重要技术,以此帮助能源行业从业者加强对这两项前沿技术的理解与掌握,促进其在实践中的创新应用。

本书是在结合编者及编者单位多年从事能源研究的工作实践、研究成果和教学经验,以及广泛吸收国内外研究成果的基础上编写而成的,属新能源(能源化学)战略性新兴领域教材。全书分为四篇:能源大数据与人工智能概述、大数据技术、人工智能技术、大数据与人工智能在能源领域的实践;具体分为10章,从基础理论到前沿应用,循序渐进地展开论述。

第一篇为能源大数据与人工智能概述,是本书的核心主题。分两章引导读者建立起对能源大数据和人工智能的整体认知和框架,在此基础上,分析人工智能与大数据的关系,并介绍其在能源相关领域的应用。

第二篇聚焦大数据技术。大数据生态依赖于高效、可靠的数据采集与存储技术,是第3章的主要内容。在拥有了可靠的数据来源之后,第4章介绍如何对大数据进行深入分析和有效可视化,以揭示数据背后的规律和趋势。

第三篇则聚焦人工智能技术。第5—7章系统地介绍了深度学习、文本挖掘、知识图谱的关键技术,以此帮助读者理解人工智能主流技术的基本原理,掌握技术的组成部分和构建流程,以及熟悉不同技术的特点与应用场景。

第四篇深入探讨大数据与人工智能在能源领域的实践。与实际应用场景相结合，通过具体案例和技术实现路径，展现这两大技术在能源领域的实际应用价值。第 8—10 章分别探讨了天然气需求预测，光伏电池故障检测，反应器内气泡检测、分割与形状重建三个场景下的功能需求、模型构建、模型评估及实验。

本书由李明、宫雨、禹春霞、蓝兴英负责编写，参加编写的还有王瑞、王建良、石孝刚、包莹、许济沧、李莹、李贺平等老师。在编写过程中，编者希望既注重理论知识的系统性和科学性，又强调实践应用的针对性和可操作性。尽管如此，书中可能仍存在不足与不当之处，敬请专家和读者批评指正。

编者

2024 年 10 月

目　录

第一篇

能源大数据与人工智能概述

第 1 章 能源大数据概述

本章阐述了能源大数据的内涵，系统介绍了能源大数据涉及的相关技术，以及大数据在能源规划、生产、消费、转型及新能源等领域的融合及应用。

本章的教学目的是帮助学生掌握能源大数据的基本概念及特征，了解能源大数据的发展历程及现状、作用及价值，熟悉能源大数据采集、存储、处理及分析等涉及的关键技术，了解大数据在能源规划、生产、消费、转型及新能源等领域的综合应用。通过本章的学习，学生将建立起对能源大数据的整体认知和框架。

1.1 能源大数据内涵

能源是维系人类生产和生活的基本能量和动力来源，随着互联网、云计算、物联网、大数据、人工智能、区块链等新一代信息技术与能源产业的深度融合，能源系统逐渐迈向数字化、网络化、服务化、智能化。

2015 年及 2016 年，《国务院关于积极推进“互联网 +”行动的指导意见》及《关于推进“互联网 +”智慧能源发展的指导意见》等政策相继出台，能源互联网与能源生产、传输、存储、消费以及能源市场深度融合的能源产业发展新形态初现。这一演进标志着国家正积极推动能源行业的现代化建设和能源产业的转型升级，通过科技创新与能源产业的有机结合，实现能源领域高质量发展。2018 年，国家能源局印发的《2018 年能源工作指导意见》明确提出“实施能源系统人工智能、大数据应用等创新行动”。2020 年，以习近平同志为核心的党中央作出了“力争 2030 年前实现碳达峰、2060 年前实现碳中和”的重大战略决策。2023 年，《国家能源局关于加快推进能源数字化智能化发展的若干意见》提出推动数字技术与能源产业发展深度融合。在能源行业数字化转型和“双碳”目标的双重背景下，能源大数据技术正发挥重要作用，为能源管理和效率的提升注入了新的活力。随着信息技术的快速发展，尤其是对结构化和非结构化数据的大规模利用，能源行业正在经历深刻的变革。能源大数据和人工智能技术的融合应用正在推动能源行业向更智能化、高效化和可持续化的未来迈进。

能源大数据除了具有大数据本身的特性之外，还因其能源行业的背景有其自身的特点。因此，本部分将通过能源大数据的概述及特征、历程及现状、作用及价值 3 个方面系统概括能源大数据的内涵。

1.1.1 概述及特征

1. 能源大数据的概念

能源大数据是海量能源数据与大数据技术的深度融合，是构建“互联网 +”智慧能源的关键手段，其基本概念可以从两方面理解：狭义上，能源大数据是指在能源领域深入应用大数据技术，集成煤炭、电力、石油、天然气、新能源等领域的生产、传输、存储、消费、交易等数据以及人口、地理、气象等多方面的信息，进行综合采集、处理、分析与应用的相关技术与方法；广义上，能源大数据也是大数据、人工智能等新兴信息技术与能源行业在生产、传输、存储、消费和市场层面深度融合而成的能源产业发展新形态，是保障政府能源监管、社会能源信息共享、能源体制市场化改革的基本载体。它对于推动我国能源行业的革新至关重要，不仅有助于适应可再生能源的规模化发展，还能提升能源开发的效率，促进市场的开放和产业的升级，对于形成新的经济增长点和提高国际合作水平尤为关键。

2. 能源大数据的来源及类型

能源作为人类社会生存与发展的基石，是事关国计民生、国家经济和战略竞争力的关键。能源数据的来源和类型是多元且复杂的，它源自能源的生产、传输和消费这些直接环节，并能广泛渗透到经济和社会的各个方面，涵盖众多经济和物理系统的信息。具体而言，能源大数据主要来源于石油、煤炭、天然气、电力、新能源等能源领域的生产和运营，覆盖能源的勘探、开发、生产、传输、存储、供给和消费等环节。此外，还包括与能源相关的社会和环境数据，如政策法规、社会经济数据、地理与环境数据等。这些数据不仅数量庞大，而且类型多样，涵盖结构化和非结构化数据。能源大数据的深入分析和应用对于提高能源效率、促进产业创新和改善宏观经济运行具有重大意义。

基于上述能源大数据的来源，可以将能源大数据划分为以下 5 类：生产与消费数据、能源企业运营数据、客户数据、社会数据（如政策、基础设施）和环境数据（如天气、地理位置）。

（1）生产与消费数据。这类数据来源于能源生产、分配和消费过程，如电力、热力、煤炭、石油和天然气等，包括能源产量、产出效率、分配效率、能源使用方向、使用量等，反映了实际能源使用情况。区别于传统的数据采集，基于大数据技术的更为海量和详细的生产与消费数据的快速积累和智能化采集是能源大数据发展的关键趋势。随着智能计量表等测量设备的广泛部署,电力、热力、水和天然气等能源消费数据的实时采集成为可能。这些综合数据为能源企业提供了分析负荷曲线、推进生产技术创新的重要基础,同时也为商业模式创新和社会经济分析提供了强有力的支持。这些生产和消费数据将在未来的能源管理和决策中发挥更加关键的作用。

(2)能源企业运营数据。这类数据来源于企业运营记录,包括能源企业的运营效率、设备维护记录、生产成本和能源供应链的数据等。运营数据也是能源行业中一种庞大的数据资源。传统的运营数据依赖于企业内部的定期记录,大数据技术则赋能了包括智能传感器、物联网设备、实时监控系统采集等更为广泛的数据来源。通过这些数据,企业能够全面监测运营状况,评估和优化生产流程、降低成本并提高能源供应的可靠性,为能源供需的全面分析和运营管理的改进提供了坚实基础;这些数据对于开发优化用户体验的服务产品也提供了极大的帮助,为市场开发和商业模式的创新提供了支持。深入分析和应用能源企业运营数据,对能源企业的长远发展具有重大意义。

(3)客户数据。这类数据来源于客户的能源消费和行为模式,包括客户的人口统计、能源消费模式、偏好等信息。这些数据不仅规模庞大,而且具有多样性和实时性。分析客户消费数据有助于理解市场需求、消费者行为和定制服务。客户消费数据正在成为能源企业竞争中的关键资源。传统的客户数据主要依靠定期的用户调查和基本的消费记录,而随着智能设备(如智能计量表、智能家居等)的普及,能源消费数据的精确采集和实时分析变得可行,能源公司可以更好地服务客户,满足客户需求,也为企业创造了新的收入来源和发展机会。

(4)社会数据。这类数据来源于社会经济统计和相关的政策法规,包括与能源领域相关的社会经济因素,如宏观经济数据、经济增长模式、城市化进程、政策法规变化等。传统的社会数据主要依赖政府发布的社会经济统计数据和定期更新的政策法规文件,大数据背景下的社会数据涵盖政府数据、社交媒体、在线新闻、传感器网络等多种数据来源。这些数据能够全面反映能源供给与需求、发展趋势等重要信息,对其进行分析可以使能源企业更好地理解和预测市场需求,从而优化能源生产和运营策略。此外,社会数据还有助于能源企业开发新的业务领域及发展机会,为企业的长远规划和战略制定提供支持。

(5)环境数据。这类数据来源于自然、气候和地理环境,包括天气状况、地理位置、地形地貌等。传统的环境数据主要依靠有限的观测站点和周期性数据采集,数据量较小且更新频率较低,而大数据背景下的环境数据则通过卫星遥感、传感器网络、气象站等更广泛的数据采集方式获取。能源的生产和消费受到环境的影响和制约,分析上述环境数据可以帮助预测能源需求,优化能源分配,降低环境影响。例如,在可再生能源领域,风速和太阳辐射的信息对于风能和太阳能的有效利用至关重要,对这些数据的深入洞察,可以使风能与太阳能的运营更加智能和高效。

上述5种类型的能源数据之间存在关联，为能源行业的生产运营提供了多维度的视角，分析这些数据有助于能源企业更全面的战略制定和高效管理。例如，分析生产与消费数据有助于反映实际的能源使用情况，推进生产技术创新，并为商业模式创新和社会经济分析提供支持；分析企业运营数据能够监测企业的运营状况，评估和优化生产流程，降低成本并提高能源供应的可靠性，同时为开发优化用户体验的服务产品、支持市场开发和商业模式创新提供基础；分析客户数据则有助于理解市场需求和消费者行为，定制服务以满足客户需求，增强能源企业的竞争力，为企业创造新的收入来源和发展机会。

3. 能源大数据的特征

2001年，Gartner公司的道格·莱尼提出了数据增长面临的3个方向的挑战和机遇：数据量（volume）、速度（velocity）和多样性（variety）。国际知名咨询公司IDC提出的大数据"4V"特征进一步对该理论进行了延伸和拓展，即大量性（volume）、多样性（variety）、高速性（velocity）和价值性（value）。总体而言，大量性（volume）指的是数据的规模和量级，强调巨大的数据量和数据完整性；多样性（variety）主要指数据的类型和来源的多样性，如结构化、半结构化和非结构化数据等，体现了大数据复杂多变的特征；高速性（velocity）指数据生成和处理的速度，强调实时性和动态性；价值性（value）指从大量数据中提取有用信息的能力，强调通过洞察力提升数据的商业和实用价值。在能源领域，大数据的"4V"特征表现同样较为突出。

（1）大量性（volume）。该特征反映在能源数据量的庞大规模上，是能源大数据的重要特征。能源的勘探、开发、生产、消费等环节本身会产生大量的数据。智能计量设备和传感器等在能源行业的广泛应用，带来了前所未有的数据量，能源行业需要利用大数据技术应对这一挑战。能源数据迅猛的增长速度也对数据处理能力提出了更高要求。例如，石油和天然气勘探阶段的自动化控制对监测数据的精度和频率要求更高，能源消费侧的采集频率提升则导致数据量大幅增长，这对政府和企业管理层来说，意味着巨大的数据处理需求。

（2）多样性（variety）。该特征在能源大数据中体现为数据类型的增加和复杂性。能源行业不仅涉及传统的结构化数据，还包括诸如地质信息、地震勘探等半结构化数据，以及音频和视频等非结构化数据。随着能源行业更广泛地利用信息技术，能源大数据变得更为多元化。例如，随着能源企业越来越多地在生产中部署视频监控、在客户服务领域部署呼叫中心等应用，音频、视频等非结构化数据在总体数据中的比重越来越大，增加了数据处理的复杂性。

（3）高速性（velocity）。该特征在能源大数据中体现为实时的数据收集、处理和分析的需求。例如，为了满足智能电网、能源监测和应急响应的需求，数据不仅需要实现快速采集，还要在极短时间内完成处理及分析，以支持快速决策和实时操作。高速性在预测能源需求、调节供应、优化资源配置和应对突发事件时尤为关键。

（4）价值性（value）。该特征对于能源大数据体现在能源数据的实用性和对业务目标的贡献上，即从复杂和庞大的能源大数据中提炼出有用的信息，以优化能源管理和决策。包括通过数据分析预测能源需求、改善能源效率、降低成本、提高服务质量以及促进可持续发展。例如，通过分析消费者使用习惯和市场趋势，能源公司可以优化资源分配，开发新的服务和产品。

此外，能源大数据的特征还可包括“3E”，分别为数据即能量（energy）、数据即交互（exchange）、数据即共情（empathy）。“数据即能量”是能源大数据本质特征的体现，意味着能源大数据自身具备能量的属性及特征，具有无磨损、无消耗、无污染、易传输等特点，并且在使用过程中能够不断增值，进而影响生产与消费环节，助力低能耗和可持续发展，在能源管理系统中发挥着重要作用。能源大数据不仅为用户提供了价值，同时也带有显著的绿色特性，通过数据分析达到节能减排的目的，成为能源基础设施的重要投资。“数据即交互”这一特征体现在能源大数据与其他产业、国民经济和社会的广泛联系中，以及多方交互带来显著的正外部性。能源大数据能够促进能源系统内部（电力、煤炭、石油）的数据及业务交互融合。此外，作为国民经济发展的物质基础，能源大数据同时具备跨学科领域的特征，对能源大数据的分析和挖掘也给农业、工业、服务业等其他行业的发展提供了重要的支撑作用，此外，能源大数据还与社会人口、地理、气象等领域的因素息息相关。“数据即共情”是指能源数据分析在创造客户、理解和满足用户需求、提升效益等方面的特征属性，意味着通过对政府部门和企业的用户需求、能源消费模式、用户行为习惯和偏好等的深入分析，能源公司可以提供更加个性化和精准的服务，从而提高用户满意度。这种共情能力强调了数据分析在提升客户体验和建立客户情感联系等方面的重要作用。

1.1.2 发展历程及现状

我国能源大数据的发展历程经历了从早期探索与数据收集到数字化转型与初步应用、全面应用与平台建设，再到当前全面整合与创新发展几个关键阶段。具体发展历程如图 1.1 所示。

1. 早期探索与数据收集

21 世纪初，随着我国经济的快速增长和进一步扩大开放，政府部门意识到有效开发利用各种能源、积极应对气候变化是可持续发展的必然需求。2002 年，我国政府开始推动电力系统的重大改革，原有的垂直一体化的国家电力公司被拆分为多个独立的发电和电网企业，这

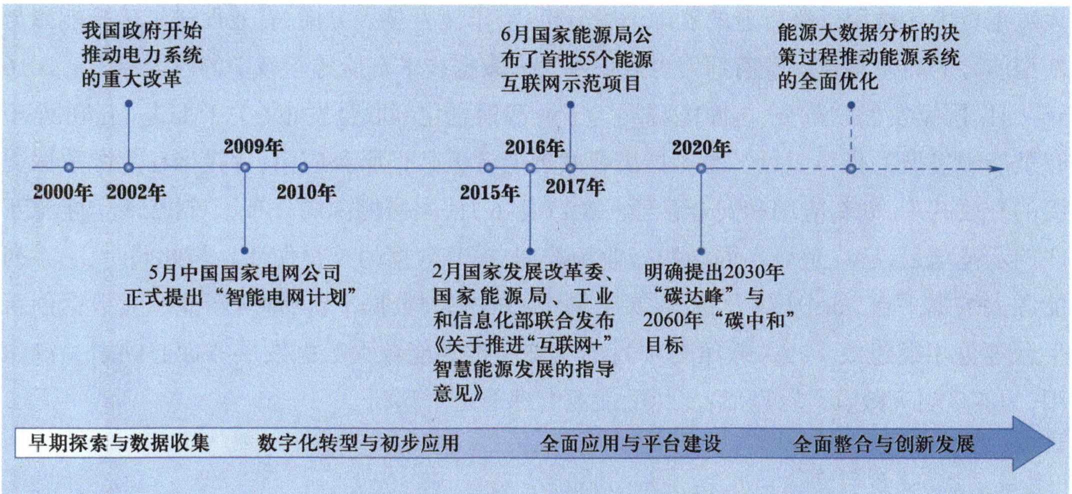

图 1.1 我国能源大数据发展历程

一改革为后续的智能电网建设和数据管理技术的应用奠定了基础。同时,其他的能源行业如石油与天然气行业、可再生能源行业也开始逐步采用数据库和信息管理系统来处理和存储日常操作中的数据。在这一阶段,能源行业主要关注数据管理和存储,缺乏复杂的数据处理和分析优化。能源行业开始积累大量数据,但大数据技术还未在该领域广泛普及。

2. 数字化转型与初步应用

随着数字化和互联网技术的发展,我国能源行业开始关注数据的潜在应用价值。2009 年 5 月,我国正式提出“智能电网计划”,开始在全国范围内实施一系列智能电网试点项目,标志着大数据技术在能源领域的初步应用。智能电表和传感器的大规模部署使得电力行业能够收集大量的实时的电网运行数据,如电力消耗、负载波动等,并用于优化电网运行以及故障维修与预测。在能源勘探领域,2009 年,中国石油天然气集团公司通过对地质、生产数据等的分析,提高油田的勘探效率和生产力。在能源供应链管理方面,2010 年,中国石油化工集团有限公司开始通过大数据分析技术优化其天然气供应链管理,并提高整体供应链的效率。上述电网优化、能源勘探、供应链管理等方面的实质性进展不仅直接推动了能源大数据技术的发展和应用,也为能源行业的整体智能化转型提供了重要基础。

3. 全面应用与平台建设

随着云计算和物联网技术的发展,能源产业的数据收集和预处理能力也得到快速提升,大数据技术在各能源行业得到了广泛应用。如电力行业中的负荷预测与优化、石油和天然气行业里的资源勘探和开采效率提升以及可再生能源行业中的产量预测等。此外,大数据技术还被用于跨行业的能源消费分析、需求侧管理等方面，有效促进了传统能源与新型能源的高效整合。政府部门也意识到了大数据技术在能源领域中的巨大潜力。2016 年 2 月，国家发展改革委、国家能源局与工业和信息化部联合发布《关于推进“互联网 +”智慧能源发展的指导意见》，意见指出要发展能源大数据服务应用，旨在推动能源数据资源的开放共享、创新应用和安全管理。2017 年 6 月，国家能源局公布了首批 55 个能源互联网示范项目，旨在整合不同能源行业的数据，提升数据的互操作性。与此同时，一系列能源大数据平台，如中国（太原）煤炭交易中心能源大数据平台、青海新能源大数据创新平台等也相继建成。相关政策与项目的实施在推动能源大数据发展方面起到了关键作用，为实现更高效、可持续和智能化的能源管理奠定了基础。

4. 全面整合与创新发展

2020 年左右，我国能源大数据已进入全面整合及创新发展阶段。智能电网等项目建设已经进入成熟阶段，覆盖运营优化、负荷预测、故障检测到维护管理等环节。在石油和天然气行业，大数据与人工智能技术的应用也已贯穿勘探、开采、加工、销售等全链条，成为提升能源系统效率及安全的关键。在可再生能源优化及管理中，大数据技术已用于太阳能光伏板等设备的生产及维护中，进而提高设备转换效率。同时，大数据技术也被广泛应用于能源经济领域，推动能源、社会、经济等领域的数据整合，从用能行为分析、市场平衡与交易分析、社会服务等方面为能源服务与交易奠定坚实基础，辅助政府的宏观经济分析、能源政策制定。2020 年，“力争 2030 年前实现碳达峰、2060 年前实现碳中和”的重大战略决策被正式提出。随着能源大数据开始与人工智能技术进行深度融合，能源产业的数据分析与决策优化能力将进一步提升，能源行业进入智能化和自动化的创新发展阶段。这将催生全新的服务与创新模式，并促进能源行业和其他行业的数据共享与整合，构建全面的能源大数据生态系统。

1.1.3 作用及价值

能源大数据通过深度分析提高能源行业的资源配置和决策效率，揭示潜在风险，推动智慧能源系统建设，提增企业经济效益。同时，能源大数据能够驱动能源产业升级，优化能源生产、分配、销售等环节，提升能效和环保成效，是能源行业转型的关键。

1. 能源系统价值创造

能源大数据通过深度挖掘和分析各类数据，为能源行业的生产、存储、运输和使用过程中的复杂资源调度和配置（包括人力、物资、能源等）提供了精准的解决方案。不仅优化了资源配置，提升了资源利用效率，而且显著提高了企业的决策效率。能源大数据还能及时揭示系统中的隐藏问题和潜在风险，为企业规避潜在损失提供了有效手段。

从技术和商业模式创新角度，大数据、云计算、物联网和移动互联网等信息技术的集成应用，为智慧能源系统的建设提供了关键技术支持。这些技术不仅推动了能源领域服务范围的拓展和服务水平的提高，也为构建综合能源服务平台打下了坚实的基础。

从财务管理及经济价值角度，能源大数据的应用能显著提升能源企业的财务管理和经济效益，通过提高数据质量和利用率，优化企业运营表现。客户数据的有效应用不仅加强了能源企业与客户的关系，还能精确反映区域经济趋势，指导能源设施的设计和反馈，提供行业内外的增值服务，提升运营效率和营收能力。此外，能源大数据的普及和规模效应不仅在社会范围内获得广泛认可，还加速了能源工业的发展，推动了传统能源设施行业的转型，对国家的经济和社会可持续发展具有重大意义。

2. 能源产业升级再造

能源大数据在能源产业升级再造过程中起到关键的催化作用。能源供应链与信息链的叠加提高了企业对行业动态的透彻理解，促进了上下游间的智能协作，帮助实现了资源配置的最优化。

从产业侧来看，能源大数据推动了能源产业的技术创新和商业模式的变革。通过大数据分析，能源企业能够洞察市场趋势，优化产品设计和服务，实现个性化定制和智能化服务，催生融合性的新业务以及创新性的商业模式。同时，大数据还促进了新能源技术的发展和应用，如智能电网和分布式能源系统，推动能源产业向更高效、更绿色、更智能的方向发展。

从供给侧来看，能源大数据通过优化能源的生产、传输和分配过程，提高了能源供应的效率和安全性。利用大数据技术，能源企业能够实时监控能源流动，预测和调节能源供需，减少能源浪费，提升能源利用率。此外，大数据还有助于提高可再生能源的利用效率，通过精准的天气预测和能源产量分析，优化风能和太阳能等新能源的调度，促进能源供给的多元化和绿色化。

从需求侧来看，能源大数据使得需求侧管理成为可能，通过分析消费者的能源使用模式，为消费者提供节能建议，推动高效能源设备的使用，促进能效提升。通过需求响应和用户参与，大数据助力构建更加灵活和高效的能源消费模式。例如，大数据支持实施峰谷电价政策，引导消费者在电价较低时段使用电力，平衡电网负荷，减少能源消耗，实现经济和环保双赢。

1.2 能源大数据相关技术

大数据涉及的技术环节复杂，能源大数据又因结合了能源行业的特点和具体应用而更加具体和多样,但大体上涉及4个环节:数据采集、存储、处理及更进一步地挖掘和分析。

1.2.1 数据采集

数据采集是大数据全生命周期中的首要环节。传统数据采集通常面对的是单一数据源和相对较小的数据量,可以通过关系型数据库和并行数据仓库来处理。然而,随着数据量的剧增,传统方法已难以满足需求。在大数据环境下,数据来源多样,类型繁多,需处理的数据量庞大。此外,数据展现、处理的高效性和可用性也成了关键需求,要求采用更先进的数据管理和分析技术来实现。目前主要的大数据采集方式及技术可归类为如下3种。

1. 系统日志采集

系统日志采集内容主要包括系统性能指标、用户活动记录、错误日志等。其目的包括收集业务平台和Web应用程序生成的大量日志数据,并供离线及在线大数据分析系统使用。这些采集工具通常采用分布式架构,能够应对数百MB每秒的日志数据采集和传输需求。它们的核心特点包括高可用性、高可靠性和可扩展性。目前广泛使用的海量数据采集工具包括Apache Chukwa、Apache Flume、Scribe等。

2. 网络数据采集

网络数据采集通过网络爬虫或API等方式从网站上获取数据信息,其中获取到的数据多是公开的社会信息,如新闻、社交媒体动态、市场趋势等,这些都属于社会数据的范畴。同时,一些公开的客户反馈、评价和讨论也可能被收集,这些信息可以归类为客户数据。爬虫从初始网页URL开始,获取网页内容,提取其中的非结构化和半结构化数据等,并将其以结构化形式存储于本地存储系统中。网络爬虫类型包括通用网络爬虫、聚焦网络爬虫、增量式网络爬虫、深层网络爬虫等。

3. 感知设备数据采集

感知设备数据采集主要通过传感器、智能表计、摄像头等设备采集数据,如电力、热力、水和天然气消耗等能量数据,温度、湿度、光照、图像、视频监控等环境数据。这些数据对于监控能源生产环境、设备运行状态等至关重要。同时,这些数据也可以被用于分析运营效率,如设备性能监控和维护。感知设备数据采集涉及结构化、半结构化和非结构化等类型多样的海量数据,是大数据智能感知系统的基础。

1.2.2 数据存储

能源领域数据存储正经历着由传统的存储方式向高度复杂的大数据系统的转变。早期,由于能源系统规模较小、数据量有限,对于结构化数据,传统的单机或简单网络数据库系统就能够满足需求,对于半结构化、非结构化数据,单机的文件系统也能够满足存储需要。

然而,随着信息技术的迅速发展以及大数据时代的到来,特别是在能源行业,越来越多的数据需要被存储和分析。这导致对高效、可靠存储海量数据的需求日益增长,同时也支持结构化、半结构化和非结构化数据,满足多样化数据处理的需求。对应地,传统上的数据存储技术在大数据时代具有了进一步的发展,包括文件系统、数据库管理系统、数据湖。

1. 文件系统

传统上,操作系统使用文件系统存储数据和文件,在大数据时代之前,通常是单机的文件系统如 FAT32、NTFS 等。随着大数据时代的到来,数据爆炸性的增长使得单机的文件系统很难满足数据存储的要求,各种分布式文件系统得到极大的发展,被广泛应用于大数据存储领域。

分布式文件系统(distributed file system,DFS)通过将文件数据划分为块或对象,并将这些块或对象在多个计算机节点上进行复制或分布,使多个机器上的多个用户能够共享文件和存储空间,即文件系统管理的物理存储资源不仅存储在本地节点上,还可以通过网络连接存储在非本地节点上。例如,GFS 是一个可扩展的分布式文件系统,专用于处理大规模、分布式的海量数据存储,能够在廉价的普通硬件上运行。较为常见的分布式文件系统有 HDFS、GFS、Ceph 等,分别适用于不同的领域。

2. 数据库

数据库(database)是按照数据结构来组织、存储和管理数据的仓库,而数据库管理系统(DBMS)是对数据库进行管理的软件,可以通过它进行数据库的使用、管理等。数据库可以存储由业务系统或者其他数据源产生的数据,而数据库管理系统提供了对数据进一步的查询、分析和处理能力。

传统上,数据库偏重处理结构化数据(如存储在关系型数据库中的客户信息)。随着大数据和互联网时代的到来,数据格式越来越多样化,例如音频、视频、图像、超链接、富文本等,同时这些数据的量也非常大,传统的数据库技术难以满足这些要求。

因此,新的数据库技术如 NoSQL、NewSQL 等相继产生,这些数据库各有其侧重点,以解决对数据存储的不同需求。例如，对非结构化数据（如存储在 NoSQL 数据库中的社交媒体帖子）越来越多地采用 NoSQL 数据库如 MongoDB 和 HBase 进行存储；而对于海量的结构化数据则使用 NewSQL 数据库进行存储，其结合传统 SQL 数据库的可靠性与事务性特点以及 NoSQL 数据库的可扩展性，主要应用于大规模并发事务处理的业务场景。

3. 数据湖

数据湖（data lake）最早由詹姆斯·迪克逊（James Dixon）在 2011 年提出，他对数据湖的解释是：将以前存储在各种地方的数据集中到数据湖中，然后开始探索这些数据。只有在需要的时候才将数据导入相应的数据库或者数据仓库中进行进一步处理和分析。

数据湖代表了一种全新的数据存储架构和管理理念，即将数据以自然格式存储在系统或数据仓库中。它强调将各种类型和格式的数据以原始形式存储在一个集中的存储区域，允许组织存储和分析各种类型和规模的数据，包括结构化、半结构化和非结构化数据，而不要求对数据进行预定义的结构化处理。最初，数据湖被构想作为传统数据仓库的补充，旨在应对传统数据仓库开发周期长、开发和维护成本高及细节数据丢失等问题。在 2011 年前后，许多数据仓库开始迁移到以 Hadoop 为基础的技术堆栈上，同时不仅存储结构化数据，还逐渐开始存储半结构化和非结构化数据，并提供相关的服务。这些数据仓库已经具备了数据湖的某些功能，因此催生了数据湖的概念。

数据湖的核心思想是保留数据的原始性和多样性，而不采用预定义的模式或模型，以便在需要时进行数据整合和分析，从而使组织能够更灵活地探索和分析数据，并更好地满足不同的数据需求，进行后续的数据分析、挖掘和处理。

1.2.3 数据处理及分析

数据处理及分析也是大数据技术中的核心环节之一，其不仅为组织提供了深刻的业务洞察和决策支持，也是实现数据价值最大化、推动业务增长和创新的关键步骤。其中，批处理、流处理和交互式分析是 3 种主要的数据处理及分析技术，每种技术针对特定的场景和需求，提供了相应的解决方案。

1. 批处理

批处理通常用于处理大规模的数据集合或任务集合，其中将数据分为多个批次，并在每个批次上执行一系列操作或计算。因此，这种处理方式非常适用于需要一次性访问全套数据集合或批次数据才能完成的计算任务。

批处理的关键特征包括离线处理、数据分割、高吞吐量、有序性、容错性等。批处理通常在数据已经准备好并且不需要实时处理的情况下执行，因此批处理不适用于需要即时响应的任务；批处理通过将数据分割为较小批次，按照一定顺序执行批处理任务，进而实现高吞吐量、有序的运行；批处理框架通常具有容错机制，以应对潜在的错误和故障。

大数据时代，最著名的批处理框架是 MapReduce，它是依据“分而治之”的思想设计的针对大规模数据集的分布式计算软件架构。MapReduce 通过将计算（如程序）拆解成 Map（映射）和 Reduce（归约）的方式，通过 Map 函数将分割后的数据映射成不同的区块，分配给计算机集群进行处理，进而达到分布式计算的效果，再通过 Reduce 函数汇整结果并进行输出。

2. 流处理

某些特殊业务场景对数据的实时处理有较高的要求，然而批处理方式严重依赖持久存储，速度相对较慢。针对这种需求，需要流处理技术。

流处理强调对进入系统的实时数据流的即时处理与分析。相较于批处理模式，流处理方式无须对整个数据集执行操作，而是对通过系统传输的每个数据项进行即时操作与处理。此外，流式处理可以处理几乎无限量的数据，但同一时间只能处理一条（真正的流处理）或很少量（微批处理）数据，不同记录间只维持最少量的状态。因此，这种处理模式适用于需要实时处理、决策、响应的应用场景，如分析服务器或应用程序错误日志等。

流处理的关键特征包括实时性、事件驱动、低延迟等。实时性是指系统能实时处理输入的数据流，包括来自网络、社交媒体、传感器和其他实时数据源的数据；事件驱动指的是流处理系统是围绕事件进行构建的，每个数据项都被视为一个独立的事件。系统对这些事件进行分析、过滤、聚合或转换，以驱动后续的处理流程或决策；低延迟则保证了从数据输入到处理完成的时间极短，通常在毫秒级别，这对于那些对时间敏感的应用场景尤为重要。

代表性的流计算平台包括 Apache Storm、Spark Streaming 等。Apache Storm 是一个开源的分布式实时流处理系统。Apache Storm 在实时计算中发挥的作用可以类比于 Hadoop 对于批处理的意义。Apache Storm 提供了一种可靠、容错、可伸缩的平台，用于处理实时数据流，支持高吞吐量和低延迟的数据处理。Spark Streaming 是 Apache Spark 生态系统中的一个模块，它将实时数据流划分为小批次进行处理，也就是将流式计算分解为一系列短小的批处理作业。Spark Streaming 可以与 Spark 的批处理引擎无缝集成，实现对批处理和实时处理的统一，同时提供了较高的容错性，并能够支持大规模实时数据流的快速处理。

3. 交互式分析

交互式分析是一种实时响应用户查询的计算模式，允许用户通过查询语句直接与数据进行实时交互，快速执行数据查询、分析和可视化。交互式分析通过提供即时反馈和灵活的数据探索能力，支持用户在数据集上进行即时的探索和洞察发现。交互式分析强调速度、灵活性、用户友好的界面和强大的后端分析引擎，使得即使是非技术用户也能轻松进行复杂的数据分析，包括筛选、排序、聚合和图形展示。该模式通常用于需要快速获取数据、洞察并做出决策的场景，如商务智能、市场研究、金融分析和科研等领域，其中对数据的即时探索和快速理解能够带来巨大的商业价值。

交互式分析的关键特征包括低时延、查询条件复杂、查询范围大、返回结果数小、并发数要求高、需要支持SQL接口等。低时延意味着系统能够在毫秒到几秒内返回查询结果，确保用户体验的流畅性和即时性；查询条件的复杂性允许用户执行深入和多维度的数据探索，从而在数据中发现复杂的模式和趋势；广泛的查询范围和较小的返回结果数结合使用，使得用户可以从大规模数据集中快速定位到感兴趣的数据子集，而不会被海量的信息淹没；高并发处理能力保证了在用户数量增加时系统的稳定性和响应速度。而支持SQL接口则是为了满足广泛的用户群体，提供灵活且强大的方式来访问和探索数据。

Hbase、Sybase IQ等是交互式分析的典型平台。HBase是基于Hadoop的分布式列存储系统，适合处理大规模的、稀疏的数据集，特别是当数据的写入和读取操作需要高吞吐量和低延迟时。HBase支持实时的数据访问，使其成为构建实时应用的理想选择。Sybase IQ是一个高性能的列式数据库，专为快速执行复杂查询和分析而设计，通过高效的数据压缩技术和优化的查询执行计划，能够快速处理大数据集上的分析任务。

4. 数据分析与挖掘

大数据分析是利用技术和工具深入理解及分析数据，旨在挖掘大数据中有价值的信息，通过分析发现相关模式或知识，并利用可视化技术来进行展示。

大数据分析主要可以分为探索性数据分析、证实性数据分析和定性数据分析。其中，探索性数据分析以数据本身为基础，采用灵活的方法来探究数据分布情况，如基本数字特征等，具体通过描述性统计或可视化等，为进一步深入研究提供线索。证实性数据分析是验证观察到的模式或效应的可重复性，运用传统统计推断来提供显著性或置信性的判断。此阶段常涉及整合其他相关数据信息，通过综合数据收集和分析来证实发现的准确性。定性数据分析则专注于定性研究，分析非数值型数据以概括对象的性质特征，侧重于对数据的质性理解和解释。

数据挖掘是大数据分析的核心，通过应用算法来提取和识别信息。数据挖掘融合了数据库技术、人工智能、机器学习、统计学等领域的最新研究成果，致力于发掘数据中隐藏的模式和关联。数据挖掘模型的建立、选择或改进，通常依赖于验证过程，其中样本学习法尤为常用。这一方法首先使用部分数据（训练集）构建模型，然后用剩余数据（测试集）进行验证。为了提高准确性，测试集可以从总数据中以一定比例抽取，或采用交叉验证法来确保模型的有效性和泛化能力。高度随机的样本选择对于提高模型性能尤为关键。数据挖掘是一个迭代的过程,需要通过反复执行和验证来优化结果。

常见的数据挖掘技术包括分类、聚类、关联分析和序列模式挖掘。分类通过有监督学习提取数据类别的描述性函数模型;聚类将数据自动分类为相似度高的组,属于无监督学习;关联分析探索数据项间的关联性;而序列模式挖掘则是从序列数据中挖掘关联模式。

1.3 能源大数据应用

随着能源大数据的广泛积累和大数据分析技术的不断成熟,能源大数据的应用领域正在迅速扩展。其在优化能源规划与预测、提高生产效率和安全性、智能化消费管理及促进能源转型和新能源接入等方面发挥至关重要的作用。能源大数据不仅实现了效率提升和节能减排,还为可持续发展贡献了重要力量。

1.3.1 能源规划

能源规划是根据一定时期内国民经济和社会发展的需求,预测相应的能源需求,并对能源的结构、开发、生产、转换、利用和分配等环节进行综合安排的过程。它旨在确保能源系统的发展与国家经济和社会发展需求相匹配,同时注重能源的可持续利用和环境保护。

能源规划的主要内容包括:

(1) 能源供需现状调查分析,包括评估当前能源系统的供应和消费状况,各能源种类的使用效率和分布特征。

(2) 能源需求预测,包括基于经济和社会发展趋势,预测未来能源需求的总量及其结构,涵盖部门分布、地域特性和能源类型需求。

(3) 能源供应方案设计、评价与优化。先提出多个能源供应方案,再从供需平衡、经济效益(投资回报)、环境效益等多维度对各方案作出评价,基于评估结果提出若干优化方案。

(4) 方案检验与决策。通过深入分析确定最终的能源规划方案,确保所选方案在经济、环境和社会方面均为最优或满意解。

在能源规划中,要正确处理能源与经济、能源与环境、局部与整体、近期与远期、需求与供应的关系,统筹兼顾,合理布置,保证能源建设同国民经济发展相协调,保证各种能源在数量上和构成上同国民经济和社会发展的需要相适应。

具体而言,在能源规划方面,传统方法主要依赖于政府收集区域内企业和居民的能源使用数据,通过专家分析及历史数据对比,制定能源规划方案。这种方法数据来源单一,且难以实时反映实际的能源使用情况,导致规划的精准度和灵活性有限。相比之下,基于大数据的能源规划则通过多源数据的实时收集和分析来优化决策。例如，政府可以通过智能电表、物联网设备和实时监控系统收集区域内企业和居民的电力、天然气、热力等能源使用数据，应用大数据技术分析用户的能效管理水平和能源使用行为，进而为能源网络规划和能源站点的选址提供技术支撑。进一步地，结合能源使用数据、地理信息系统和气象数据，可以分析区域的基本能源结构和资源特性，进而指导能源的可持续开发和利用策略。在能源政策制定方面，政府可以利用大数据分析洞察区域内用户的能源使用状况和特点，识别本地企业的能源消耗问题，审视产业布局的合理性，从而为制定地方经济发展策略和能源政策（如新能源补贴政策、电价激励机制）提供科学依据。同时，依托于对能源资源和能源负荷信息的深入挖掘，大数据支持政府在新能源汽车补贴政策、电价激励机制等国家和地方政策制定过程中做出更加明智的决策。此外，大数据分析还为城市规划的优化、智慧城市的发展以及新能源汽车产业的有序推进提供了重要的参考信息，帮助政府实现更有效的能源管理和政策制定，促进能源的节约和高效利用。

1.3.2 能源生产

能源生产是指从自然界提取能源资源，并通过一系列的物理或化学过程将这些资源转化为可供使用的能形式的过程，不仅包括能源的开采、加工和转换，也涉及能源的提纯、运输和分配。根据联合国欧洲经济委员会的定义，能源生产可以分为三个主要环节：开采（如煤炭、石油、天然气、铀矿的开采和水能的开发）、加工（如煤炭、石油、油页岩、天然气和铀矿的精选、处理和炼制）和转换（如焦炭、型煤、煤气、合成液体和气体燃料、电力和热能的生产）。

在能源生产中，大数据技术可以通过分析气象数据和历史能源产量数据，提供精准的能源产量预测，帮助电网运营商合理调度资源，降低可再生能源的间歇性和不可预测性带来的风险；通过分析不同能源资源的配比和调度策略，可以优化储能设施和其他灵活性资源的配置，以适应可再生能源的波动性，提高系统的整体效率和可靠性；在设备维护和运行优化方面，通过收集和分析设备运行数据，预测设备故障，安排预防性维护，延长设备寿命。同时，通过优化设备运行参数，提升能源生产的效率。此外，大数据技术能够帮助能源生产企业更好地理解和管理与能源生产相关的各种风险，包括市场风险、技术风险和环境风险，从而做出更加明智的决策。

以石油生产为例，在传统的石油生产中，地质勘探团队定期进行现场勘测，并根据历史数据和经验制定钻井和生产计划。设备维护依赖于定期检查和工人报告故障。如果设备出现问题，通常要等到故障发生后才能进行维修，导致生产中断，影响整体生产效率。而在基于大数据的石油生产过程中，企业通过传感器和物联网设备实时收集钻井设备的运行数据、地质数据和气象数据等。在勘探阶段，通过提前收集地质和地形数据,分析石油开采潜在的地震风险,确保工作人员安全;在开发阶段,数据分析帮助企业做出最优抉择,实现高效智能的油气井开发,增强竞争力;在钻井阶段,大数据分析协助监督和预警钻井过程中的风险,保障钻井成功;在生产环节,对油田储层等数据的分析能够为生产人员提供最佳采收方案;在预测性维护方面,通过整合分析各类数据,如压力、体积和温度等,实现设备故障的自动化预测,减少了停机时间,提高了维护效率和生产效率。

1.3.3 能源消费

能源消费是指生产和生活过程中所消耗的能源,是反映国家经济发展水平和人民生活水平的重要指标。通常,一个国家或地区人均能源消费量的增加与国民经济的增长和社会的富裕程度呈正相关。在经济发展的不同阶段,能源消费强度(即单位 GDP 的能源消耗量)会表现出不同的变化趋势:在工业化初中期,随着经济增长,能源消费通常会增加;而进入后工业化阶段,随着经济增长模式的转变,能源消费强度会开始下降。我国当前的能源消费现状显示,在全球范围内努力寻求可再生、低环境影响能源的共识下,我国能源消费结构优化和煤炭消费减量化工作正在逐步推进,煤炭在一次能源消费中的占比正在下降。通过提高能源利用效率和优化产业结构,我国正在努力降低单位 GDP 的能耗水平。此外,推动能源清洁化,如煤改电、煤改气,以及积极发展风电、太阳能等可再生能源,已成为我国能源政策的重要方向。

在传统的能源消费领域,能源供应商主要依靠经验和历史数据来预测能源需求,制定供电计划和管理策略。例如,电力公司每月派遣工作人员进行人工抄表,记录用电量,并通过汇总分析制定后续供电计划。然而,由于数据的滞后性和不全面性,电力公司无法准确预测高峰用电时段,导致需求高峰期电网承受巨大压力,甚至引发停电事故。此外,居民和企业难以及时了解自己的用电情况,无法有效进行能源管理和节能。

大数据的应用正在成为优化能源管理、提高能效、降低成本、促进可持续发展的重要工具。在降低能耗、节能减排方面,通过分析个人和企业的能源使用行为,识别节能减排的潜在机会并提出改进措施,或者帮助企业和家庭识别能源浪费的领域,通过优化能源使用模式和改进设备运行效率,实现能源节约;通过能源消费数据分析,能源供应商可以更精准预测能源需求峰值,并通过需求响应程序鼓励消费者在需求高峰时段减少能源使用,从而减轻对电网造成的压力,提高能源使用效率。例如,智能电表和电能质量监测设备产生的大数据在优化能源消费方面就扮演了重要角色。大数据技术通过识别消费者的潜在模式,实现灵活的使用时间电价和调峰方法,减少备用容量需求。这不仅提高了能源的消费效率,而且有助于实现更环保的能源使用。精准的能源需求预测也可以帮助供应商实现智能调度。

1.3.4 能源转型与新能源

传统能源企业的智能化转型是在全球能源产业积极转型的背景下，针对实现绿色低碳、安全高效的能源体系的迫切需求而展开的深刻变革。这一转型不仅响应了“双碳”目标，而且旨在通过数字技术的应用，推动能源系统向更高效、更清洁、更经济的方向发展，从而提高能源产业的整体安全性、生产率和可持续性。

能源行业的数字化转型聚焦在三个方面的发展。首先，建设数字基础设施体系，包括制定相关法规，确保能源数据安全性，建立完善的能源数据安全标准，同时攻克能源数据安全的核心技术问题。其次，构建能源数据要素的价值体系，通过建立跨品类、跨业务的数据管理协同机制，挖掘和分析海量能源数据，利用大数据技术实现能源运营的个性化、智能化和低碳化，从而使管理决策过程更加科学和灵活。最后，构建数字化特征的新型能源系统，加速能源智能化的实现，同时加快核心领域技术攻关。

在这一转型过程中，大数据技术起着至关重要的作用。通过对海量能源消费、生产和流通数据的收集、存储、处理和分析，大数据技术能够提供深刻的洞察力，帮助能源企业优化运营管理，实现资源的高效配置，提高能源利用效率，同时促进绿色低碳目标的实现。此外，大数据还支持能源企业在保障数据安全的前提下，探索数据的新价值，推动能源服务的创新，为传统能源企业的数字化转型提供强有力的技术支撑。

大数据技术不仅为传统能源转型提供了技术支撑，也在新能源领域中发挥了至关重要的作用。在新能源领域的迅速发展过程中，主要任务包括提高可再生能源的发电效率，优化电力系统的运行调度，以及保证电网的稳定性和安全性。这些任务的完成依赖于对大量多源、多态及异构数据的广域采集、高效存储和快速处理，其中大数据和人工智能技术发挥着关键作用。

在发电预测准确度的提升方面，光伏发电和风电的发电量受太阳辐照和风速等环境因素的影响，具有随机性和间歇性，因此发电预测有较大难度。可以根据历史环境数据和电站运行数据，提高发电预测的准确度，优化电力系统的运行调度，确保电网安全稳定运行。在设备运行与维护的优化方面，随着越来越多的可再生能源设施投入使用，如何高效、低成本地进行设备维护成为一大挑战。通过分析设备的运行数据，实现设备的健康状态实时监控，预测潜在的故障和性能下降情况，从而提前进行维护和修复，降低运维成本，提高发电效率。在电网和市场的智能化管理方面，智能电网利用大数据技术进行实时电力需求、供应和储能的监控分析，优化电网的能源分配和调度，提高系统的经济性和可靠性。此外，还可以基于大数据分析支持电动汽车充电桩的位置布局优化，满足不同区域和时间的充电需求，促进电动汽车的普及和新能源消费的增长。

本章习题

1. 请简述能源大数据的来源及类型。

2. 能源大数据的特征包括哪些?

3. 请简述能源大数据分析的关键环节及核心技术。

4. 请简述能源大数据的作用及价值。

5. 请选择一个感兴趣的能源领域,查阅相关文献或资料,描述大数据在该领域的应用场景及具体作用。

参考文献

第2章 人工智能与能源

本章主要阐述了人工智能的概念及其在能源领域的发展历程、作用及价值，分析了人工智能与大数据的关系，并介绍了人工智能在能源规划、生产、消费等领域的应用。

本章的教学目的是帮助学生掌握人工智能的基本概念及技术体系，了解人工智能在能源领域的发展历程及现状、作用及价值，掌握人工智能与大数据之间的关系，熟悉人工智能在能源规划、生产、消费等领域的综合应用。通过本章的学习，学生将明确人工智能与大数据之间的关系，进而建立起对能源人工智能的整体认识。

2.1 人工智能及其在能源领域的发展

2016 年，国家发展改革委和国家能源局两部门印发《能源生产和消费革命战略（2016—2030）》，提出推动能源技术革命，促进能源与现代信息技术深度融合；2017 年，国务院印发《新一代人工智能发展规划》，明确了人工智能作为新一轮产业变革的核心驱动力，并提出建设分布式高效能源互联网、实现能源供需信息的实时匹配和智能化响应；2021 年，国家发展改革委、国家能源局等 9 部门印发《“十四五”可再生能源发展规划》，进一步强调了清洁低碳、安全高效的能源发展方向，提出利用数字化、网络化和智能化技术加快能源行业的现代化进程。2024 年 10 月，国家发展改革委等印发的《关于大力实施可再生能源替代行动的指导意见》提出“推动人工智能、物联网、区块链等与可再生能源深度融合发展”。上述政策和规划文件体现了国家将人工智能技术的发展和应用视为推动能源产业转型和升级的关键手段。

在能源领域应用人工智能技术，可实现能源生产、传输、分配和消费过程的智能化。结合机器学习、深度学习、自然语言处理、知识图谱等 AI 技术，能够提高能源效率，降低成本，提升能源系统的可持续性和安全性等，实现绿色低碳目标。本节首先介绍人工智能的概念及技术体系，进而梳理人工智能在能源领域的发展历程及现状，归纳其作用及价值，并紧密衔接上一章关于能源大数据的内容，从大数据及人工智能的关系出发，阐述其在能源领域的融合应用。

2.1.1 概念

人工智能又称为机器智能，是一门综合性学科，涵盖了计算机科学、控制论、信息论、神经生理学、心理学、语言学等多个学科领域的交叉融合。其起源可以追溯到1956年，麦卡锡在达特茅斯学院召开的会议上正式提出了“人工智能”（artificial intelligence，AI）这一术语。

人工智能的目标是研究如何使用计算机来模仿和执行人脑的某些智能功能，建立相关理论基础，同时开发相关技术和产品，人工智能与计算机软件密切相关。一方面，各种人工智能应用系统都需要使用计算机软件来实现；另一方面，许多计算机软件也应用了人工智能的理论方法和技术，如专家系统和机器博弈软件等。

人工智能并非简单指代某项孤立的技术或独立的软硬件，而是由众多子领域和技术组成的复杂系统。这些子领域包括专家系统、机器学习、深度学习、自然语言处理、计算机视觉等，每个子领域都有其独特的方法和算法，用于解决特定类型的问题。人工智能的多样性使其具备了广泛的应用潜力，能够解决各种领域的挑战和问题。人工智能还包括了硬件和软件的互动。硬件方面，如图形处理器（GPU）和专用硬件加速器等设备被广泛用于加速深度学习和复杂计算任务。而软件方面，开发人员使用各种编程语言和开发框架来实现各类人工智能应用程序。因此，人工智能可以被视为一个涵盖了多领域、多技术的综合技术体系和能力框架。

人工智能的技术体系可以划分成三个方面：感知智能、认知智能和行动智能，总体技术体系及应用的框架图如图2.1所示。

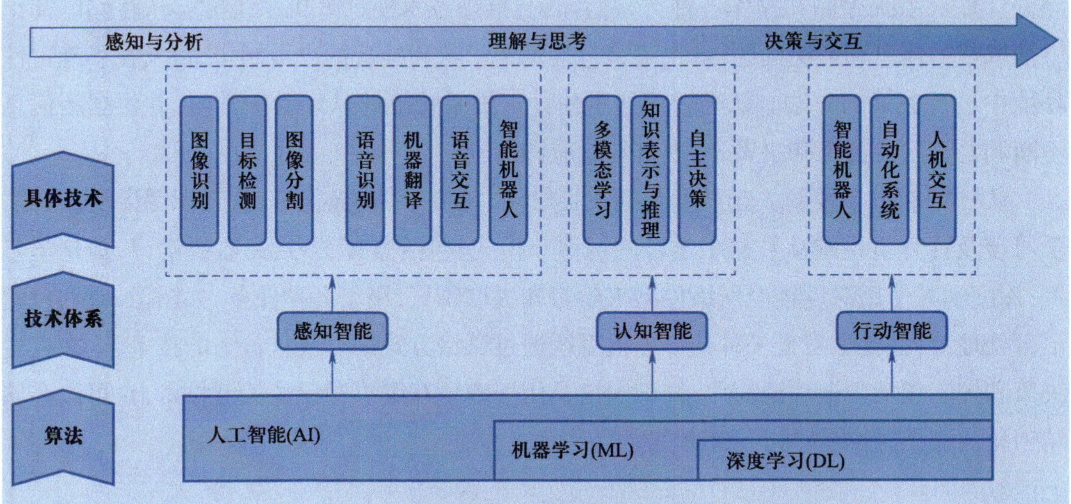

图2.1 人工智能技术体系及应用的框架图

1. 感知智能

感知智能关注的是模拟和实现人类感知能力的技术和方法。感知智能的核心是赋予计算机系统感知能力，包括视觉、听觉、触觉、嗅觉和味觉等感官能力。这些能力使计算机能够感知和理解外部世界的信息，如图像、声音、文本等数据。感知智能旨在使计算机系统能够理解和解释环境中的数据，包括对象识别、情感分析、语义理解和情境感知等。

目前的感知智能主要包括计算机视觉和智能语言处理等关键领域。其中，计算机视觉涉及图像和视频数据的分析和理解，包括图像识别、目标检测、图像分割等任务；计算机智能语言识别则包括自然语言处理、语音识别、机器翻译、语音交互等。

感知智能中涉及的关键技术包括深度学习、计算机视觉算法、自然语言处理技术等。深度学习使用神经网络模型来学习和提取特征，用于图像、语音和文本数据的分析和理解；计算机视觉算法包括卷积神经网络（CNN）和循环神经网络（RNN）等，用于图像识别、目标检测和图像生成等任务；自然语言处理技术包括词嵌入、循环神经网络、注意力机制等，用于文本数据的处理和理解。

2. 认知智能

认知智能关注的是使计算机系统具备模拟和实现人类认知能力的技术和方法。认知智能旨在赋予计算机系统一系列认知能力，使计算机系统能够理解、推理、学习和解决复杂问题，从而模拟人类的思维和认知过程，这些能力包括感知、记忆、学习、推理、问题解决、决策等。

目前的认知智能主要包括知识表示与推理以及自主决策等关键领域。知识表示技术允许计算机系统存储和操作各种类型的知识；推理技术使计算机系统能够从存储的知识中抽取新的信息和解决问题；自主决策包括基于学习和推理的决策制定，以及在不确定性环境中进行决策的方法。认知智能注重使计算机系统能够从经验中学习，并根据新信息不断调整自己的行为和决策，实现自我适应和改进。

认知智能中涉及的关键技术包括机器学习、深度学习、强化学习、知识图谱等。机器学习涉及计算机系统从数据中学习的规律和模式，包括监督学习、无监督学习、强化学习等；深度学习使用深度神经网络模型来学习和提取特征，用于各种任务，如图像识别、自然语言处理等；强化学习是一种让计算机系统通过试错方式学习最佳行为的技术，它在自主决策和控制领域中被广泛应用；知识图谱是用于表示和组织知识的关键技术，它可以存储结构化的知识，并支持推理和问题解决。

3. 行动智能

行动智能关注的是使计算机系统具备实际操作和互动的能力，核心是赋予计算机系统执行物理或虚拟操作，并与环境进行互动的能力，以达到特定的目标或完成任务。行动智能旨在模拟和实现人类的行为和互动方式，使计算机能够在不同情境下采取适当的行动。行动智能强调自主性以及适应性，即计算机系统能够自主地制定和执行决策，而不需要人类干预，且系统能够根据不同情境和变化的条件进行调整和改进。

目前的行动智能主要包括智能机器人、自动化系统、人机互动等关键领域。其中，智能机器人包括物理机器人和虚拟机器人，用于执行各种任务，如工业制造、仓储管理、服务业等；自动化系统包括自动驾驶汽车、自动化生产线和自动化家居系统等，能够自主执行任务和操作；人机互动中，行动智能可用于计算机系统与人类用户之间的交互，例如虚拟助手、自动客服系统和游戏角色。

行动智能中涉及的关键技术包括运动控制和路径规划、感知技术、自主决策和行为规划等。运动控制和路径规划能够使物理机器人执行精确的运动和导航；感知技术赋予机器人感知环境和障碍物的能力，包括视觉（激光雷达）和听觉（超声波传感器）等；自主决策和行为规划是行动智能的核心，包括决策树、强化学习和规划算法等。此外，自然语言处理等技术可以用于理解用户指令和提供自然语言反馈。

2.1.2 发展历程及现状

人工智能在能源领域的应用经历了从早期的初步探索与应用到逐渐成熟与拓展，再到深度嵌入与融合几个关键阶段。

1. 初步探索与应用

20 世纪 70 年代，随着专家系统（ES）和 BP 神经网络等概念的提出，人工智能技术不断完善，并开始应用于能源行业。1980 年，专家系统（ES）被用于电气行业的电压无功控制。1992 年，多智能体技术被用于电力系统中的精确负荷预测。而在石油与天然气行业，人工智能技术被用于地质数据的分析与模拟，如 PROSPECTOR 地质勘探专家系统和 ELAS 钻井数据分析系统等，在世界各地得到了一定规模的开发和应用。在这一时期，人工智能技术主要用于行业基础数据的收集和分析。

2. 逐渐成熟与拓展

进入 21 世纪以后，由于计算能力的增强和机器学习技术的发展，人工智能技术在能源领域的应用开始变得更加复杂和深入。2002 年，PSO 算法被应用于电力系统中的经济调度。2004 年，强化学习被用于电力系统中的无功优化。而随着智能电网的概念开始兴起，人工智能技术开始被用于电网的实时监控、优化调度和故障预测。在石油与天然气行业，机器学习和神经网络技术被运用于改善油藏评估和钻探计划，以提高油田开采的效率和精度。例如,美国最大的独立石油生产商 Pioneer Natural Resources 利用人工智能提高钻探油井的成功率,意大利石油和天然气公司埃尼(Eni)通过运用新的超级计算机来提高地震成像和地质建模的准确性。而随着全世界对于可再生能源重视程度的提升,人工智能技术也开始在此领域得到应用,例如预测风能和太阳能的产量,提高发电效率。根据国际能源署(IEA)《数字化与能源》预测,数字技术的大规模应用将使油气生产成本减少10%~20%,可以在2040年将太阳能光伏发电和风力发电的弃电率从7%降至1.6%,从而可使二氧化碳排放减少3 000万吨。

3. 深度嵌入与融合

随着深度学习、物联网、云计算等技术的兴起,人工智能在能源领域的应用得到了进一步的拓展与深化,出现了基于人工智能技术的自动管理与控制系统。山东省电力公司搭建企业 AI 中台,实现了快速的业务建设与应用,如基于 AI 中台搭建输电通道可视化平台,轻松实现户外各种复杂场景下的安全巡检。埃克森美孚(Exxon Mobil)公司使用 AI 模型进行天然气场站的资源分配和过程控制,如调整天然气的处理速度以及流量,保障高效、安全的生产决策。同时,人工智能技术在提升能源企业的办公效率上发挥巨大作用。如国家电力投资集团内部企业级智能搜索平台,促进了集团数字化、智能化转型,提升了集团核心竞争力。该平台借助百度的知识图谱(KG)、自然语言处理(NLP)等技术将搜索与知识提炼工具相结合,满足国家电力投资集团从数据中提炼知识,沉淀数据资产,并实现智能检索、智能问答和智能推荐的需求,从而大幅提高业务人员的检索效率,为核心业务端赋能。此外,通过与云计算物联网等信息技术的结合,人工智能技术使得传统业务之间的壁垒逐渐被打破,转变以往电力、燃气、可再生能源等各自为政的能源格局,实现能源流和信息流的高度融合,即一定区域内整合煤炭、石油、天然气、电力、热力等多种能源,以满足多元化用能需求,并实现多种异质能源组合供应服务。

未来,人工智能技术将在能源市场分析和交易、智慧城市优化与设计等方面发挥其巨大潜能,进一步推动能源行业的现代化和数字化转型,提高能源的使用效率,同时帮助能源行业实现更加可持续和环保的未来发展。

2.1.3 作用及价值

人工智能为传统能源行业注入了创新动力,显著提升了能源生产、分配和消费的效率,能源行业变革,以及环境保护、能源安全等方面的可持续性发展。具体来说,人工智能技术在能源领域的作用及价值包括如下几方面。

1. 提高能源系统效率

人工智能技术可以在能源生产、分配和消费等多个层面上实现能源系统的效率提升。在生产环节，能源企业能够通过人工智能技术实现对油田和矿区的精准勘探，优化资源开采计划，同时预测设备故障，实施预防性维护，提升生产效率；在能源分配方面，人工智能技术使得电网管理变得更加智能化，通过实时监控和预测电网负荷，动态调整能源分配策略，减少能源输送过程中的损耗，提高能源利用率；在能源消费端，个性化的能源使用建议等帮助消费者有效节约能源，降低费用。上述生产效率、能源分配及利用效率等方面的提升有助于提升整个能源系统的运行效率，进而助力能源消费的绿色转型，推动行业的可持续发展。

2. 提升客户体验和市场透明度

通过分析客户数据，人工智能技术能够提供个性化的能源使用建议和服务。例如，智能家居系统可以根据用户的生活习惯自动调节空调和照明，提高用户的舒适度和满意度。人工智能技术还可以应用于能源企业的客户服务系统，通过智能客服机器人提供快速、高效的客户支持，提升客户服务的响应速度和质量。此外，人工智能技术可以实时收集和分析能源市场数据，将其公开透明地展示给市场参与者，促进市场透明化和公正性。

3. 有效缓解能源与环境问题

能源结构的不合理会加剧经济社会发展与能源消费及环境保护之间的矛盾。人工智能与传统能源的深度整合，能够提升可再生能源在能源网中的比例，实现能源供应的多样化，从而优化能源结构，还能够根据需求调配能源资源，促进资源的节约和高效利用。这样不仅能减少能源总体消耗量，降低污染物排放，也将极大地提升能源资源的使用效率，并减少我国经济发展对传统化石能源的依赖。这种变革有助于从根本上转变我国的能源生产和消费模式，有效地缓解当前能源消费、环境保护与经济发展之间的矛盾。

4. 促进能源创新和研发

人工智能技术可以加速新材料和新能源技术的研发过程。例如，通过分析大量实验数据，发现潜在的新材料组合，用于提高太阳能电池的效率或开发更高效的储能技术。人工智能技术还可以辅助进行高通量计算模拟，加速材料筛选过程。通过并行计算和智能算法，人工智能技术能够在短时间内模拟和评估大量潜在材料的性能，快速进行材料筛选，减少了实验时间和成本。此外，在开发新型储能系统时，人工智能技术可以模拟不同材料和结构的电池性能，找到最优的设计方案，提升储能效率和寿命。

5. 保障能源安全

随着我国经济的发展和传统化石能源的逐渐减少，对外部能源的依赖加剧，能源安全面临挑战。在此背景下，人工智能与能源的融合成为确保能源安全的关键策略。人工智能技术的使用，可以优化可再生能源的地理分布，减少对外部能源资源的依赖。能源资源的调度和整合能力的增强也能够提升供能系统的灵活性和抗冲击能力。此外，信息的即时传输允许政府与公众就能源安全状态进行透明交流，减少了不确定性对社会的影响。同时，利用大数据与人工智能，政府能够有效识别威胁国家能源安全的因素，提升能源安全管理和预警能力，从根本上增强我国的能源安全保障能力。

6. 推动能源行业体制的变革

“互联网＋”智慧能源标志着一次能源技术革命，将根本性地改变我国的经济产业布局及能源生产消费模式。这一变革不仅提高了能源行业的整体开放程度，还能推动能源行业体制改革。人工智能在能源领域的应用，能最大限度地促进政策完善和新型能源工业体系的建设。此外，面对能源生产与消费分布的逆向特征，未来能源互联网将结合分布式和集中式系统，实现区域间能源资源的协调互补和优化配置。

2.1.4 人工智能和大数据的关系

人工智能和大数据之间存在密切的、相辅相成的联系。人工智能之所以能够模拟人的思维，核心在于其可以通过海量的数据进行学习。因此，大数据技术提供了大量的数据资源、强大的存储和计算能力，为人工智能的学习和训练奠定了基础，使得人工智能有了长足的发展。另一方面，利用人工智能的算法进行数据分析和处理，可以充分挖掘大数据的价值，揭示出数据中隐藏的模式和趋势、做出预测并提高决策质量和科学性。因此，人工智能也可以被视作处理大数据最有效和最理想的方式。当前的人工智能技术已经深深嵌入了大数据分析与应用中，两者共同促进，相辅相成，成为推动技术进步和应用拓展的核心动力。

1. 大数据完善智能感知

人工智能中的智能感知依赖于大量的数据与信息，而在传统数据采集技术中，数据采集深度与广度不够，所获得数据的特征维度有限，难以全面反映现实世界的复杂性。因此，传统的数据采集技术难以支撑智能感知的实现。基于大数据的数据采集技术能够获取大量细致的感知数据，更精准地映射真实世界，更好地支撑智能感知。多样化的大数据采集手段和来源，使得数据种类和量级都有了显著增长，为后续深入的智能感知与分析奠定了基础。以能源系统为例，大数据在智能电网中用于实时监测和感知电力网络的状态。传感器和监测设备实时收集各种数据，包括电流、电压、频率、温度等。分析这些数据，可以实时感知电力网络的状态，发现电力故障、负载波动等问题，从而更快地做出响应，提高服务质量。

2. 大数据助力智能展示

智能展示也是人工智能应用的一个重要领域，不仅增强了数据的易理解性，还提升了决策的效率和准确性，是大数据助力人工智能技术成功应用的关键体现之一。大数据支持下的智能展示具有强大交互性和可视化特征，使得公众能够便捷地接触和理解大数据与人工智能的研究成果。视觉感知是人类主要的信息获取方式之一，因此，可视化技术在智能展示中扮演着核心角色。以天然气管道运输领域为例，利用地理信息系统和数据分析与可视化技术，可以在电子地图上动态展示管道流向流量、输气站和泵站的工作状态，帮助管道运营商实时监控生产状态，优化管道传输，提高天然气管网的利用效率和可靠性。

3. 大数据加速智能认知

云计算技术使得大数据的并行存储和处理变得高效，但依靠人工智能算法的认知处理仍面临挑战。人工智能的发展历程包括推理、专家系统、直觉、计算等阶段，大数据的海量增长促使其从量变向质变迈进，进入新的阶段。机器学习通过分析大数据中的模式来训练模型，提高预测性能，是大数据智能认知的关键途径。例如，利用大数据和人工智能分析风力发电厂数据，人工智能模型能够预测风速和风向变化，从而调整风力发电机的角度以最大化能源产出。这种技术不仅提高了风力发电的效率，还减少了能源浪费，相当于让风力发电站“学会了”根据自然条件变化自我优化。这展示了人工智能如何通过学习大量数据，提升能源领域的操作智能化和效率。

2.2 人工智能在能源领域的应用

随着能源大数据以及人工智能技术逐渐成熟，其已被广泛应用于煤炭、电力、石油、天然气、新能源等多种能源的规划、生产、消费各环节中，以更好地支持能源系统的规划、运营和服务提供。

2.2.1 能源规划

由于能源系统本身的复杂性特征，以及新型设备和能源单元的不断接入等趋势，能源系统面临更多的不确定性，规划问题也越加复杂。此外，能源系统的规划不仅需要考虑传统的安全性、可靠性和经济性目标，还需考虑综合能源利用效率、绿色能源利用最大化、环境污染最小化和社会效益最大化等多重目标。人工智能技术在能源规划领域的应用具有极大的潜力，能够帮助解决复杂的规划问题，提升规划的效率和效果，实现更加可持续和高效的能源系统运营。

在能源系统综合规划方面，强化学习及优化算法可以用于求解系统扩展规划的优化问题，以应对复杂市场环境下的复杂规划挑战；聚类算法等可以用于能源系统无功补偿设备的多目标优化设计，从而实现设备容量的精确配置和优化运行；卷积神经网络等深度学习算法可以用于变电站的预选址，提高规划设计的准确性和效率；此外，在设计智能能源管理系统时，基于强化学习的方法能够建立以最小化运行成本和碳排放为目标的优化模型。

在综合能源市场评估及分析方面，机器学习等人工智能技术等也扮演了关键角色。例如，可使用相似搜索和关联分析等方法来识别与日负荷、气象类型具有高度相似性的数据序列，提高电价预测的准确度；可采用深度学习技术进行电价的在线小时前预测和日前小时电价预测，进而通过模型结构和参数的改进提升预测精度；在考虑市场运营模式、能源供需情况等复杂因素下，运用多智能体技术和强化学习方法提升智能体的自我学习能力，能有效解决能源交易均衡和定价策略问题。

2.2.2 能源生产

人工智能在提升能源生产过程中的预测能力、优化系统运行效率、提高系统的稳定性和安全性等方面有巨大潜力。通过深度学习、机器学习和强化学习等技术，能源系统的管理和控制变得更加智能和自动化，从而实现更高的能源效率和经济效益。

人工智能可用于间歇性可再生能源的发电功率预测。由于可再生能源(如风能和太阳能)的发电特性具有间歇性和波动性，准确预测其发电功率对于电网的稳定运行至关重要。例如，可以利用循环神经网络的循环结构和记忆单元捕捉时序变化特征，预测光伏系统的输出功率；采用深度卷积神经网络可以提取光照数据的非线性特征，提高预测准确度；使用深度置信网络可以表征复杂风速序列的内部结构，进行风速及其发电功率的预测；应用深度学习中的自编码器，可以增强模型对风速预测的鲁棒性，进一步提高预测性能。

在综合能源系统生产运营优化及稳定性控制中，可以通过多目标优化模型，采用优化算法寻求最优解，进行能源系统的生产运营优化；结合深度卷积神经网络和强化学习方法，可以直接从能源系统运行数据中学习稳定控制策略，无须复杂的物理模型仿真；将深度神经网络预测机制作为强化学习的动作选择机制，可以提升对电力系统稳定性的认知能力和控制效率；基于自编码器，能够高效且准确地从电机信号中提取特征，实现设备故障的早期诊断；基于长短期记忆网络等深度学习方法，能够捕捉电力系统在输配电过程中的多源数据时间特性，进行线路跳闸等故障预测。

2.2.3 能源消费

人工智能技术可以深入分析用户的能源消费行为，预测能源负荷，以及检测异常用能行为，不仅有助于能源供应商优化其运营和服务，还有助于消费者实现更高效和可持续的能源使用，提升能源消费的智能化水平，从而提升能源使用效率并支持能源系统的可持续发展。

在能源负荷预测方面，能源负荷受到价格、政策、天气等多种因素的影响，传统预测方法难以获得满意结果。人工智能方法能较好地拟合负荷与影响因素之间的非线性关系，因而被用于预测能源负荷。例如，使用支持向量机结合节假日和天气因素进行天然气日负荷预测，并通过差分进化算法优化参数；基于深度学习构建的热负荷预测模型考虑了室外温度的影响，提高了预测准确性；针对电力负荷，考虑电动汽车等可变负荷的影响，使用支持向量机建立预测模型，并通过遗传算法优化模型参数，以达到更高的预测精度。

在能源消费行为分析方面，采用聚类、深度学习等方法，可以深入分析能源系统数据，识别不同用户群体的能源使用模式和行为特征，支持个性化服务和营销策略的制定。例如，通过密度聚类算法对异常能源使用行为进行快速检测；通过深度神经网络对智能燃气表数据进行挖掘，分析用户消费习惯及燃气用量异常预警等。

本章习题

1. 如何理解大数据与人工智能的关系？

2. 请简述人工智能的关键技术体系。

3. 请阐述人工智能的三次浪潮及其具体内容。

4. 请选择一个感兴趣的能源领域，查阅相关文献或资料，描述人工智能在该领域的应用场景及具体作用。

5. 请结合实际案例，简述近年来我国或其他国家在能源领域推动人工智能技术发展的相关政策，并分析人工智能在能源领域的应用对实现“双碳”目标（碳达峰、碳中和）和可持续发展的意义。

参考文献

第二篇

大数据技术

第 3 章 大数据采集与存储

大数据采集与存储至关重要，它们不仅是大数据生态的基石，而且也为后续的大数据分析与可视化提供了可靠的数据来源。

本章阐述了大数据采集与存储的相关技术内容，主要包括：网络爬虫与网络数据采集、业务系统数据采集、系统日志采集等大数据采集技术、分布式文件系统存储、分布式数据库存储等大数据存储技术。

本章的教学目的是帮助学生了解大数据采集与存储的基本内容，掌握网络爬虫与网络数据采集、业务系统数据采集、系统日志采集等大数据采集技术的原理，了解分布式文件系统存储、分布式数据库存储的基本原理，熟悉常见的大数据采集与存储工具及框架。

3.1 概　　述

在大数据采集方面，最为常见的数据源包括网络数据、业务系统数据及日志数据。网络数据的采集依托于网络爬虫技术和专门设计的网络数据采集工具，能够针对互联网上丰富的内容资源进行高效的数据搜索、抓取和聚合；而对于业务系统数据的采集，主要运用了业务系统的编程接口（API）、数据库抽取转换装载工具（ETL）、消息队列（message queue）等技术，特别是消息队列，能够提供高效、精准、可靠的数据采集手段；在日志数据的采集方面，主要依靠日志采集工具为日志数据设计可靠和可用的收集、聚合及传输系统，高效地收集来自各种日志源的数据，为后续的数据分析等环节提供丰富的原始材料。

数据采集完毕后，需要解决大数据的存储问题，鉴于其数据量巨大、类型多样，存储解决方案必须具备高效、可靠和可扩展等特性。因此，大数据通常采用分布式存储系统来应对这一挑战。根据数据存储的方式不同，可以分为分布式文件系统和分布式数据库两大类。分布式文件系统的代表性技术是 Hadoop 生态中的 HDFS，它通过在多个节点上分布式存储数据，不仅实现数据的高可靠性和高可访问性，而且保证了系统的高度容错性;在分布式数据库方面,随着 NoSQL 和 NewSQL 等新型数据库技术的出现和发展,大数据处理能力得到了极大的增强。NoSQL 对非结构化和半结构化数据具有高效处理能力。

3.2 大数据采集

一般大数据有三种重要来源:网络数据、业务系统数据及日志数据。为了采集上述大数据,分别需要网络爬虫采集技术、业务系统数据采集技术、日志采集技术等。这三者有各种特色各异的工具,这里分别介绍比较有代表性的网络爬虫、Kafka、Flume 工具,通过对它们的介绍,来展示不同方式数据采集的原理。

3.2.1 网络爬虫与网络数据采集

网络爬虫(web crawler)或网络蜘蛛(web spider)是一种自动化程序,能够遍历互联网上的网页,收集信息并将信息存储在本地文件系统或数据库中。它按照一定的规则和策略自动地抓取互联网信息,如文本、图片、音频、视频等,并进行处理,以便后续的数据分析和挖掘。网络数据采集则是网络爬虫的一个重要应用,它主要关注从互联网上提取特定结构的数据,并将其整理成易于分析的格式。

通常,网络爬虫既可以自行定制开发,也可以使用成品爬虫工具。前者一般是利用编程语言中的网络处理库和文本处理库自行定制开发。其特点是适应性强,可以根据采集目标定制。后者往往是封装好的商业化工具,其特点是使用简单,通常具有图形界面,功能比较多。如火车头、八爪鱼、后羿采集器就是常见的网络爬虫工具。下面予以分别介绍来说明网络爬虫的原理及使用。

互联网上海量的数据,大部分是通过超文本链接和对应的 HTML 网页组织起来的,为了获取信息,网络爬虫需要能够解析 HTML 网页中的结构和内容。

HTML 是超文本标记语言的英文简称,它遵循 W3C(World Wide Web Consortium,万维网联盟)组织制定的相关标准,是一类半结构化的数据,其中的关键内容被 HTML 标签包裹,可以对 HTML 的各级标签进行遍历,并筛选和查找其中有用的信息。例 3.1 是一个简单的 HTML 文档,其中有文本信息和标签,当然复杂的网页会包含更多的信息,如图像、音频、视频、文档、表格等。

例 3.1：

```
<!DOCTYPE html>
<html>
<head>
<title>网页标题</title>
</head>
<body>
<h1>标题</h1>
<p>段落.</p>
<a href="网站地址">访问对应网站</a>
</body>
</html>
```

想要获取并利用 HTML 页面中的结构化数据和非结构化文本，需要对相关网页进行爬取采集、解析与整理。随着 Python 语言的兴起，网络爬虫工具的编写更加普及化。具有一定计算机基础知识的人员可以利用 Python 编写更加灵活和个性化的网络爬虫程序并进行网络数据的采集。下面阐释利用 Python 进行网络爬虫与网络数据采集的原理，包括网络请求和 HTML 解析，前者一般使用 Requests 库，后者则使用 BeautifulSoup、lxml 等库。网络请求和 HTML 解析是网络爬虫和数据采集的基础，具体过程如图 3.1 所示。

（1）网络请求与响应。爬取网页的第一步是发送网络请求并获取响应结果。在 Python 中，Requests 库是发送 HTTP 请求的首选工具。通过 Requests 库可以方便地发起 GET、POST 等类型的请求，并获取服务器的响应。

每个网络请求都包含了一些关键信息，如请求的 URL、请求头、请求体等。URL 指定了要访问的网页地址，请求头包含了客户端的一些信息，如浏览器类型、操作系统等，而请求体则通常用于 POST 请求，包含提交给服务器的数据。

服务器在接收到请求后，会返回响应。响应包含状态码、响应头和响应体。状态码表示请求的处理结果，如 200 表示成功，404 表示未找到页面。响应头包含了一些服务器返回的元数据，而响应体则通常包含了网页的 HTML 内容。

（2）HTML 解析与内容提取。在获取到网页的 HTML 内容后，接下来需要对其进行解析以提取所需的数据。Python 中有多种库可以用于 HTML 解析，如 BeautifulSoup、lxml 等。

解析 HTML 的过程通常包括定位元素、提取属性和文本内容等步骤。通过选择器或

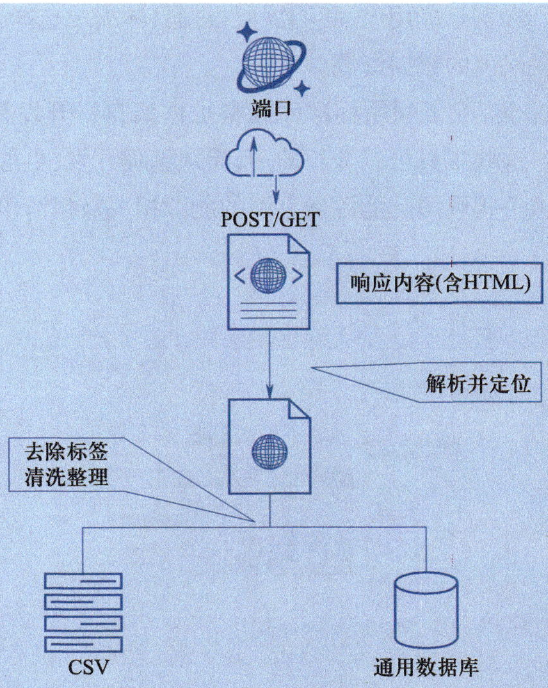

图 3.1 网络爬虫和数据采集过程

XPath 表达式,可以定位到特定的 HTML 元素,并提取其属性或文本内容。例如,可以提取网页中的所有链接、图片 URL、文章标题等。

(3)数据清洗与存储。通过网页提取到的原始数据往往需要进一步清洗和整理,以去除无用的信息、格式化数据等。这可以通过编写 Python 程序来实现,如使用正则表达式进行文本处理、去除 HTML 标签等。清洗后的数据可以存储到本地文件或数据库中,以便后续的分析和处理。Python 提供了多种存储数据的方式,如写入文本文件、JSON 文件,或存储到关系型数据库(如 MySQL)或非关系型数据库(如 MongoDB)。

需要注意的是,现实中爬取数据时,很多网站为了保护自己的数据资源,会采取反爬虫机制来阻止或限制爬虫的访问。这些机制包括设置验证码、限制访问频率、使用 JavaScript 动态加载内容等。为了应对这些反爬虫机制,在编写爬虫程序时需要采取针对性方法,如使用代理 IP、设置合理的访问间隔、解析 JavaScript 渲染后的内容等。

另外,随着爬虫应用的不断发展,许多成熟的爬虫框架出现,提供了更高级的功能和更便捷的开发体验,使得开发者能够更高效地构建和维护爬虫应用,如 Scrapy、PySpider 等。对于需要处理大量数据或需要高效爬取的情况,可以考虑使用分布式爬虫。分布式爬虫利用多台机器协同工作,将任务划分为多个子任务并行处理,从而大大提高爬取速度和效率。

网络爬虫与网络数据采集是一项复杂而有趣的技术,它涉及网络请求、HTML 解析、数据清洗等多个方面。在实际应用中,我们需要根据具体需求选择合适的工具和策略,以高效地获取和处理互联网上的数据资源。

进行网络数据的采集,除了利用程序库或爬虫框架自行开发爬虫工具之外,现在也有很多成品爬虫工具。这些工具可以开箱即用,无须编程开发,更加适合不擅长编程的用户。例如,使用“八爪鱼”爬取国际能源署官网的能源相关数据清单(图 3.2),可以按如下步骤进行:

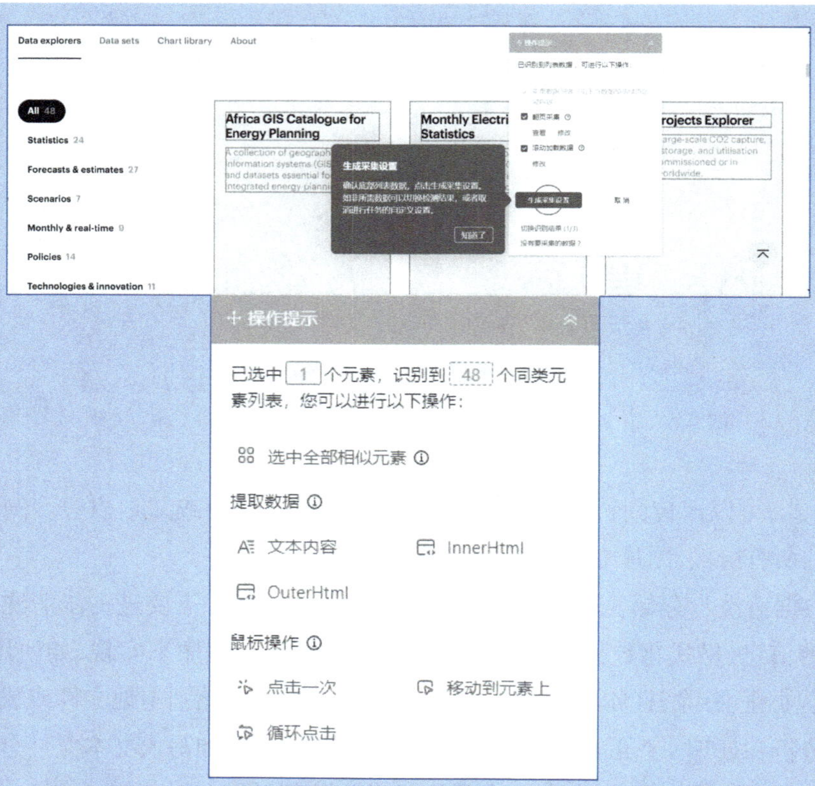

图 3.2 成品爬虫工具界面

第一步,点击“立即使用”输入想要爬取的网页。

第二步,可以点击想要爬取的标签,成品爬虫工具将会自动识别格式类似的数据。

第三步,所有参数设置完毕后,请点击“保存并启动”进行采集。

通过上述的流程,可以发现成品爬虫工具的操作更加简单和快捷,缺点是过于模板化和程式化,面对不常见的爬取任务或特殊的反爬取措施将无法完成爬取。另外,有的成品爬虫工具是具有营利性质的,部分高级功能可能需要注册或者付费才能解锁。

3.2.2 业务系统数据采集

除了互联网外，组织和机构中各种业务系统所产生的数据也是非常重要的大数据来源之一。对它们的采集一般使用：应用程序编程接口（API）、数据库抽取转换加载工具（ETL）、消息队列（message queue）等技术。

API 是采集程序直接调用业务系统中的编程接口获取数据；ETL 则是从业务系统的后台数据库中采集信息；消息队列是消息传递的一种解决方案，用于应用或者服务之间的信息交换。

在消息队列中，有生产者（producer）、消费者（consumer）两种客户端分别参与消息的发布与获取过程，消息处理中心（broker）在两者之间负责消息存储、确认、重试。消息队列的模式有很多，如点对点、发布订阅、请求回应任务队列等。

图 3.3 点对点模式

上述模式中最基础的是点对点模式，发送者把消息发给一个队列，队列保留消息传递给特定的接收者，如图 3.3 所示。

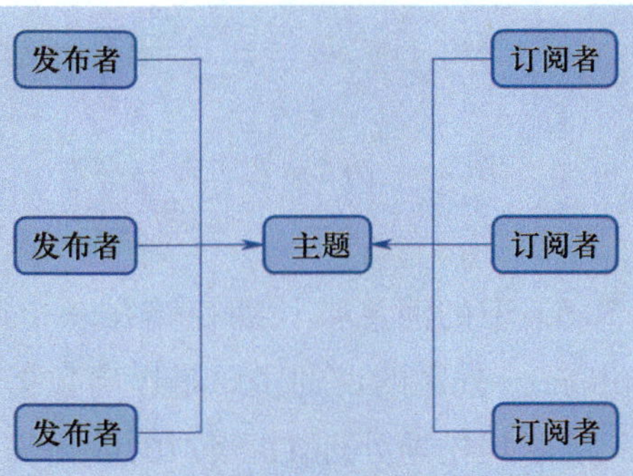

图 3.4 发布订阅模式

基于主题的订阅消息模式也非常流行，这种方式是多个发布者同时发布信息到消息队列，多个订阅者根据主题订阅获取消息的副本，如图 3.4 所示。

如果需要实现同步数据请求，即数据不能在请求后还停留在消息队列中，通常通过请求回应模式实现。该模式下，一个应用程序（请求者）发送一个请求消息到队列，另一个应用程序（回应者）从队列中接收请求消息，并发送一个回应消息到另一个队列，最初的请求者从这个队列接收回应，如图 3.5 所示。

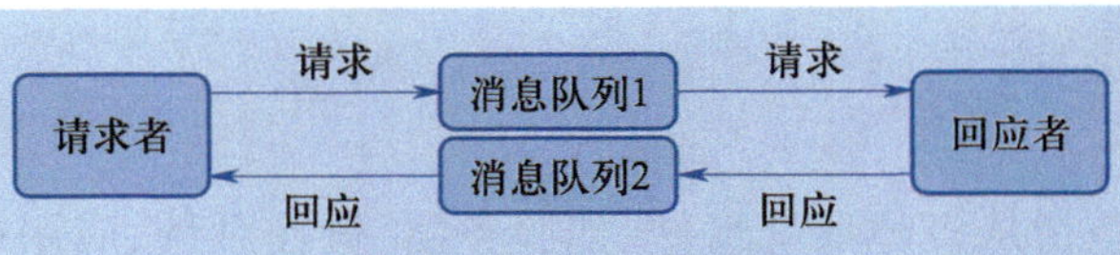

图 3.5 请求回应模式

有时候为了负载均衡，可以多几个消费者伺服，以及时有效地取出一个消息队列中的消息，形成一种叫作“任务队列”的模式，如图 3.6 所示。

常见的消息队列产品包括ActiveMQ、RabbitMQ、ZeroMQ、Kafka等。在需要有关大数据和分布式的消息队列处理方案时，Kafka是一个比较合适的选择。

Kafka是Apache软件基金会下的一个开源分布式流处理平台，已成为大数据领域的重要支柱。其以高吞吐量、低延迟、可扩展性以及对容错处理的优秀设计，在数据库采集、消息队列和日志处理等方面扮演着重要角色。

图3.7为Kafka框架。图中采集的数据由生产者发送到Kafka，再由各类消费者消费和处理数据。在Kafka消息获取过程中，消费者向日志管理系统获取消息存储地址和偏移量，从而获得消息存储系统中的消息，将其封装后返回，并同时更新日志管理系统中该消息的存储地址和偏移量。

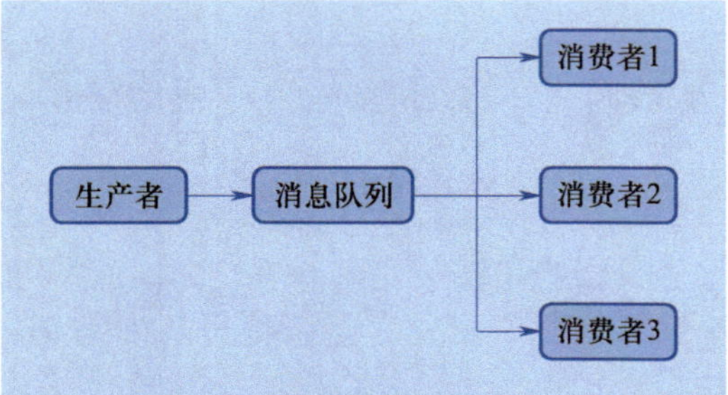

图3.6 任务队列模式

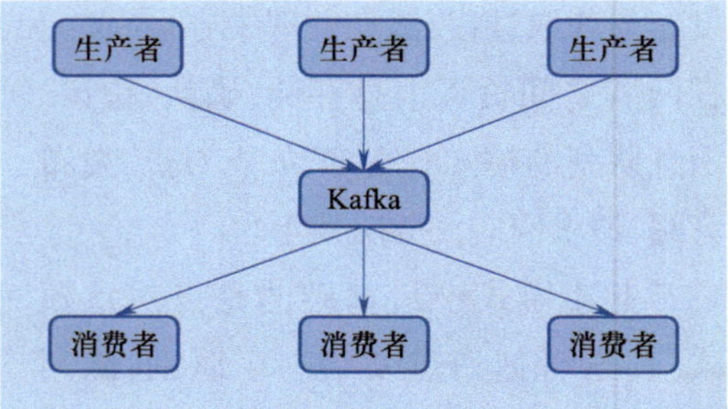

图3.7 Kafka框架

Kafka中的消息被长期存储在一个或多个主题（topic）中，每个主题包含多个分区（partition）。分区的目的主要是提高数据的冗余性和扩展性，通过水平扩展和分区技术，Kafka可以轻松地处理TB级别的数据流，并确保即使在系统故障的情况下，消息也不会丢失，具体的存储示例如图3.8所示。

除通过消息队列来采集数据之外，还可以使用Kafka Connect在其与各类数据库、文件系统等数据源之间进行数据采集、传输。Kafka Connect是Kafka的一个免费开源组件，大大增强了Kafka的功能，使得Kafka成为一个集中式的数据处理中心。具体架构如图3.9所示。

3.2.3 系统日志采集

系统日志采集是指从各种系统组件（如服务器、操作系统、应用程序等）中收集日志数据，并将其传输到中央存储或处理系统进一步分析和利用的过程。

进入大数据时代，各类日志分析能够为商业分析提供决策依据，例如，分析各类视频APP的访问日志，可以更深入了解用户的兴趣，为后续的内容推送或者广告推荐等提供支撑；而对于电子商务网站，更可以从其海量的商品访问日志中挖掘有用的信息和知识，找

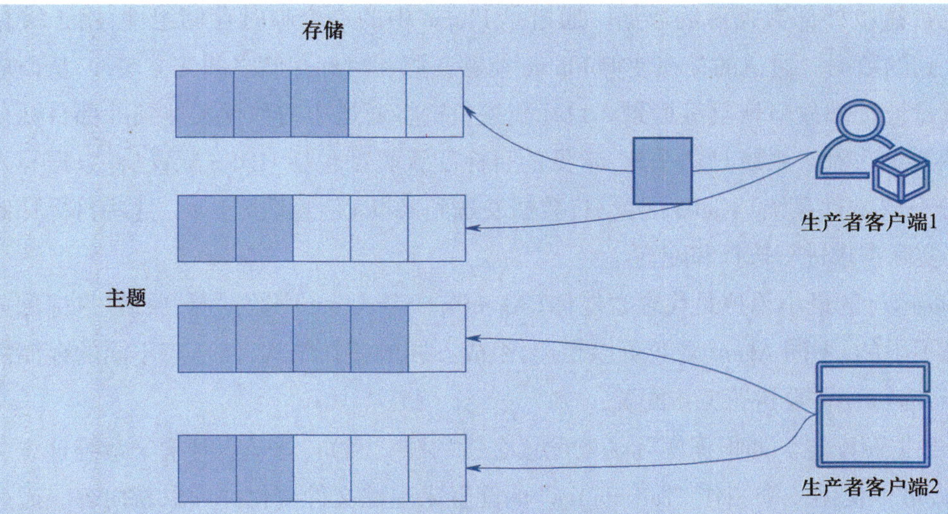

图 3.8 Kafka 存储示例

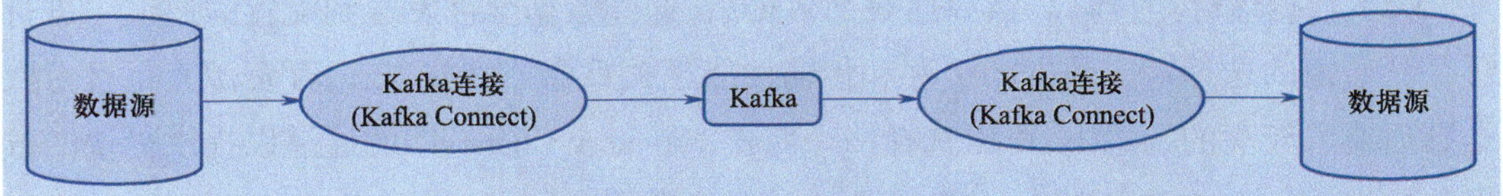

图 3.9 Kafka Connect 架构

出商业规律,为商品定价、页面设计、商品推荐等提供依据,从而增加决策的科学性。

在众多的日志采集系统中,Apache Flume 是具有代表性的一个,它是一个分布式的日志采集系统,可用于高效采集并存储大量日志数据。此外,由于其数据源是可自定义的,Flume 也可用于传输其他类型数据,如网络流量数据、社交媒体数据、电子邮件数据等。

Flume 主要由三个核心组件构成:源、通道、目标。这些组件共同协作,实现从数据源(如系统日志)的数据收集,经过通道的处理和传输,最终将数据送达目标存储或处理系统。其核心是数据流的概念,数据流由一个或多个源(source)、一个或多个通道(channel)以及一个或多个目标(sink)组成,如图 3.10 所示。

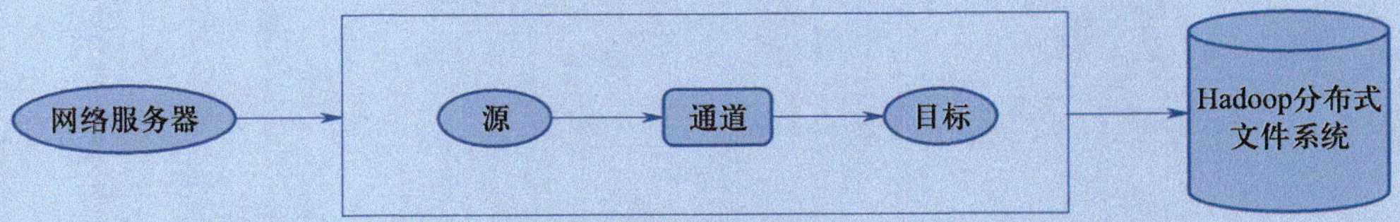

图 3.10 Flume 框架

源负责接收外部数据源的数据。通道是 Flume 中的一个临时存储组件,用于缓存从源接收到的数据。通道的存在使得 Flume 能够在源和目标存储之间建立缓冲,从而应对数据流量波动和故障恢复等场景。目标配置负责将通道中的数据发送到外部目标存储或处理系统。对于系统日志采集,常见的目标配置类型包括 HDFS 配置(将数据写入 Hadoop 分布式文件系统)、Kafka 配置(将数据发送到 Kafka 消息队列)等。这些目标存储可以根据实际需求进行选择和配置。

Flume 运行的最小单位是代理智能体(Agent),一个 Agent 中数据源、通道、目标配置的个数是不限的,不同 Agent 之间可以相连,组成不同的拓扑结构,以适应不同的存储需求。每个 Agent 中需要进行三步配置:

(1) 数据源配置。即根据实际场景配置合适的源。例如,对于实时采集系统日志文件的需求,可以使用一个叫作"Tail Source"的配置来追踪文件变化并读取新内容。通过配置数据源的相关参数(如文件路径、读取间隔等),可以确保 Flume 能够准确地捕获系统日志数据。

(2) 数据缓存与传输。当源捕获到数据后,这些数据会被发送到配置的通道中进行缓存。通道的选择对于数据的缓存和传输性能至关重要。例如,在内存资源充足且对数据延迟要求较高的场景下,可以选择一个叫作"Memory Channel"的通道以提供更快的数据传输速度。而在需要持久化存储或应对大量数据的场景下,可以选择一个叫作"File Channel"的通道以确保数据的可靠性和稳定性。

(3) 数据目标配置。接下来,需要配置目标以将数据从通道发送到目标存储或处理系统。根据实际需求,可以选择不同的目标存储类型。例如,如果需要将日志数据存储在 Hadoop 分布式文件系统中以便后续分析,可以配置 HDFS Sink。如果需要将日志数据发送到 Kafka 消息队列以供实时处理,可以配置 Kafka Sink。通过配置 Sink 的相关参数(如连接信息、写入格式等),可以确保数据能够正确地送达目标系统。

由于日志数据具有不同的来源,面对不同结构的来源和采集需求需要使用不同采集拓扑架构进行日志的收集,常见的三种日志采集拓扑结构如下:

(1) 面对不同系统的日志汇聚问题,可以采用图 3.11 的拓扑图来采集日志。

(2) 面对混合日志的分类存储问题,可以采用图 3.12 的拓扑图来采集日志。

(3) 面对负载均衡问题,可以采用图 3.13 的拓扑图来采集日志。

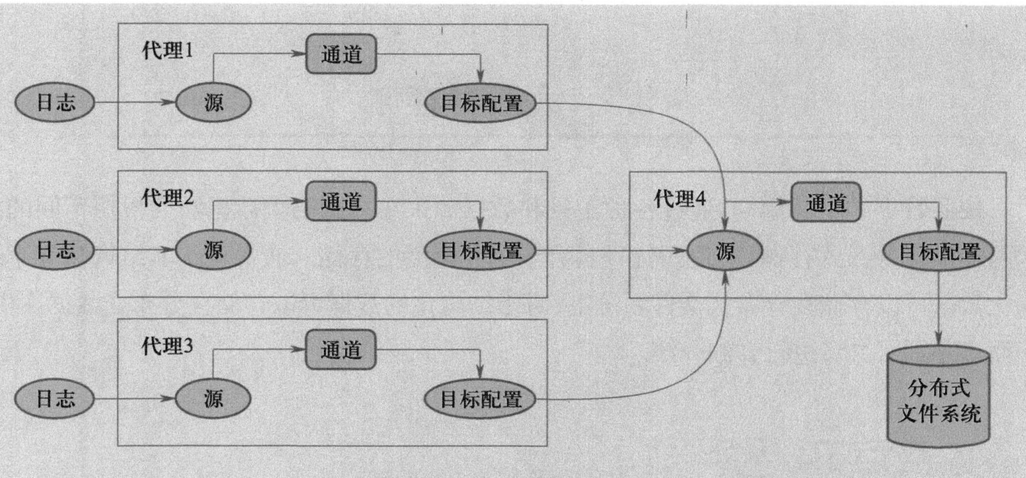

图 3.11 日志汇聚拓扑图

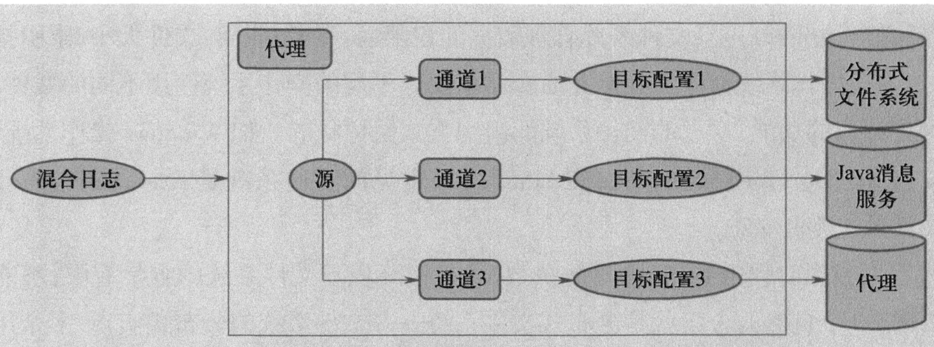

图 3.12 日志分类拓扑图

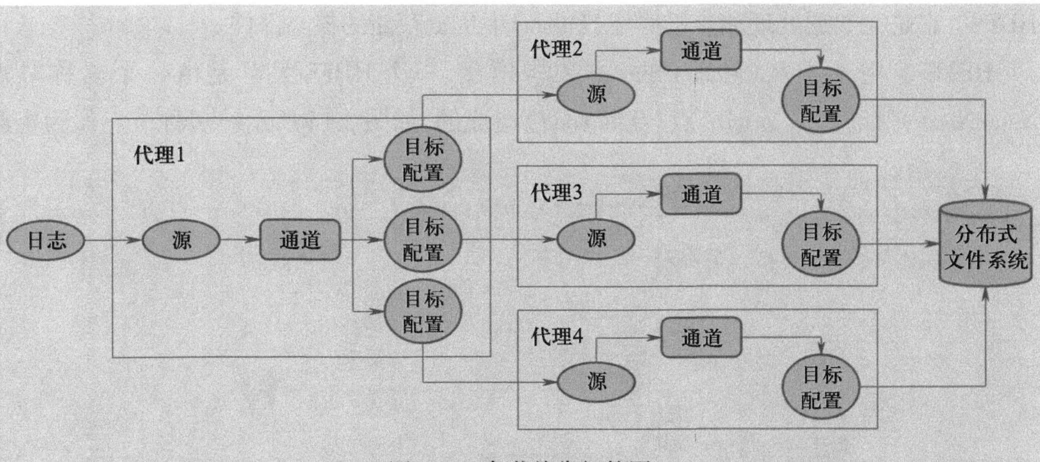

图 3.13 负载均衡拓扑图

3.3 大数据存储

按照数据的生命周期，通过各种工具和数据源采集得到的大数据需要根据不同的技术路径进行分布式存储，实现廉价且具有安全冗余度的存储。通常对于非结构化和半结构化数据可以存储在分布式文件系统上，对于结构化的数据可以存储在分布式数据库中，下面将分别对二者进行详细介绍。

3.3.1 分布式文件系统存储

文件系统是操作系统不可或缺的一部分，用于将数据和信息存储在存储设备(硬盘驱动器、光盘、磁带等)上，文件系统管理数据的权限、所有者、时间、文件大小、索引指针等信息，对沟通操作系统命令与存储介质非常重要。不同的操作系统使用不同的文件系统，但都具有相似的功能，常见的文件系统的组织方式是树状的。如 Windows 操作系统中，常见的文件系统是 FAT32 与 NTFS，在 Linux 中最常见的文件系统是 Ext4，在 Freebsd 中常见的文件系统则是 ZFS。

随着大数据时代的到来，面对海量数据，单机环境下文件系统的容量有限，不能满足存储要求，一个自然的方案就是分布式文件系统——文件系统的分布式实现，多个用户共享文件和存储资源，从而实现大数据的存储。

开源社区给出了相应的分布式文件系统实现方案 Hadoop Distributed File System (HDFS)，它是大数据处理和分析框架 Hadoop 中负责存储的核心部件。

HDFS 采用了主从(Master/Slave)架构模型，一个 HDFS 集群是由一个名称节点(NameNode)和若干个数据节点(DataNode)组成的，如图 3.14 所示。名称节点作为主服

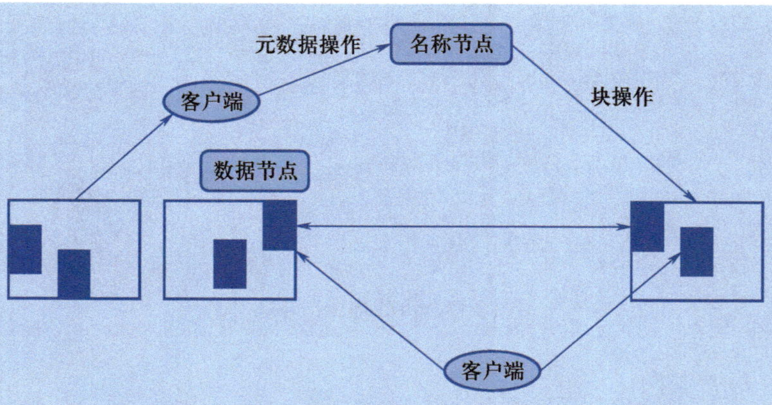

图 3.14 HDFS 架构

务器，管理文件系统的命名空间及客户端对文件的访问；数据节点作为从服务器，负责存储实际的数据块。

图 3.14 中名称节点负责管理 HDFS 集群的元数据，这些元数据包括了文件系统中所有文件的目录树结构信息，以及每个文件所对应的数据块列表和这些数据块所在的数据节点的列表信息。数据节点是文件系统的工作节点，负责存储文件数据的块。为了保证数据的可靠性和容错性，HDFS 采用了数据冗余存储的方式，每个数据块默认会有三个副本，这些副本被分散存储在不同的数据节点上。当某个数据节点出现故障导致数据丢失时，HDFS 可以从其他数据节点上的副本中恢复数据，从而保证数据的完整性。

当客户端需要访问 HDFS 上的文件时，它会首先与名称节点进行通信，获取文件对应的数据块列表和这些数据块所在的数据节点的列表信息。然后，客户端会根据这些信息与相应的数据节点进行通信，读取或写入数据块。在读取数据时，客户端会按照数据块的顺序依次从相应的数据节点上读取数据，并将这些数据组合成完整的文件。在写入数据时，客户端会先将数据写入本地缓存，然后按照一定的策略将数据块写入到不同的数据节点上，具体流程如图 3.15 所示。

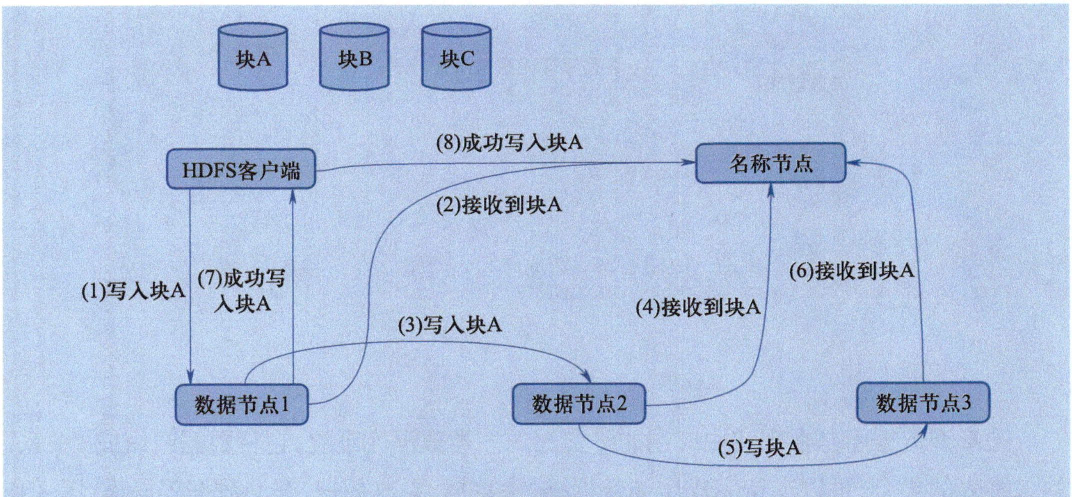

图 3.15 数据写入操作

HDFS 的设计使其具有良好的扩展性和可伸缩性。由于 HDFS 采用了分布式存储的方式，因此可以轻松地通过增加数据节点的数量来扩展集群的存储能力。同时，由于 HDFS 的数据访问是并发的，因此可以通过增加数据节点的处理能力来提高整个集群的数据访问性能。此外，HDFS 还支持在线扩容和缩容，即在不中断服务的情况下增加或减少数据节点的数量。这使得 HDFS 能够根据实际的需求灵活地调整集群的规模，以适应不同规模和复杂度的应用场景。

3.3.2 分布式数据库存储

除使用文件系统存储数据之外，另外一种存储数据方式是数据库。企业的各种业务系统往往都是将数据存储到数据库管理系统中。

数据库存储与文件系统存储有着本质的区别。文件系统以文件为最小单位存储数据，且数据与程序有关联性。但是数据库是以表或键值对的形式存储数据，实现数据与程序分离，并遵循着高度的规范性。数据库通过数据库管理系统进行写入操作，如图 3.16 所示。

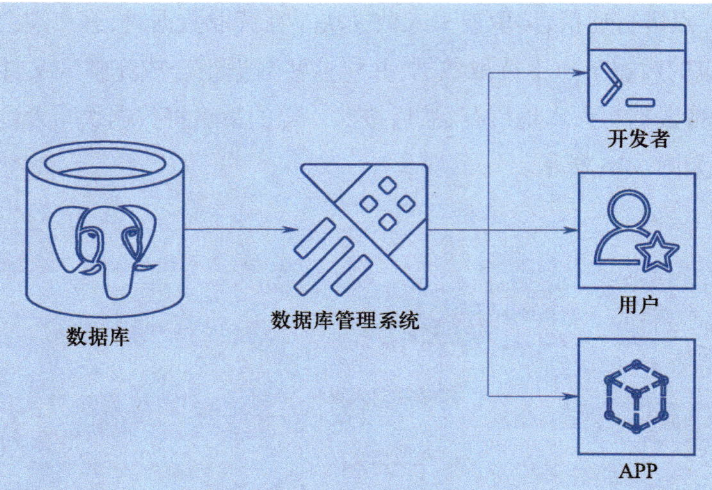

图 3.16 数据库写入操作

1. 关系数据库

关系型数据库是在现实中应用非常广泛的一类数据库系统，它将数据组织成“关系”的二维表的集合，可以支持完成增加数据、删除数据、更改数据、查询数据等操作，图 3.17 是关系型数据库示例。

关系数据库组织数据的方式是先定义一个数据库，再定义表以及其中的字段，最后定义字段的数据格式要求。格式要求就是字段的长度、字段的类型。一般类型包括：字符型、数值型、布尔型、日期型等。

一般关系数据库的表中有唯一的主键，这个主键可以唯一确定一行数据，体现每条记录的唯一性，它既可以由一个字段也可以由多个字段构成。此外，每个表可以有外键，用来与另外一个表的主键对应连接，从而扩展表，也形成了所谓表之间的“关系”，如图 3.17 中课程 ID 和学生 ID 可以通过成绩单，建立花名册与课程表之间的关系，从而扩大查询的范围。

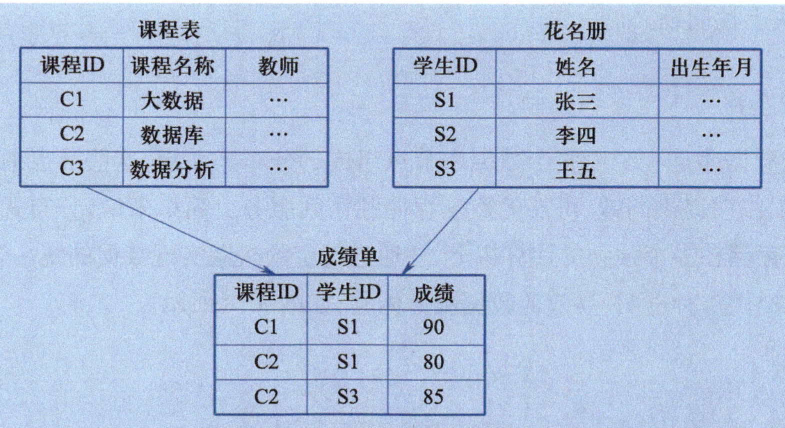

图 3.17 关系型数据库示例

关系型数据库是以关系代数为基础的，其关系操作包括：选择（select）、投影（project）、连接（join）、并（union）、交（intersection）、差（difference）、笛卡儿积（Cartesian product）等。

由于上述的关系代数操作过于底层，不便于使用，因此关系数据库使用SQL（structured query language）查询语言来实现数据增删改查的管理，SQL大大降低了数据库的使用门槛。例如，对于查询，一般用户仅需要掌握以下语句就可以在数据库中提取自己所需的数据：

SELECT Table1.key（选取字段key）

FROM Table1...（选取字段所在的表）

WHERE Table1.key1=Table2.key2 AND...（扩展表并提出限制性条件）

如若想查询每个学生的科任老师并按照学生ID升序排列，则可以采用以下SQL查询语句：

```
SELECT 花名册.姓名,课程表.教师
FROM 花名册,成绩单,课程表
WHERE 花名册.学生 ID= 成绩单.学生 ID AND 成绩单.课程 ID= 课程表.课程 ID
ORDER BY 花名册.学生 ID
```

此外，SQL中还有CREATE语句来创建增加新的数据，有DELETE语句来删除数据，UPDATE语句来更改数据。

常见的关系数据库包括SQL Server、Oracle、PostgreSQL、MySQL等，这些数据库广泛应用在各类的系统中，解决了数据存储的问题。但随着大数据时代的到来，面对数据量大、格式多样、数据存储分散时，关系数据库慢慢显得“力不从心”，因此，分布式数据库被提

出，用来解决上述问题。

2. 分布式数据库

分布式数据库是一个由多个数据库节点组成的分布式系统，这些节点通过网络相互连接，协同工作以提供高效、可靠的数据存储和访问服务。简单来说，分布式数据库就是将数据分散存储在多个独立的计算机上，并通过特定的机制实现数据的统一管理和访问，从而为用户提供一种透明、高效的数据服务体验，如图 3.18 所示。

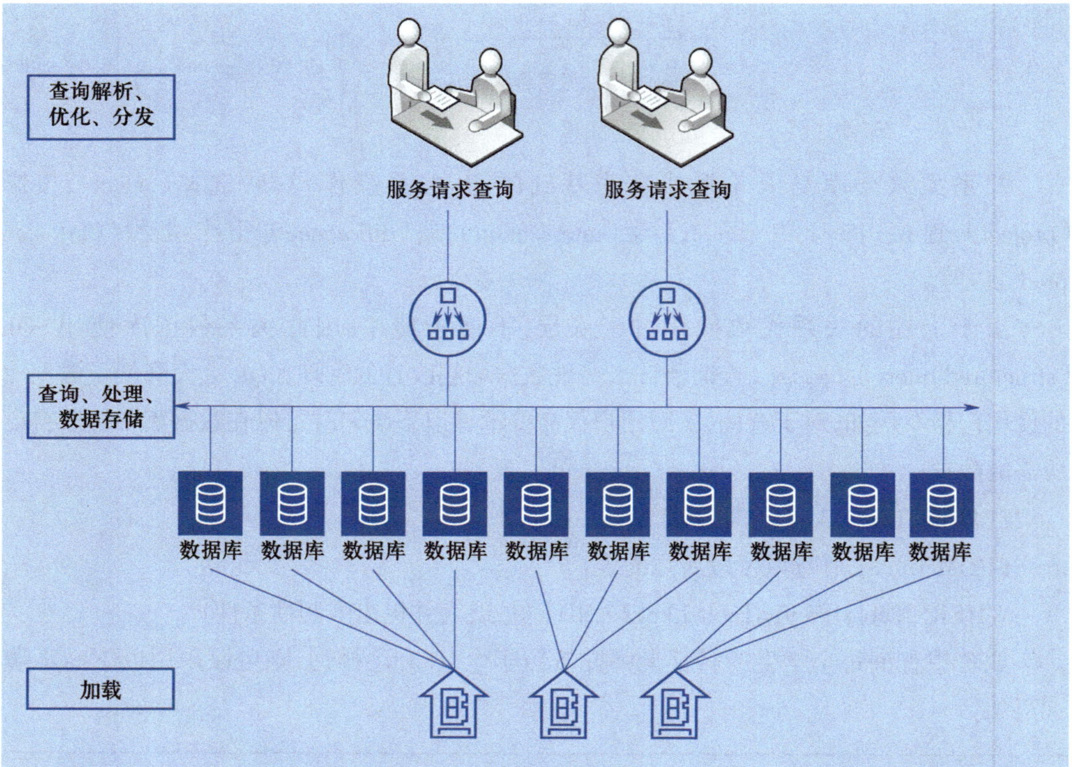

图 3.18 分布式数据库

在分布式数据库中，每个节点都可以处理一部分数据，节点之间通过消息传递进行通信和协调。分布式架构能够充分利用各节点的计算能力和存储资源，从而提高吞吐量和响应速度。同时，通过数据复制和分区等技术，分布式数据库还可以实现高可用性和容错性，确保数据的安全性和可靠性。

常见的分布式数据库包括 HBase、MongoDB、Cassandra 等，除分布式数据库外，还有分布式数据仓库如 Hive、Greenplum 等。这些系统各自具有不同的特点和适用场景，但都是基于分布式架构设计的。

分布式数据库通过分散存储和统一管理的方式，提高了数据的可访问性和处理性能。

不同的分布式数据库各有优势，随着技术的不断发展和创新，分布式数据库将在更多领域得到广泛应用，为数据管理和分析提供更加高效和可靠的解决方案。

3. HBase

HBase 是一个开源的、分布式的、面向列的 NoSQL 数据库，它运行在 Hadoop 分布式文件系统（HDFS）之上，提供了高可靠性、高性能、面向列、可伸缩的分布式存储服务。HBase 的设计目标是通过水平扩展的方式处理海量数据，提供高吞吐量的数据读写能力。下面将详细阐释 HBase 的原理。

HBase 的架构采用了主从模式，主要由以下几个组件构成：HMaster 作为 HBase 的主服务器，负责处理元数据变更以及管理负载均衡。HBase 依赖 Zookeeper 进行服务协调，包括选举 HMaster、维护 RegionServer 的状态信息、处理故障转移等。HBase 一般建立在 HDFS 集群上，但两者逻辑上是独立的，分别受到 HMaster 和 NameNode 的控制。HBase 的部署结构如图 3.19 所示。

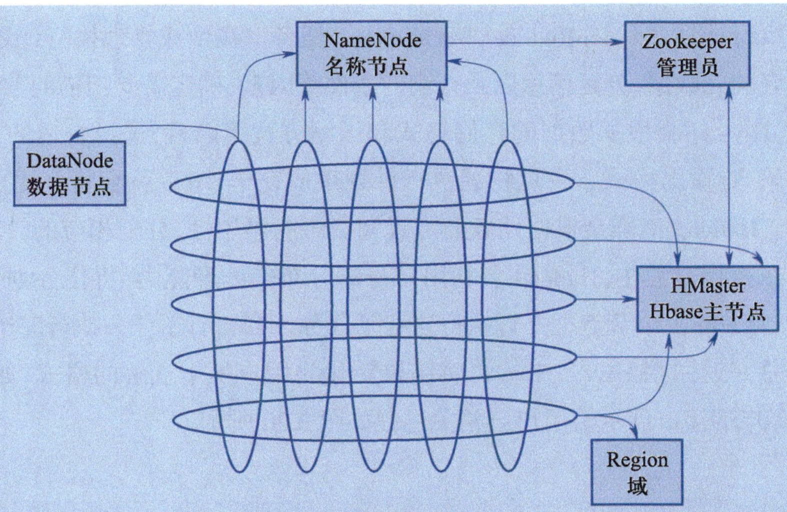

图 3.19 HBase 的部署结构

4. Hive

Apache Hive 是基于 Hadoop 的数据仓库工具，用于处理和查询存储在 Hadoop 集群中的大规模数据集。Hive 提供了 SQL 接口，使用户无须深入了解 Hadoop 的底层细节就可以方便地进行数据查询和分析。Hive 将 SQL 查询转化为 MapReduce 或 Spark 等计算框架的任务来执行，从而利用 Hadoop 集群的并行处理能力。

Hive 的架构采用了客户端–服务器模式，通过 CLI（命令行界面）、JDBC/ODBC（数据库连接接口）及 Web 界面，用户可以提交 SQL 查询。之后，Hive 驱动负责解析用户提交的

SQL查询，将其转化为MapReduce、Tez或Spark任务，并提交到Hadoop集群上执行。同时，元数据对于Hive来说也至关重要，它描述了数据的结构和存储位置。Hive使用关系型数据库（如MySQL、Derby等）存储元数据，包括表的定义、列的信息、分区信息等。

Hive的数据模型与传统的关系型数据库类似，它支持表、视图、索引等概念。Hive的表可以分为管理表和外部表。管理表的数据由Hive完全管理，包括数据的生命周期。当删除一个管理表时，Hive会同时删除该表在HDFS上的数据。而外部表的数据则存储在HDFS上的特定位置，Hive只是通过元数据来描述这些数据。删除外部表时，Hive只会删除元数据，而不会删除HDFS上的数据。

Hive还支持分区和桶（bucket）的概念，用于优化数据的存储和查询性能。分区将数据按照某个字段的值进行划分，每个分区对应HDFS上的一个目录，从而可以实现数据的局部化存储和查询。桶则是对数据进行哈希处理，将数据分散到多个文件中，以提高数据的并行处理能力。

当用户通过Hive的客户端接口提交一个Hive Query Language（HiveQL）查询时，Hive驱动会首先对查询进行解析和优化，生成一个逻辑执行计划。然后，Hive将逻辑执行计划转化为物理执行计划，即MapReduce、Tez或Spark任务。在生成物理执行计划的过程中，Hive会根据表的元数据、分区信息以及查询的条件等因素，确定需要扫描的数据范围和数据量。同时，Hive还会根据数据的存储格式和压缩方式等因素，选择合适的序列化或反序列化器和输入/输出格式。一旦物理执行计划生成完毕，Hive就会将其提交到Hadoop集群上执行。Hadoop集群会根据任务的配置和资源的可用性，分配相应的计算资源来执行该任务。在执行过程中，Hadoop会利用自身的分布式处理能力，将任务划分为多个子任务，并在集群中的多个节点上并行执行这些子任务。当所有子任务执行完毕后，Hadoop会将结果汇总并返回给Hive。Hive再将结果转化为用户易于理解的格式（如表格、图表等），并通过客户端接口展示给用户。相关过程如图3.20所示。

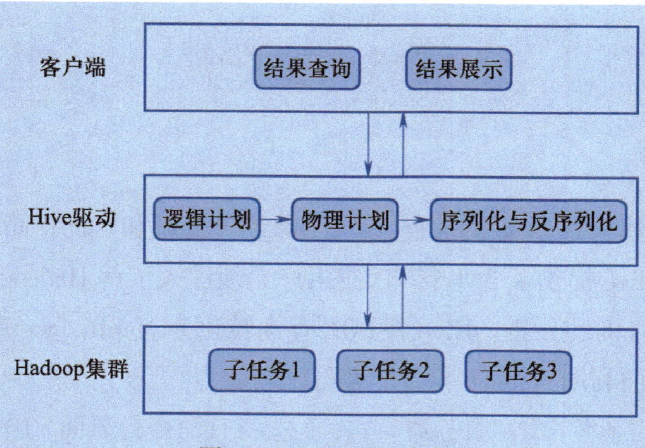

图3.20 Hive写入流程

为了提高 Hive 查询的性能和效率，Hive 支持列式存储格式（如 ORC、Parquet 等），这种存储格式可以减少磁盘 I/O 和网络传输的开销。同时，Hive 还支持多种压缩算法，可以进一步减少数据的存储空间，提高查询速度。Hive 支持创建索引来加速数据的查找和过滤操作。选择合适的索引类型和索引列，可以显著提高查询的性能。

5. NoSQL 数据库

NoSQL 是一种不同于关系数据库的数据库管理系统设计方式，是对非关系数据库的统称。此类数据库采用键值、文档、列族等非关系数据模型，允许在一个数据元素里存储不同类型的数据，能够更好地适应大数据格式多元、数据量大等特征。下面列举几种代表性的 NoSQL 数据库。

（1）Apache Cassandra 是一个开源的 NoSQL 分布式数据库，它支持上千个节点，具有线性可扩展性和经过验证的容错能力，成为处理关键任务数据的分布式数据库。

（2）MongoDB 是一个面向文档的分布式数据库，它采用类 JSON 的数据格式，使得数据的存储和查询更加灵活和直观。MongoDB 支持水平扩展和分片，可以轻松应对大规模数据的存储和访问需求。

（3）Redis 是一个开源的内存数据结构存储系统，可以用作数据库、缓存和消息代理。它支持多种数据类型和操作，并且具有高速读写能力和丰富的功能特性，适用于需要快速响应和低延迟的应用场景。

（4）Neo4j 是一个图形数据库管理系统，它以图模型为基础存储和查询数据。Neo4j 通过存储节点和关系来构建数据的网络结构，使得关联数据的查询和分析更加高效和直观。

（5）Elasticsearch 是一个基于 Lucene 构建的开源、分布式、RESTful 搜索引擎。它提供了全文搜索、结构化搜索、分析以及三者相结合的能力。Elasticsearch 适用于日志分析、实时监控、数据挖掘等场景，可以快速地处理和分析大规模数据。

本章习题

1. 利用成品爬虫爬取我国能源领域相关文本，分析取得的成就。

2. 阐述分布式文件系统存储与分布式数据库存储的区别。

3. 请试举一个适用于消息队列的场景，并列出谁是消息的生产者、消费者。

4. NoSQL 数据库的特点是什么？适用于什么场景？与 SQL 数据库有什么区别？

5. 有没有数据库既属于 NoSQL 数据库又属于 NewSQL 数据库（请自行查阅相关资料）？如果有，请列出。

参考文献

第 4 章 大数据分析与可视化

大数据分析是整个大数据生态中最重要也是最能体现价值的环节，人们可以通过分析从大数据获取有用的信息和知识。大数据分析通过统计学、机器学习等方法对数据进行深入挖掘，以发现数据背后的规律、趋势和关联。大数据分析的结果可以帮助企业优化流程、提高效率、降低成本，从而在激烈的市场竞争中取得优势。大数据可视化则是将数据或者分析的结果以直观、易于理解的图形形式展现出来。

本章内容主要包括大数据分析中最常用的预测、分类和聚类三种方法，大数据可视化及大数据工具等内容。

本章的教学目的在于帮助学生理解大数据分析的概念，了解预测、分类和聚类三种常用方法，掌握预测、分类和聚类的基本原理与经典算法，能够熟练地应用算法，了解大数据可视化的基本内容和常见的大数据工具。

4.1 大数据分析

大数据分析最常见的三种任务类型就是预测、分类和聚类，下面将详细介绍这三种任务。预测是指基于已知的历史数据或相关信息，对未来可能发生的趋势进行推测和估计。分类是一种有监督学习任务，它根据已知的分类标签或类别信息，将数据集中的样本划分为不同的类别。预测与分类的区别在于，通常情况下预测的目标是连续属性，而分类的目标则是针对类别或者离散属性，预测和分类是监督学习的重要组成部分。聚类则是一种无监督学习任务，它根据数据样本之间的相似性或距离，将数据集中的样本划分为不同的簇或群组，达到簇内相似、簇间相异效果。

4.1.1 预测

预测通常指的是使用各种方法来对过去的数据进行模式学习，建立自变量和因变量之间的模型，并将该模型用于实际的预测。常见的预测方法有很多，如线性回归、多项式回归、回归树、时间序列分析等。

线性回归模型是预测中最基础的方法之一，它假定自变量和因变量之间存在线性关系，式(4.1)就是一个多元回归的线性模型。

$$y=\beta_0+\beta_1x_1+\beta_2x_2+\cdots+\beta_nx_n+\varepsilon \tag{4.1}$$

式中：$\beta_0,\beta_1,\beta_2,\cdots,\beta_n$ 称为回归系数，ε 代表误差项，也称为残差。

有式(4.1)后，需要估算回归系数，最常用的方法是普通最小二乘法(ordinary least square method, OLS)，其思想就是寻找一条最佳的拟合直线(一元线性回归)或者超平面(多元线性回归)，使得观测点与它在回归线或平面上的对应点的残差(观测值与拟合值)的平方和最小，如图 4.1 所示。

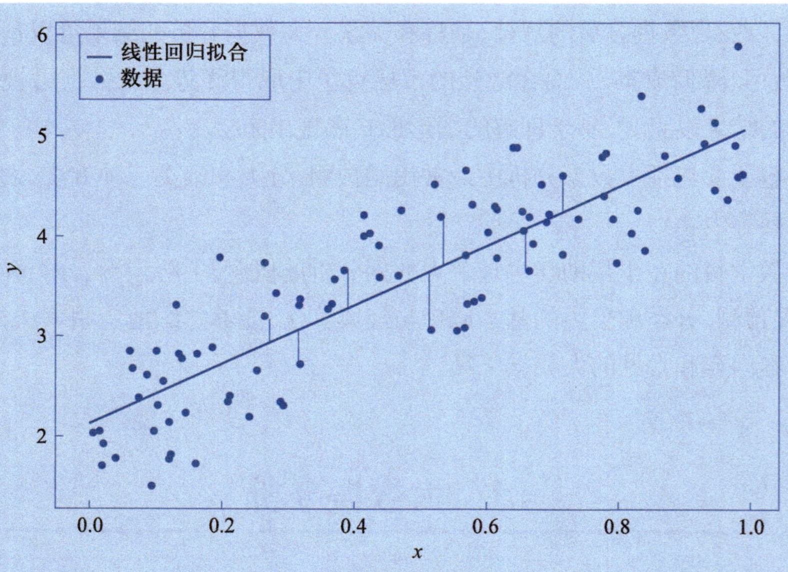

图 4.1 最小二乘回归示例

在上述前提假设后，可以建立多元回归线性方程进行参数估计，如式(4.2)所示。

$$\hat{y}=\hat{\beta}_0+\hat{\beta}_1x_1+\hat{\beta}_2x_2+\cdots+\hat{\beta}_nx_n \tag{4.2}$$

首先，建立优化目标，如式(4.3)所示，使得残差的平方和最小，然后令偏导数为 0，得到联立方程组，再求解方程组可以求得各个参数的最小二乘估计量。

$$\min_{\hat{\beta}_1,\cdots,\hat{\beta}_n}\sum_{i=1}^{n}(y_i-\hat{y}_i)^2 \tag{4.3}$$

具体求解方程组的过程，可以利用线性代数的知识，转化为矩阵求解，推导过程如下：

式(4.3)等价于 $\min\limits_{\beta}\text{RSS}=(y-\boldsymbol{X\beta})^{\mathrm{T}}(y-\boldsymbol{X\beta})$，然后对 β 求导可得

$$\frac{\partial \text{RSS}}{\partial \beta}=\frac{\partial}{\partial \beta}[(y-\boldsymbol{X\beta})^{\mathrm{T}}(y-\boldsymbol{X\beta})]$$

得到 $$\frac{\partial \mathrm{RSS}}{\partial \beta}=-2\boldsymbol{X}^{\mathrm{T}}(y-\boldsymbol{X}\beta)$$

令导数等于零，得 $$-2\boldsymbol{X}^{\mathrm{T}}(y-\boldsymbol{X}\beta)=0$$

解这个方程，得 $\boldsymbol{X}^{\mathrm{T}}(y-\boldsymbol{X}\beta)=0 \Rightarrow \boldsymbol{X}^{\mathrm{T}}y=\boldsymbol{X}^{\mathrm{T}}\boldsymbol{X}\beta \Rightarrow (\boldsymbol{X}^{\mathrm{T}}\boldsymbol{X})\beta=\boldsymbol{X}^{\mathrm{T}}y$，如果 $\boldsymbol{X}^{\mathrm{T}}\boldsymbol{X}$ 是可逆的（即 $\boldsymbol{X}$ 是列满秩的），那么可以直接求解 β：$\beta=(\boldsymbol{X}^{\mathrm{T}}\boldsymbol{X})^{-1}\boldsymbol{X}^{\mathrm{T}}y$。

表 4.1 是使用线性回归来预测用电量的样例，首先数据包括温度、湿度和是否为周末等 3 个自变量与用电量 1 个因变量。一般而言，温度、湿度越高用电量越高，工作日的用电量与休息日的用电量也是重要的考虑因素。

表 4.1 用电量预测数据样例

行数	温度	湿度	工作日	用电量
1	38.52	78.18	1	448.55
2	31.96	58.86	0	502.97
3	27.96	70.51	0	469.85
4	14.68	94.45	1	215.24
5	14.68	54.96	1	339.72
6	11.74	64.62	1	332.97
7	35.99	85.33	1	482.45
8	28.03	53.73	1	497.50
9	31.24	44.62	1	627.01

注：表中 1 代表工作日，0 代表休息日。

数据集共有 100 条记录，表中仅展示前 10 条。通过 OLS 可知系数解向量等于 $(\boldsymbol{X}^{\mathrm{T}}\boldsymbol{X})^{-1}\boldsymbol{X}^{\mathrm{T}}y$，其中 $\boldsymbol{X}$ 是自变量的矩阵，y 是因变量向量，之后可以根据相应的线性代数知识代入数据计算得到 $\beta_0=519.63$，$\beta_1=8.82$，$\beta_2=-4.76$，$\beta_3=22.79$。

使用上述线性回归模型就可以根据温度、湿度和周末与否对用电量展开预测，但有时候得到的参数估计很容易产生所谓的过拟合问题。过拟合指的是模型对已知历史数据（训练数据）拟合得很好，但对未知数据的预测准确程度不高。

针对这个问题，可以添加正则项进行正则化。正则化的目的是减少过拟合，通过对式（4.3）增加正则项，使得回归方程中不重要自变量的系数绝对值较小（有时为 0）。

常用的正则化方法包括 Lasso 和 Ridge，Lasso 也称为套索回归，Ridge 也称为岭回归。Lasso 的形式如式（4.4）所示。

$$\min_{\hat{\beta},\lambda}\sum(y_i-\hat{y}_i)^2+\lambda\sum|\hat{\beta}_i| \tag{4.4}$$

Ridge的形式如式（4.5）所示。

$$\min_{\hat{\beta},\lambda}\sum(y_i-\hat{y}_i)^2+\lambda\sum\hat{\beta}_i^2 \tag{4.5}$$

两者的主要区别在于：Lasso 得到的系数更加稀疏，部分估计系数会直接降为 0，Ridge 的系数更加平均接受惩罚，可以通过图 4.2 对比两种正则化的区别。

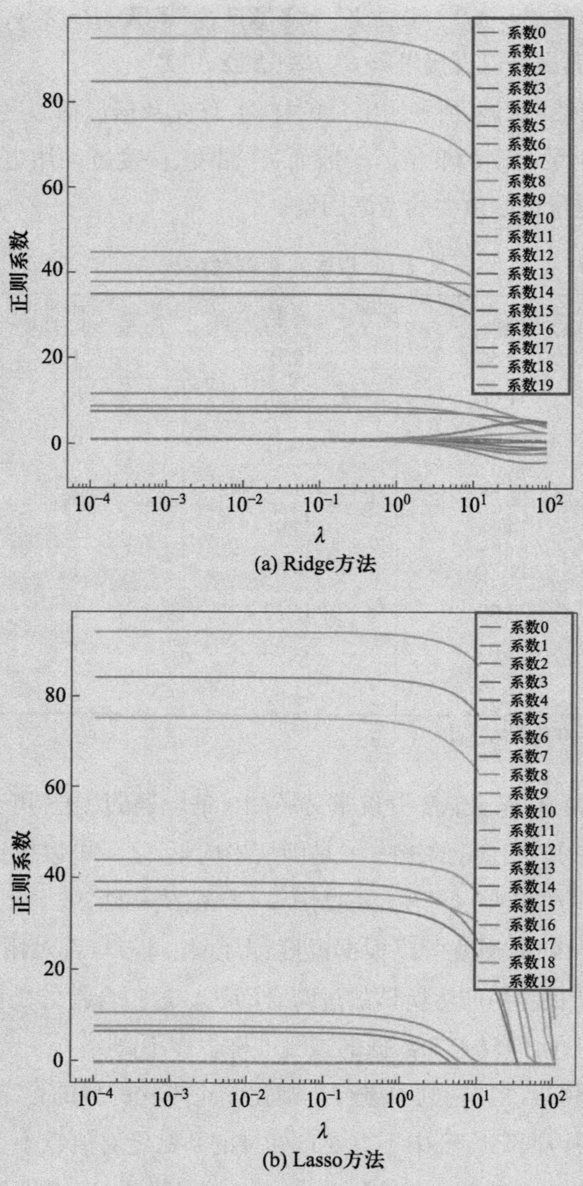

图 4.2 正则系数变化示例

如图 4.2 所示，随着惩罚系数 λ 越来越大，Ridge 方法会使得系数之间更加平均，从而让一些自变量的系数接近 0。而对于 Lasso 方法，随着 λ 越来越大，部分自变量的系数逐渐变为 0，这也体现了 Lasso 具有自变量选择的能力，因此也有人使用 Lasso 做自变量选择。

此外，还可以同时使用 Ridge 和 Lasso 这两个正则项相加作为正则项，称为 Elastic-

Net 弹性网络，如式（4.6）所示。

$$\min_{\hat{\beta},\lambda,\alpha}\sum(y_i-\hat{y}_i)^2+\lambda(\alpha\sum\hat{\beta}_i^2+(1-\alpha)\sum|\hat{\beta}_i|) \tag{4.6}$$

式中：$0\leqslant\alpha\leqslant1,\lambda>0$。

预测模型的评价是除建模之外的另一个重要问题，对模型的评价决定了是否可以信任该模型，或者对该模型预测结果的可靠程度、准确程度有一个预估。

常见的预测结果评估指标是拟合优度 R^2，它能体现模型的回归好坏，一般拟合优度越高，模型的预测性能越好，其计算公式为

$$R^2=\frac{\mathrm{SSR}}{\mathrm{SST}} \tag{4.7}$$

$$\mathrm{SSR}=\sum(\hat{y}_i-\bar{y})^2 \tag{4.8}$$

$$\mathrm{SST}=\sum(y_i-\bar{y})^2 \tag{4.9}$$

例如，假设散点的真实值分别为 1，2，3，4，5，通过回归模型得到的预测值分别为 1，3，3，4，4。$\bar{y}=3$，代入上述公式中可以计算预测结果的 SST=10，SSR=6，$R^2=0.6$。

此外均方误差（mean square error，MSE）也可以衡量模型预测值与实际观测值之间的差异。在回归问题中，MSE 是一种常用的损失函数，用于评估模型预测的准确性。MSE 越小，说明模型的预测值与真实值越接近，模型的性能也就越好。MSE 的计算公式如式（4.10）所示。

$$\mathrm{MSE}=\frac{1}{n}\sum_{i=1}^{n}(y_i-\hat{y}_i)^2 \tag{4.10}$$

这个公式计算了每个样本的预测值与实际值之差的平方，然后将所有样本的平方误差相加，再除以样本数量 n，得到的就是均方误差 MSE。此外，如果对其进行开方，将得到均方根误差（root mean square error，RMSE），方便在原始数据的尺度上来衡量误差的大小。

平均绝对误差（mean absolute error，MAE）是另外一种更稳健的衡量误差的指标方法，相比于 MSE，MAE 对于极端误差值并不敏感，计算效率更高，方法更简便，其具体表达式如式（4.11）所示。

$$\mathrm{MAE}=\frac{1}{n}\sum_{i=1}^{n}|y_i-\hat{y}_i| \tag{4.11}$$

机器学习中常见的回归预测模型除线性回归、岭回归、套索回归外，还有多项式回归、支持向量机回归（SVR）、决策树回归、随机森林回归、梯度提升回归树（GBRT）以及神经网络回归等。多项式回归能够捕捉输入变量和目标变量之间的非线性关系。支持向量机回归则通过在高维空间中寻找超平面来进行预测。决策树回归和随机森林回归能够处理非线性关系和复杂的交互作用。梯度提升回归树通过迭代的方式构建多个决策树，并整合它们的预测结果。神经网络回归则具有强大的非线性拟合能力，能够处理复杂的预测问题。本章篇幅有限，不做更多介绍，感兴趣的读者可以深入了解。

4.1.2 分类

分类也是重要的大数据分析任务，跟预测类似，它也是根据历史数据学习模型，用来对未知数据分类的。它跟预测的区别在于：分类问题的目标 y 是离散类型的，而预测问题的目标 y 是连续类型的。由于篇幅的限制，本部分只介绍分类中的决策树与 Logistic 回归两类方法。

决策树是一类代表性的分类方法，是使用树这种数据结构来分类的机器学习方法，经典的决策树算法包括 ID3、C4.5、CART 等。

以图 4.3 为例展现如何使用决策树结合带分类标签的数据集进行分类预测。图 4.3 中，判断一块太阳能电池板的好坏可以从转换效率和最大功率两个特征属性来进行。如果转换效率高则要看最大功率高低，功率高的有更大概率是好电池板；如果是转换效率本身就低，则有可能为坏电池板。

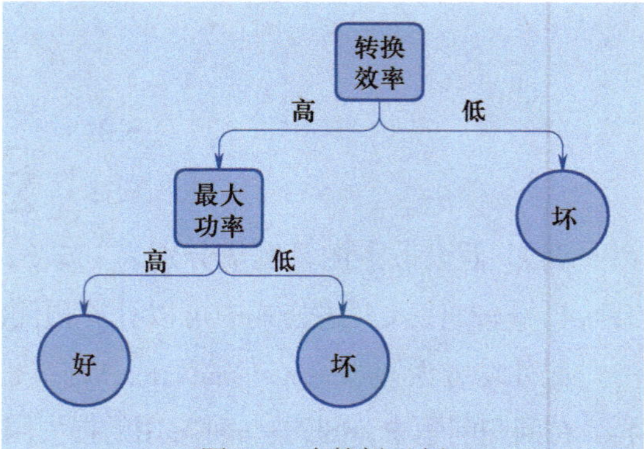

图 4.3 决策树示例

从上面的描述不难看出，其实只要构造出了一个决策树，就可以利用它进行分类了，关键是要如何构造一个这样的决策树。

从图 4.3 可以看出决策树的构建，主要是节点上特征（变量）的选择，以及选择了特征后数据集的拆分，那么特征选择有什么原则吗？简单说就是为什么先选择了“转换效率”，而不是“最大功率”作为根节点呢？

答案就是选择的特征要尽可能有信息量，使得数据的拆分有落差。具体来说就是父节点与子节点之间应该由于这个特征筛选，形成较大的信息落差，也称为信息增益 $\boldsymbol{\Delta}$。其具体的数学表达式见式（4.12）。

$$\Delta = I(\text{parent}) - \sum_{j=1}^{k} \frac{N(v_j)}{N} I(v_j) \tag{4.12}$$

从式（4.12）可以看出信息增益是父节点的信息量与加权后的子节点信息量加权和之间的差。构造树节点筛选特征时需要先进行排序，看看哪个拆分可以使得信息增益最大，其中带来变化最大的特征就要放在顶层。

在不同的决策树算法（如 ID3、C4.5、CART 等）中选择了不同的 I 来描述信息量。所谓信息量放在分类问题当中，就是节点中的不纯度，如果纯度很高，只剩下一类决策结果，那么就很容易决策，不需要新的特征再区分，此时停止分裂和特征添加；如果不纯度很高，一个节点中剩下的两类决策结果还是各 50%，那么就很难决策，还可以通过信息增益有效降低其不纯度。三种常见的信息量计算方法为熵、Gini（基尼）和分类误差率，如下所示：

$$\text{Entropy}(t) = -\sum_{i=1}^{c} p(i|t)\lg_2 p(i|t) \tag{4.13}$$

$$\text{Gini}(t) = 1 - \sum_{i=1}^{c}[p(i|t)]^2 \tag{4.14}$$

$$\text{Classification error}(t) = 1-\max_i[p(i|t)] \tag{4.15}$$

其中$p(i|t)$代表节点t中,属于类i的比例,c代表类别总量。ID3、C4.5、C5.0 等算法使用熵来挑选特征和分割数据,CART 则使用 Gini 来计算。

下面结合一组数据来讲解 CART 决策树的构建过程。表 4.2 是通过季节、原油库存、全球经济形势来对油价涨跌进行情况分类的基本数据表。

表 4.2 油价涨跌决策树构造数据

季节	原油库存	全球经济形势	油价涨跌
旺季	低	好	涨
淡季	低	坏	跌
淡季	高	好	跌
旺季	高	坏	跌
旺季	低	坏	涨
旺季	低	坏	涨

首先进行第一层的决策特征筛选,如图 4.4 所示。

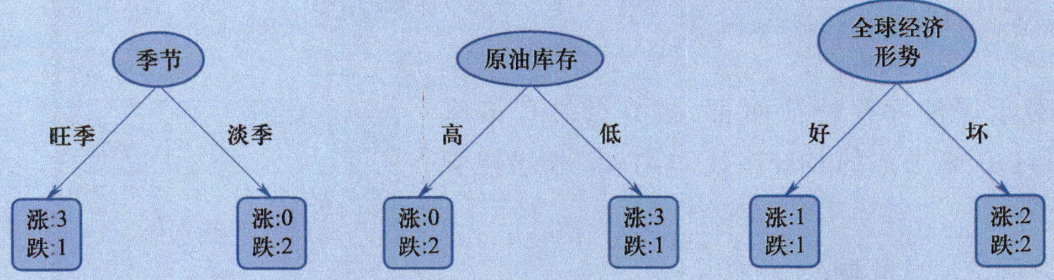

图 4.4 决策树第一特征选择

此例中c=2,对于季节特征而言,旺季节点的 Gini 系数 $=1-\left(\frac{1}{4}\times\frac{1}{4}+\frac{3}{4}\times\frac{3}{4}\right)=\frac{3}{8}$,对于淡季节点而言 Gini 系数 =1−1=0,由于初始节点的 Gini 系数 $=\frac{1}{2}$,因此选择季节作为特征的信息增益$\Delta=\frac{1}{2}-\left(\frac{4}{6}\times\frac{3}{8}+\frac{2}{6}\times0\right)=\frac{1}{4}$。

对于原油库存特征而言,高节点的 Gini 系数 =1−1=0,同理低节点的 Gini 系数 $=\frac{3}{8}$,$\Delta=\frac{1}{4}$。

对于全球经济形势特征而言，好节点的 Gini 系数 $=1-\left(\frac{1}{2}\times\frac{1}{2}+\frac{1}{2}\times\frac{1}{2}\right)=\frac{1}{2}$，坏节点的 Gini 系数 $=1-\left(\frac{2}{4}\times\frac{2}{4}+\frac{2}{4}\times\frac{2}{4}\right)=\frac{1}{2}$，$\Delta=\frac{1}{2}-\left(\frac{2}{6}\times\frac{1}{2}+\frac{4}{6}\times\frac{1}{2}\right)=0$。

因此，该首选季节和原油库存变量，假如先选择了季节变量构造决策树，那么还剩 2 个候选特征：原油库存和全球经济形势。如图 4.5 所示。

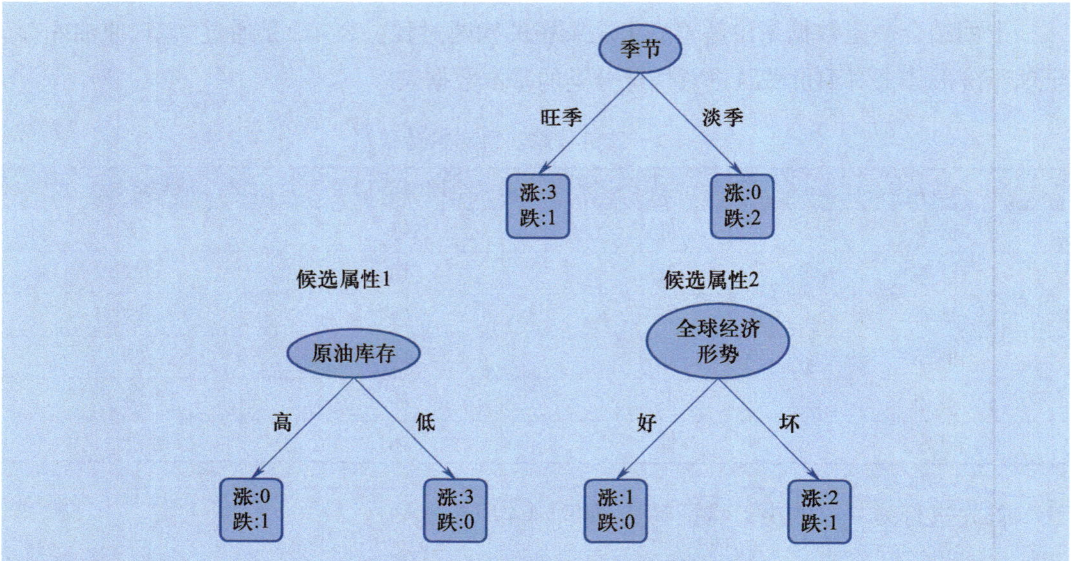

图 4.5 决策树第二特征选择

对于原油库存特征而言，高节点的 Gini 系数 =1−1=0，低节点的 Gini 系数 =1−1=0。父节点到子层之间的信息增益 $\Delta=\frac{3}{8}-0=\frac{3}{8}$。

对于全球经济形势特征而言，好节点的 Gini 系数 =1−1=0，坏节点的 Gini 系数 $=1-\left(\frac{2}{3}\times\frac{2}{3}+\frac{1}{3}\times\frac{1}{3}\right)=\frac{4}{9}$，父节点到子层之间的信息增益 $\Delta=\frac{3}{8}-\frac{1}{3}=\frac{1}{24}$。

因此，该选择原油库存特征，而此时正好所有节点被纯化，无须再增加新的特征，该分支构建完毕。最终构造的决策树如图 4.6 所示。

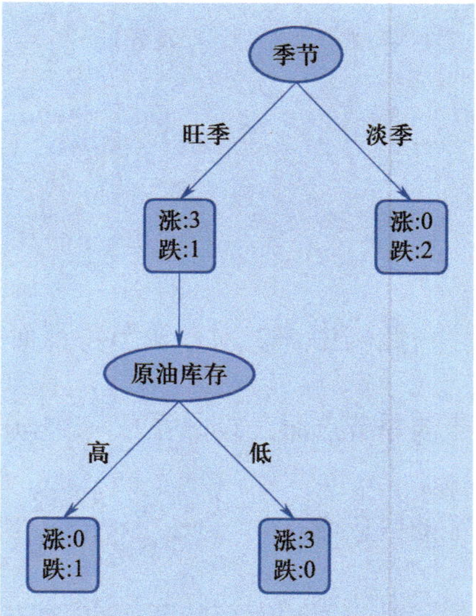

图 4.6 决策树构建结果

分类问题中另外一个经典算法是 Logistic 回归，它由线性回归模型演变而来，尽管其名称有“回归”二字，但其实 Logistic 回归是一种分类方法。

Logistic 回归主要利用线性回归结果代入非线性激活函数 Sigmoid，将预测结果转化为（0，1）区间内的概率，如图 4.7 所示。

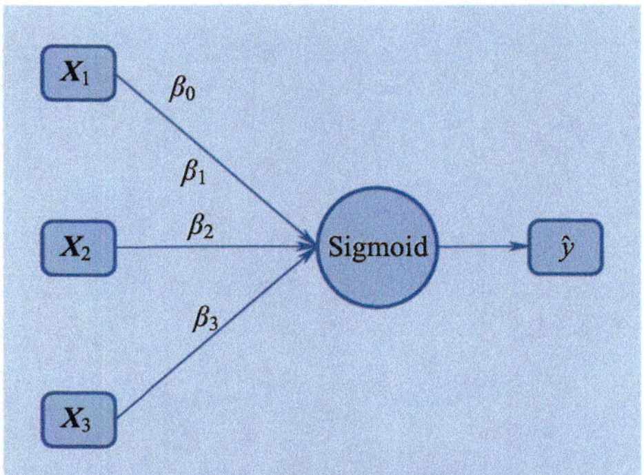

图 4.7 Logistic 回归示例

Logistic 回归模型假设输出变量 Y 服从二项分布，而解释变量 X 可以通过权重影响输出的概率。具体来说，二分类模型可以表示为

$$P(Y=1|X)=\frac{1}{1+e^{-(\beta_0+\beta_1X_1+\beta_2X_2+\cdots+\beta_pX_p)}} \tag{4.16}$$

式中，$P(Y=1|X)$ 表示给定特征 X 时，输出 Y 为 1 类的概率，$\beta_0,\beta_1,\cdots,\beta_p$ 是模型的参数（包括截距项和自变量的系数），0 类的概率为 $1-P(Y=1|X)$。

式（4.16）还不能很好地体现二项分布的特点，需要设 $z=\beta_1x_1+\beta_2x_2+\cdots+\beta_px_p+\beta_0$，针对式（4.16）两边取对数，可得到常用的 Logit 函数，如式（4.17）所示，体现了 Logistic 回归的本质是对二项分布 0，1 概率对数比值的一个线性回归拟合过程。

$$\text{Logit}(p)=\lg\left(\frac{p}{1-p}\right)=Z \tag{4.17}$$

除了便于直观理解和定义的目的外，选用 Sigmoid 函数的缘由还在于它处处光滑连续可微，如图 4.8 所示，并且能够准确地将一切实数预测结果映射到（0，1）开区间内。如式（4.18），将预测结果代入 Sigmoid 函数后，预测结果自然形成概率值的基本要求。

$$\sigma(z)=\frac{1}{1+e^{-z}} \tag{4.18}$$

Logistic 回归常常采用对数损失函数作为学习的损失函数，其具体形式如式（4.19）所示，不难发现如果分类越准确，式（4.19）的结果就越小，因此学习目标是极小化这个损失函数：

$$L(\hat{y},y)=-[y\lg\hat{y}+(1-y)\lg(1-\hat{y})] \tag{4.19}$$

为进一步理解这个过程，我们继续以油价的涨跌数据为例，讲解如何使用 Logistic 回归预测油价涨跌。假设有数据如表 4.3 所示，参数求解的迭代过程如下：

表 4.3 油价涨跌 Logistic 回归数据

季度	原油库存	GDP 增长率	油价涨跌
1	20	3	涨 1
2	30	5	跌 0

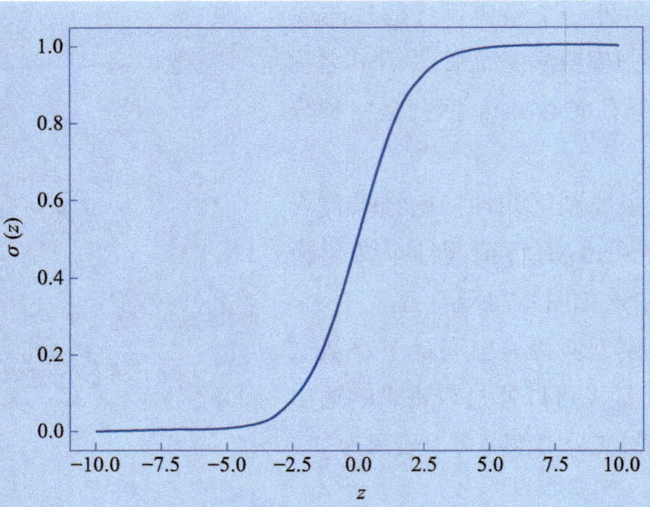

图 4.8 Sigmoid 函数

首先，假设$\beta_1,\beta_2,\beta_3,\beta_0$的初始值都是1，代入第一行数据之后，可知$z_1=\beta_1+20\beta_2+3\beta_3+\beta_0$，且此时有预测值$\hat{y}_1=\text{Sigmoid}(z_1)$，同时实际值$y_1=1$。同理，代入第二行数据之后，可知$z_2=2\beta_1+30\beta_2+5\beta_3+\beta_0$，且此时有预测值$\hat{y}_2=\text{Sigmoid}(z_2)$，同时实际值$y_2=0$。

然后，为了最小化损失函数，每行数据代入时都优化一点，逐步逼近参数的最优值。代入第一行数据时，第一次损失函数实际等于$L_1=-\lg\hat{y}_1$。

先对L_1分别求$\beta_1,\beta_2,\beta_3,\beta_0$的偏导数，在进行计算时注意利用Sigmoid的导函数等于Sigmoid·(1−Sigmoid)这一基本性质，此例中：

$$\frac{\partial L_1}{\partial \beta_1}=-\frac{\hat{y}_1(1-\hat{y}_1)}{\hat{y}_1}=\frac{1}{1+\mathrm{e}^{-25}}-1,$$

$$\frac{\partial L_1}{\partial \beta_2}=-20\frac{\hat{y}_1(1-\hat{y}_1)}{\hat{y}_1}=\frac{20}{1+\mathrm{e}^{-25}}-20,$$

$$\frac{\partial L_1}{\partial \beta_3}=-5\frac{\hat{y}_1(1-\hat{y}_1)}{\hat{y}_1}=\frac{5}{1+\mathrm{e}^{-25}}-5,$$

$$\frac{\partial L_1}{\partial \beta_0}=-\frac{\hat{y}_1(1-\hat{y}_1)}{\hat{y}_1}=\frac{1}{1+\mathrm{e}^{-25}}-1.$$

分别利用这些偏导数去更新参数，如果学习率是0.5，那么更新之后的参数为$\beta_1=1-0.5\times\left(\frac{1}{1+\mathrm{e}^{-25}}-1\right)=1.5-\frac{0.5}{1+\mathrm{e}^{-25}}$，以此类推更新完$\beta_2,\beta_3,\beta_0$参数，再将更新后的参数代入$L_2$损失函数中与第二行数据联合计算，最终当每个参数都变化很小时终止迭代，便得到了一组根据数据学习得到的参数。

与回归问题一样，我们也需要评估分类模型的性能，对此有一套通用指标，包括准确率、精准率、召回率、F1 分数等。

对分类结果的性能来说，首先需要从混淆矩阵的概念说起。混淆矩阵是用来判断分类效果好坏的一种重要方法。如表 4.4 所示，横向代表预测值，纵向代表真实值。35 代表有 35 项实际是正例同时也被预测为正例，称为真正例（TP）；5 代表有 5 项实际是正例，但被预测为了负例，称为假负例（FN）；50 代表有 50 项实际是负例同时也被预测为负例，称为真负例（TN）；10 代表有 10 项实际是负例但被预测为正例，称为假正例（FP）。

表 4.4 混 淆 矩 阵

<table>
<tr><th>频数</th><th colspan="3">预测值</th></tr>
<tr><td rowspan="3">实际值</td><td></td><td>正例</td><td>负例</td></tr>
<tr><td>正例</td><td>35</td><td>5</td></tr>
<tr><td>负例</td><td>10</td><td>50</td></tr>
</table>

根据上述定义，又可以继续定义一些重要的评估指标，如准确率（accuracy）、精确率（precision）、召回率（recall）和 F1 分数（F1 score）等，这些指标可以帮助我们更全面地评估模型的性能。

准确率：正确分类的样本数占总样本数的比例，即 $\frac{\text{TP+TN}}{\text{TP+FP+FN+TN}}$。

精确率：预测为正例的样本中真正为正例的比例，即 $\frac{\text{TP}}{\text{TP+FP}}$。

召回率：实际为正例的样本中被预测为正例的比例，即 $\frac{\text{TP}}{\text{TP+FN}}$。

F1 分数：精确率和召回率的调和平均值 $\frac{2\text{precision}\times\text{recall}}{\text{precision+recall}}$。

评价分类模型的性能还有更直观的可视化方法，如绘制 ROC 曲线。ROC 曲线是通过不同分类阈值下的真正例率（召回率）和假正例率绘制而成的。真正例率（TPR）表示实际为正例的样本中被预测为正例的比例，而假正例率（FPR）表示实际为负例的样本中被错误地预测为正例的比例 $\left(\text{等于}\ \frac{\text{FP}}{\text{FP+TN}}\right)$。对于分类器输出的每个可能阈值，计算对应的 TPR 和 FPR，然后在坐标系中绘制这些点，最后将这些点连接成一条曲线。理想情况下，ROC 曲线会尽可能接近左上角（TPR=1，FPR=0），这表示模型在识别正例和负例时都有很高的准确性。

此外还可以用 ROC 曲线下的面积来表达这个特性，称为 AUC，用于量化 ROC 曲线的性能。AUC 的取值范围为 0~1，值越大表示模型的性能越好。图 4.9 展示了一个 ROC 曲线并计算了其覆盖的面积 AUC 为 0.9。

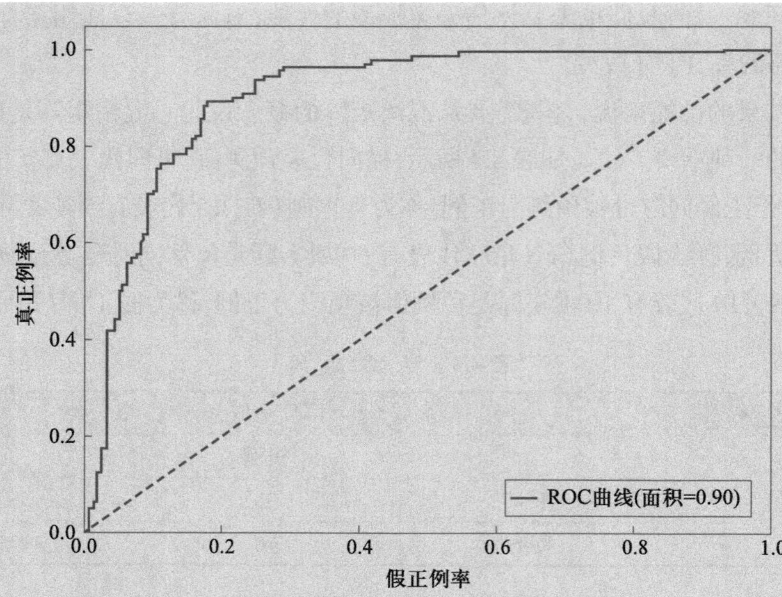

图 4.9 ROC 曲线示例

除 ROC 和 AUC 之外,PR 曲线也是用来衡量分类器性能的图形。通过绘制不同阈值下的精确率和召回率来展示分类器的性能。其所谓面积代表了模型在精准率和召回率之间的权衡,表示性能的好坏。具体的示例见图 4.10,其覆盖面积为 0.74。

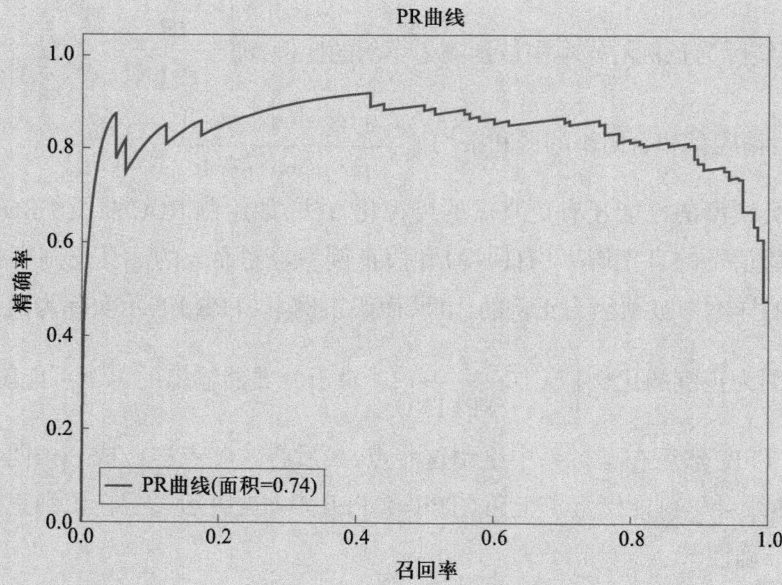

图 4.10 PR 曲线示例

常见的分类模型除决策树、逻辑回归外，还有随机森林、梯度提升树（如 XGBoost、LightGBM）、支持向量机（SVM）、朴素贝叶斯、K-近邻（KNN）、神经网络（如多层感知机、卷积神经网络 CNN、循环神经网络 RNN）及集成方法（如 AdaBoost、Bagging、Stacking）等。随机森林则通过构建树形结构进行特征选择和分类；支持向量机在高维空间中寻找最优超平面进行分类；朴素贝叶斯基于特征条件独立假设进行分类；K-近邻根据样本在特征空间中的 K 个最近邻进行分类；神经网络则通过模拟人脑神经元结构进行复杂的分类任务；集成方法则通过结合多个模型的预测结果来提高分类性能。由于本书篇幅的限制，关于分类模型不做更多介绍，感兴趣的读者可继续深入学习其他方法。

4.1.3 聚类

聚类分析的目的是根据对象的相似性将数据划分为不同簇，簇内的对象相似、簇间的对象相异。聚类跟预测和分类的区别在于：预测和分类都有自变量和因变量，我们可以从已知数据中学习模型，因此预测和分类属于有监督学习的范畴；而聚类则只有变量，不能区分自变量和因变量，无法像预测和分类那样建立模型，属于无监督学习的范畴。

聚类分析有很多种算法，包括层次聚类、K-means、DBSCAN 等，但最为著名的是 K-means 聚类。该聚类方算法非常简单，分为以下几步：

（1）根据用户指定的 K 值挑选初始质心。

（2）对每个点计算距离其最近的质心，将其归为该簇。

（3）重新计算每个簇的均值质心位置，作为该簇新的质心点。

（4）重复上述操作直至质心位置不再改变。

上述迭代过程实际上是在最小化误差平方和（sum of squared error，SSE），SSE 的计算公式如下，即在最小化各个簇中的点到其簇质心欧式距离的平方和。

$$\mathrm{SSE}=\sum_{i=1}^{K}\sum_{x\in C_i}(c_i-x)^2 \tag{4.20}$$

对于最小化 SSE 这个学习目标，通过如下推导过程可知，每个簇的质心应为该簇内所有点均值：

$$\begin{aligned}\frac{\partial}{\partial c_K}\mathrm{SSE}&=\frac{\partial}{\partial c_K}\sum_{i=1}^{K}\sum_{x\in C_i}(c_i-x)^2\\&=\sum_{i=1}^{K}\sum_{x\in C_i}\frac{\partial}{\partial c_K}(c_i-x)^2\\&=\sum_{x\in C_K}2(c_K-x_K)=0\end{aligned}$$

$$\sum_{x\in C_K}2(c_K-x_K)=0\Rightarrow m_K c_K=\sum_{x\in C_K}x_K\Rightarrow c_K=\frac{1}{m_K}\sum_{x\in C_K}x_K$$

为了进一步阐明 K-means 方法的计算步骤，我们给出 5 个待聚类点 $A(1,1)$、$B(2,2)$、$C(2,3)$、$D(3,3)$、$E(5,3)$，令 $K=2$（聚为 2 个簇），如图 4.11 所示。

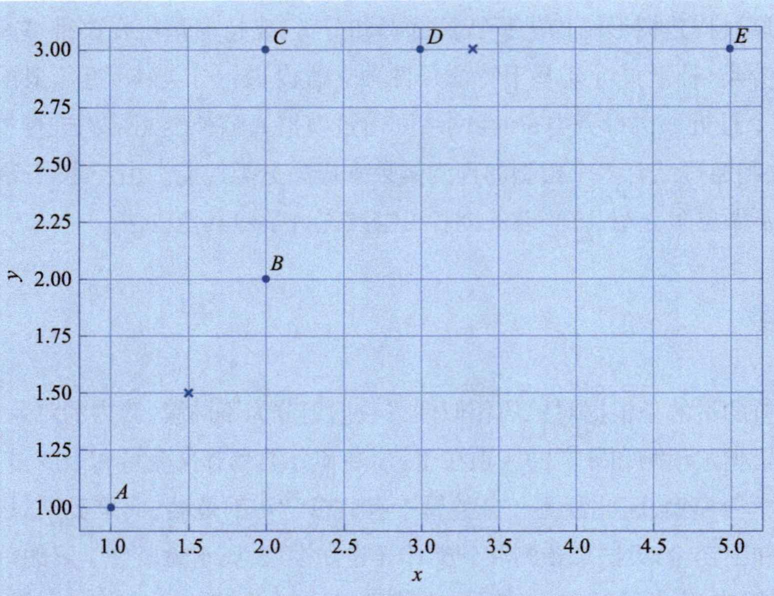

图 4.11 K-means 聚类数据示例

（1）假设初始选择两个数据点 $A(1,1)$、$D(3,3)$ 分别为质心 1 和质心 2。

（2）第一轮对所有散点进行最近质心计算，B 点划分到质心 1 的簇中。C、E 两点则距离质心 2 更近，归为另外一簇。

（3）然后，执行两簇质心的再计算。质心 1 的坐标变为 $\left(\frac{3}{2},\frac{3}{2}\right)$，质心 2 的坐标变为 $\left(\frac{10}{3},3\right)$，如图 4.11 中的叉点。

（4）接着根据新的质心继续划分新的簇，可以发现按照欧几里得距离 A、B 两点划分到簇 1，C、D、E 划分到簇 2。

（5）此时重新计算两簇的质心，发现质心位置不再变化，算法执行完毕。

上述的过程就是使用 K-means 算法将 5 个点分为 2 个簇的过程，从上述过程中可以看出 K-means 算法还是比较简单的，其主要步骤就是分配质心和指派点到簇这两个过程循环进行，直到达到停止条件。

K-means 算法是一个简单有效的算法，通常在迭代中会较快地收敛，算法的时间和空间复杂度也比较低。但是其初始质心是随机挑选的，不同的初始质心可能会导致不同的聚类结果，对此有很多解决的方法，其中 K-means++ 是比较流行的一种挑选初始质心的方法，感兴趣的读者可以自行了解。

层次聚类是另外一类较为重要的聚类方法，该方法并不规定聚类的个数，而是把整个聚类的过程展现出来，用户可以根据需要在聚类的结果上选定所需要的簇。层次聚类分为凝聚方法和分裂方法，前者是自底向上的，后者是自顶向下。

凝聚层次聚类方法的算法分为以下几步：

（1）将所有的点都分别设为一个簇。

（2）采用一定的距离度量方法依次合并最相邻的两个簇。

（3）循环第（2）步，直到所有簇合并为一个簇。

（4）根据聚类过程画出层次聚类图。

（5）选择一个层次图纵轴尺度进行横向修剪拆分，得到的簇即为聚类结果。

而分裂层次聚类方法的算法分为以下几步：

（1）将所有的点设为一个簇。

（2）寻找相隔最远的两个点，选择成为新的簇，原簇内的点按照距离远近分别划入新的簇内。

（3）重复步骤（2），直到不可再分。

（4）根据聚类过程画出层次聚类图。

（5）选择一个层次图纵轴尺度进行横向修剪拆分，得到的簇即为聚类结果。

上述的两种聚类思路的结果都是得到一个聚类树图，如图 4.12 所示，在图上平行于横坐标进行划分可以得到不同个数簇数下的聚类结果，这也体现了层次聚类结果的直观性。

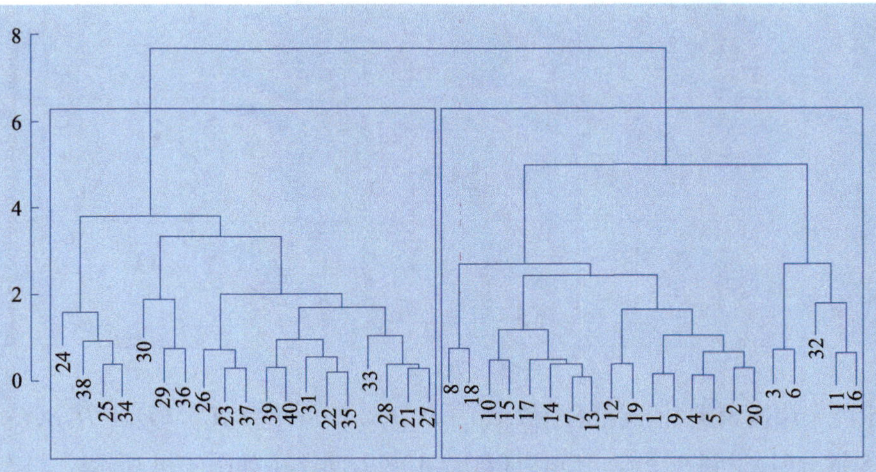

图 4.12 层次聚类树图示例

如何衡量两个簇之间的距离是层次聚类中的重要问题，最常见的方法有最小距离和最大距离，即选择两个簇内任意两点相连，其中距离最大或最小的距离就定义为两个簇之间的距离。此外,还有质心距离,是指以两个簇的平均值作为质心,取其距离为两个簇之间的距离。簇平均距离,则是用两簇内任意两点间连线长度的平均值作为衡量两簇间距离的方法。

此外欧几里得距离、曼哈顿距离和闵可夫斯基距离也是常用的度量距离的方法。

欧几里得距离:

$$d(i,j)=\sqrt{(x_{i1}-x_{j1})^2+(x_{i2}-x_{j2})^2+\cdots+(x_{ip}-x_{jp})^2} \tag{4.21}$$

曼哈顿距离:

$$d(i,j)=|x_{i1}-x_{j1}|+|x_{i2}-x_{j2}|+\cdots+|x_{ip}-x_{jp}| \tag{4.22}$$

闵可夫斯基距离:

$$d(i,j)=\sqrt[q]{(|x_{i1}-x_{j1}|)^q+(|x_{i2}-x_{j2}|)^q+\cdots+(|x_{ip}-x_{jp}|)^q} \tag{4.23}$$

q 为正整数,$q=1$ 时即为曼哈顿距离,$q=2$ 时即为欧几里得距离。

下面继续以图4.13的聚类数据为依据,分别给出凝聚层次聚类与分裂层次聚类的算例。

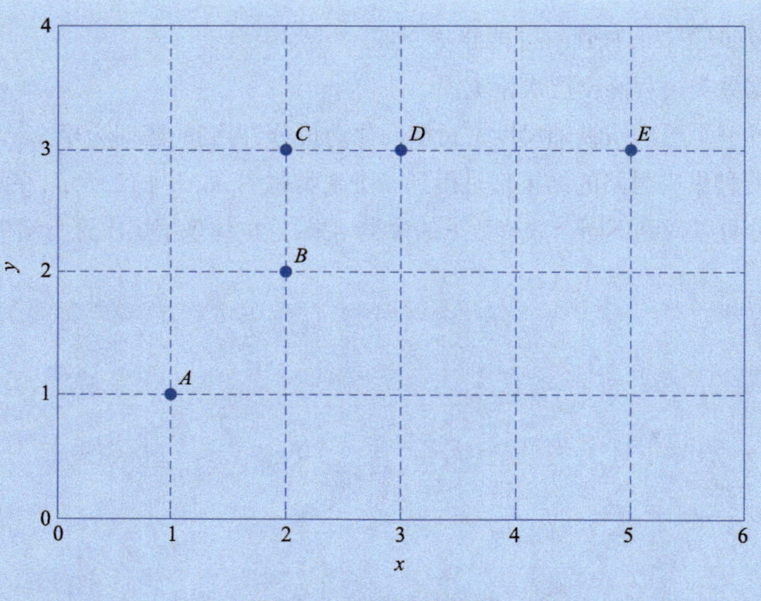

图4.13 层次聚类数据

对于凝聚层次聚类,依次聚合:(B,C)、(D,B,C)、(A,D,B,C)、(E,A,D,B,C),当使用尺度1.25拆分时,得到3个簇,分别为(E)、(A)、(D,B,C),如图4.14所示。

对于分裂层次聚类:第1次分裂,得到A、E两个最远点,形成(A,B,C)、(D,E)两个簇;第2次分裂,得到(A)、(B,C)、(D)、(E)四个簇;第3次分裂得到(A)、(B)、(C)、(D)、(E)五个簇。可见两种层次聚类运行的结果并不一定相同。

评价聚类效果时,我们通常关注两个关键指标:凝聚度和分离度。

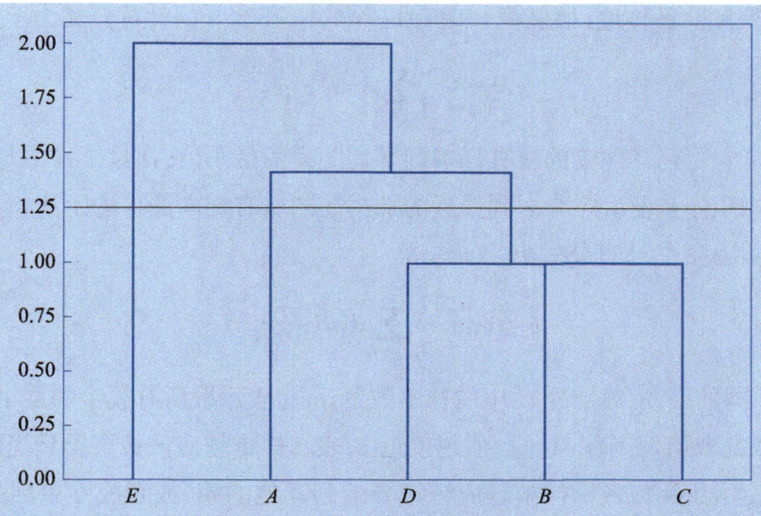

图 4.14 层次聚类算例

凝聚度又称为簇内相似度或簇内紧密度，主要衡量同一簇内样本之间的相似性或紧密程度。凝聚度越高，表示簇内的样本越相似，即它们之间的距离越小。对于基于原型的簇（如 K-means 聚类中的簇），凝聚度可以通过计算样本 c_i 到其所在簇的质心（或中心点）的距离来衡量。具体地，假设簇 i 的质心为 c_i，那么凝聚度可以表示为所有样本 x 到各自质心距离的误差平方和计算公式可以一般化为

$$\text{凝聚度} = \sum_{i=1}^{K} \sum_{x \in c_i} \| x - c_i \|^2 \tag{4.24}$$

分离度又称为簇间差异度或簇间分散程度，主要衡量不同簇之间的样本的差异性或分散程度。分离度越高，表示不同簇之间的样本越不相似，即它们之间的距离越大。分离度可以通过计算不同簇之间的平均距离或质心之间的距离来衡量。设 K 是簇的数量，n 是数据点的总数，则簇间平方和（between-cluster sum of squares，BCSS）是可用于衡量每个聚类质心与整体数据质心之间欧几里得距离意义下的加权平方和，具体公式如式（4.25）所示。

$$\text{BCSS} = \sum_{i=1}^{K} n_i \| c_i - c \|^2 \tag{4.25}$$

在聚类分析中，通常希望达到高的凝聚度和分离度，以获得高质量的聚类结果。要想同时兼顾两个指标，可以采用轮廓系数来衡量。轮廓系数（silhouette coefficient）是一种用于评估聚类效果的重要指标，它综合考虑了聚类的凝聚度和分离度，从而提供了一个量化评估聚类质量的手段。轮廓系数的计算公式如下：

$$\text{silhouette coefficient} = \frac{(b-a)}{\max(a,b)} \tag{4.26}$$

式中：a 是指样本 x_i 到同簇内其他样本的平均距离，衡量了样本与其所在簇内其他样本的

相似度，即凝聚度。具体地，如果簇 C 中有 n 个样本，那么 a 的计算公式为

$$a = \frac{1}{n-1}\sum_{c_K \in C} \operatorname{dist}(x_i, c_K) \tag{4.27}$$

式中：b 是指样本 x_i 到其他簇的所有样本的平均距离的最小值，衡量了样本与其他簇的分离程度。换句话说，b 表示样本 x_i 到最近的那个簇的所有样本的平均距离。具体地，如果存在 K 个簇，那么 b 的计算公式为

$$b = \min_j \frac{1}{n_j}\sum_{c_K \in C_j} \operatorname{dist}(x_i, c_K) \tag{4.28}$$

式中：j 表示不同的簇，n_j 表示簇 C_j 中的样本数量，$\min_j$ 表示取所有簇中的最小值。

轮廓系数的取值范围在−1~1。值越接近 1，表示样本越应该被聚类到当前的簇，聚类效果越好；值越接近−1，表示样本越应该被分配到其他的簇，或者成立单独的簇，聚类效果越差。轮廓系数综合考虑了同一簇内样本的紧密程度（通过 a 衡量）和不同簇之间样本的分离程度（通过 b 衡量），因此能够提供一个全面的聚类效果评估。在实际应用中，通常会计算每个样本的轮廓系数，然后取平均值作为整个聚类结果的轮廓系数，以此来评估聚类算法的性能。

继续以上文聚类结果为例，对于给定的聚类结果（E）、（A）、（D,B,C），我们可以计算每个簇中样本点的轮廓值：

（1）簇（E）：只有一个点 E，所以 a 为 0，b 是 E 到其他簇中所有点的最小平均距离。$s_E = \frac{(b_E - 0)}{b_E} = 1$（因为 a_E 为 0，且 b_E 一定大于 0）。

（2）簇（A）：只有一个点 A，类似地，$s_A=1$。

（3）簇（D,B,C）：对于点 D、B、C，需要分别计算 a_i（到簇内其他点的平均距离）和 b_i（到其他簇的最小平均距离），然后计算 s_i：

① 对于点 D，a_D 是 D 到 B 和 C 的平均距离，等于$\frac{1+\sqrt{2}}{2}$，b_D 是 D 到 E 和 A 的最小平均距离，等于 2，经过计算 $s_D=\frac{3-\sqrt{2}}{4}$。

② 对于点 B，a_B 是 B 到 D 和 C 的平均距离，等于$\frac{1+\sqrt{2}}{2}$，b_B 是 B 到 E 和 A 的最小平均距离，等于$\sqrt{2}$，经过计算 $s_B=\frac{2-\sqrt{2}}{4}$。

③ 对于点 C，a_C 是 C 到 D 和 B 的平均距离，等于 1，b_C 是 C 到 E 和 A 的最小平均距离，等于$\sqrt{5}$，经过计算 $s_C=1-\frac{\sqrt{5}}{5}$。

计算出所有点的 s_i 后，取平均值即可得到整个聚类结果的轮廓系数为 0.39。

关于轮廓系数还可以作轮廓系数图，轮廓系数图是一种评估聚类效果的工具。通过

轮廓系数图,可以直观地了解聚类结果中每个样本点与其所属聚类以及其他聚类之间的关系。在轮廓系数图中,每个聚类通常由一组水平的条形表示,条形的高度表示该聚类中每个样本点的轮廓系数。如果聚类内部大多数样本点的轮廓系数都较高(接近 1),则说明该聚类是紧凑且合理的。相反,如果聚类内部存在大量低轮廓系数的样本点,则可能需要重新考虑聚类的数量或选择。图 4.15 是轮廓系数图示例,图中平均轮廓系数为 0.74,说明聚类效果较好。

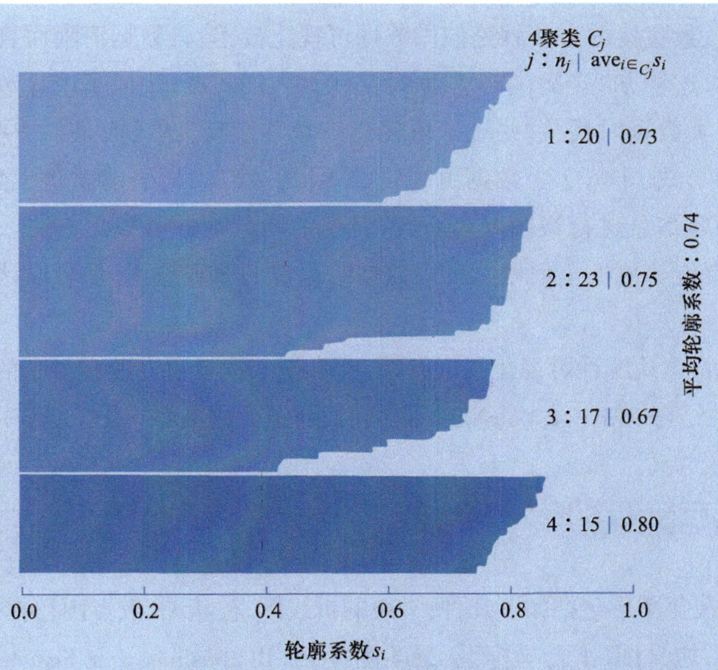

图 4.15 轮廓系数图示例

机器学习中除了 K-means 聚类与层次聚类外,还有很多聚类算法,如 DBSCAN 算法。DBSCAN 算法通过定义两个参数 Eps(邻域半径)和 MinPts(邻域内最小样本点数)来确定样本点的密度,将密度达到一定阈值的区域划分为簇。此外,谱聚类算法将样本点看作图中的节点,通过构建图的邻接矩阵或拉普拉斯矩阵来表示样本点之间的相似度。然后,谱聚类算法对图进行切割,使得切割后的各簇之间相似性小,簇内样本相似度大。受限于篇幅,本书不做详细讲解,感兴趣的读者可以自行了解学习。

4.2 大数据可视化

大数据可视化是数据分析的重要手段之一,通过大数据可视化可以将挖掘得到的信息更清晰和有效地组织并呈现给用户，帮助用户做出科学的决策，本节开始将进入大数据可视化的学习。

4.2.1 大数据可视化概述

科学研究显示，人是典型的视觉动物，人获取的信息80%来自视觉信息，而人的视觉系统占用人脑资源的50%。要揭示大数据中的信息和规律，除了靠描述性统计分析和算法挖掘外，最直接的方法就是使用数据可视化技术，将数据清晰而直观地展现在人的面前。当然，这种方法在小样本数据时代就被人们发掘，形成了统计数据可视化方法和图形。进入大数据时代，这些统计可视化工具并没有失效，而是以一些具有交互、视图融合特点的形式，丰富了大数据可视化的手段。例如，词云图就是大数据时代，将词频信息与词内容信息进行视图融合后，所诞生的新型数据可视化方法。这样类似的方法有很多，只要能够更加全面地呈现大数据所蕴含的客观规律，都可以认为是大数据可视化方法。

接下来将首先从统计可视化图形开始介绍，便于读者对专业和科学的可视化任务有一定了解，其后结合 ECharts、Matplotlib、ggplot2，介绍大数据可视化工具应用。

4.2.2 常见可视化图形

常见的可视化图形包括如下几种：常规的折线图、柱状图、散点图、饼图、箱线图；更加复杂的热力图、旭日图、平行坐标系、漏斗图；用于 BI（business intelligence，商业智能）的大数据仪表盘。

折线图是一种反映数据变化趋势的图形，通过在同一折线图中绘制一条或者多条折线，可以直观地比较不同数据之间的关系和差异，具体形式见图4.16，表示了布伦特原油期货价格和 WTI 原油期货价格的变化情况。

另外一种常用的图形是柱状图，它用来表达类别变量频数的可视化，其横坐标是类别变量，而纵坐标是统计的频数，图4.17表示了石油输出国组织（OPEC）中的一些国家的剩余产能情况。

散点图将两个变量的多对观测点画在坐标中，可以通过观察观测点之间的联系来探索两个变量之间的联系，图4.18展现了 mtcars 数据集中功率（kW）和行驶的距离（km）。

饼图是用扇形区域的大小来表示样本中各类别频数占全部频数比例的一种图形。饼图可以清晰地体现各个组分之间的比例，饼图的特性是所有区域比例相加等于1。图4.19清晰展现了某国煤炭、天然气、石油和可再生能源的比例。

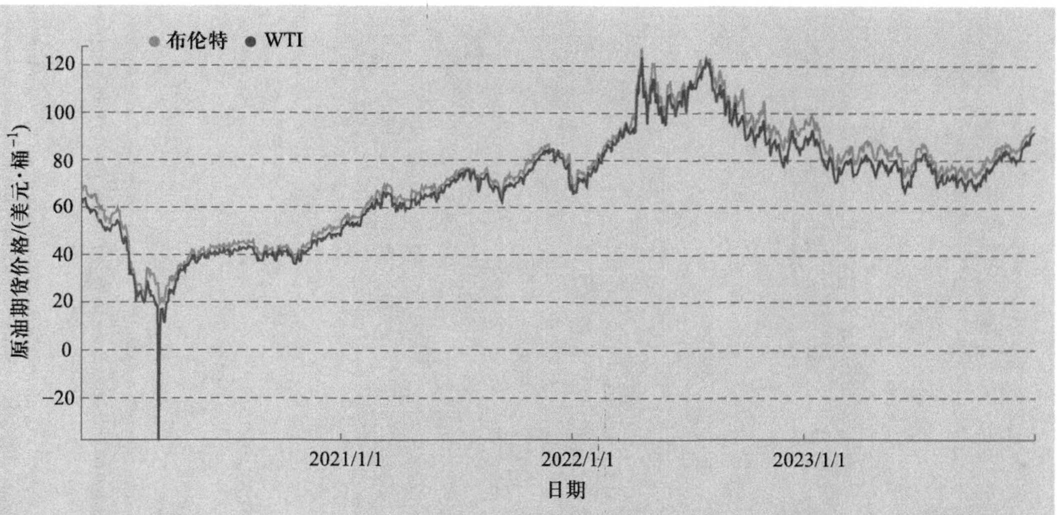

图 4.16 折线图示例

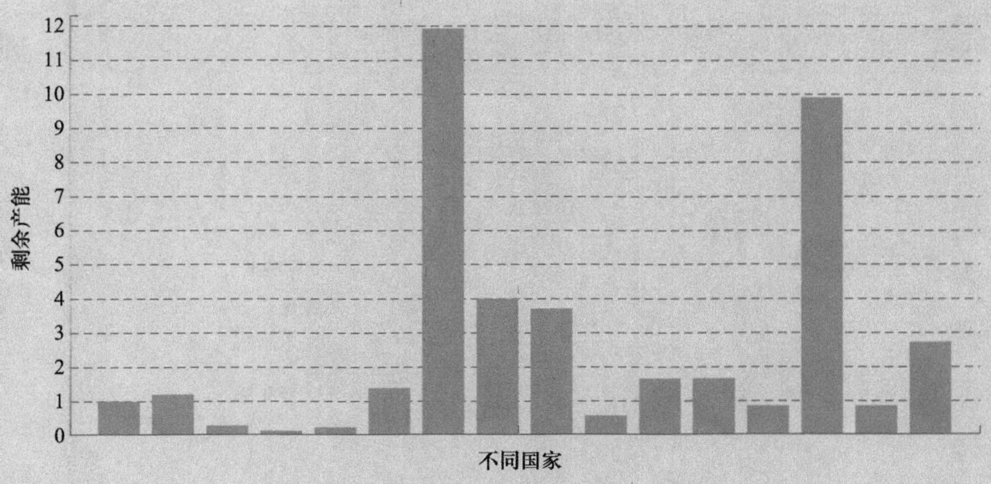

图 4.17 柱状图示例(具体国家信息已省略)

箱线图是展示数据分布特征的图形,如图 4.20 所示,中间盒子的三条横线为数据的 25% 百分位数、中位数、75% 百分位数,盒子下面的横线为 25% 百分位数 −1.5IQR(75% 和 25% 百分位数之间的差),盒子上面的横线为 75% 百分位数 +1.5IQR,空心圆圈代表其对应数据是孤立点,具体形式见图 4.20,展现了著名的鸢尾花数据集中花萼长度、花萼宽度、花瓣长度这 3 个属性的分布情况。

热力图是一种强大的数据可视化工具,它通过颜色的深浅来直观展示数据的密度或强度。在热力图中,颜色越深表示数据点的密度越高或强度越大,而颜色越浅则表示数据点的密度越低或强度越小。热力图在多个领域都得到了广泛的应用,尤其在地理信息系

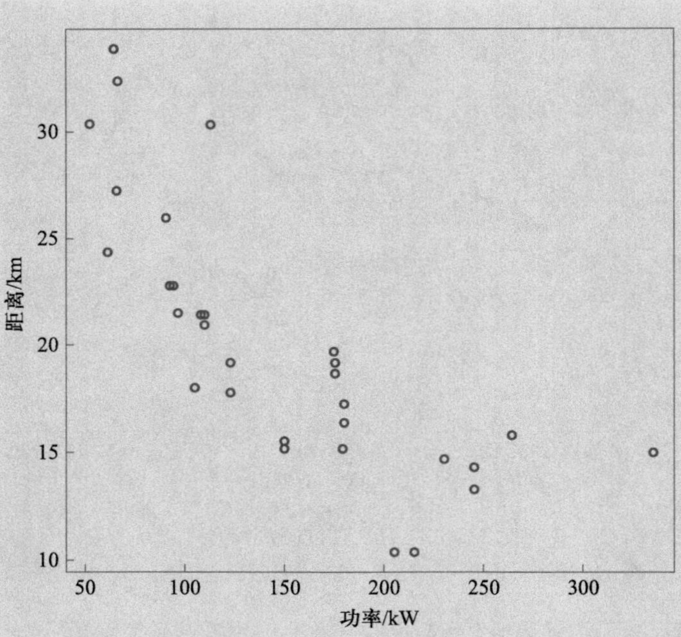

图 4.18 散点图示例

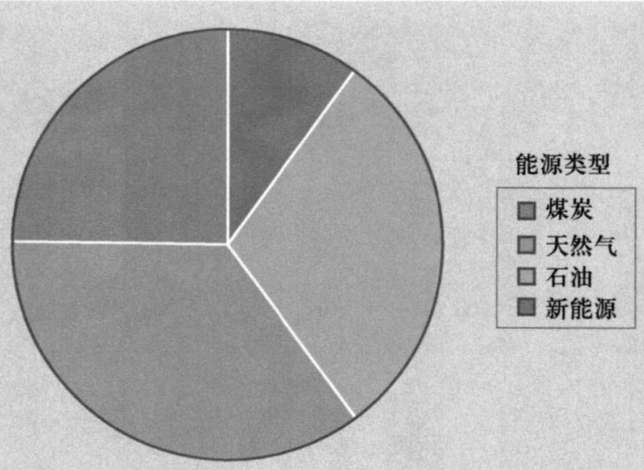

图 4.19 饼图示例

统(GIS)中,它可以用来展示人口密度、犯罪率、交通流量等地理数据,帮助用户快速识别和理解地理区域的特征和趋势。此外,在商业分析、市场调研等领域,热力图也被用来展示用户行为、销售数据等,为企业提供有价值的决策支持。图 4.21 体现了样本 2 中符合特征 1 的密度最高,达到 0.9。

旭日图也称为"太阳图",它以圆环的形式展示数据的层次结构,每个圆环代表一个层级,离原点越近代表层级越高。通过不同大小和颜色的扇形区域,旭日图能够清晰地展示数据的占比和层级关系,帮助用户迅速理解数据的组织结构。旭日图的特点在于其层

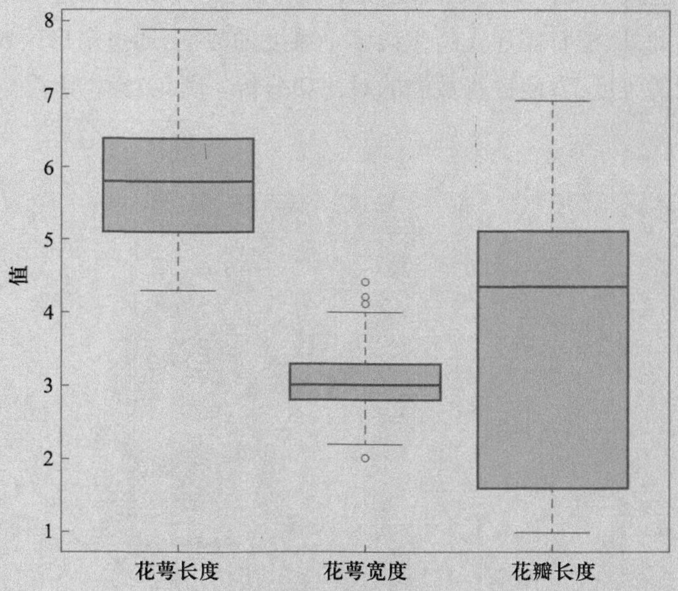

图 4.20　箱线图示例

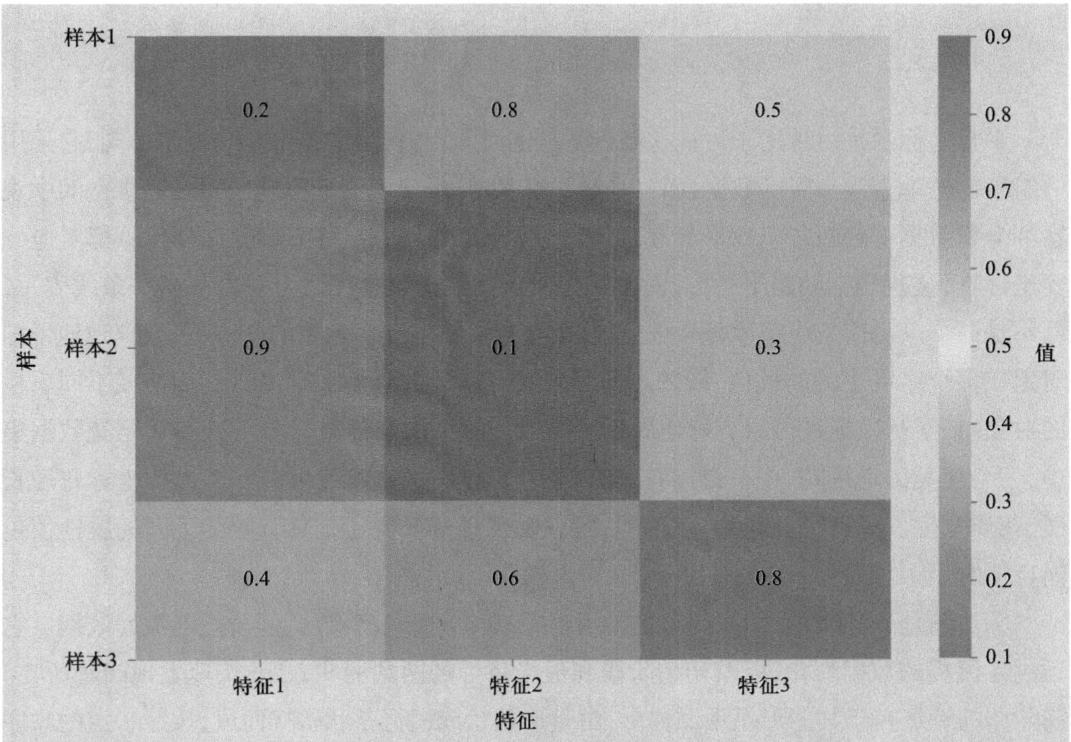

图 4.21　热力图示例

次结构展示和渐进式呈现,用户可以通过交互操作逐步展开或收缩各个层次结构,深入了解数据的细节。此外,旭日图还支持编码多个维度的数据,通过扇形区域的颜色、半径或角度来表示不同的维度,方便进行数据的对比和分析。图 4.22 体现了 3 个分支下茎叶的占比。

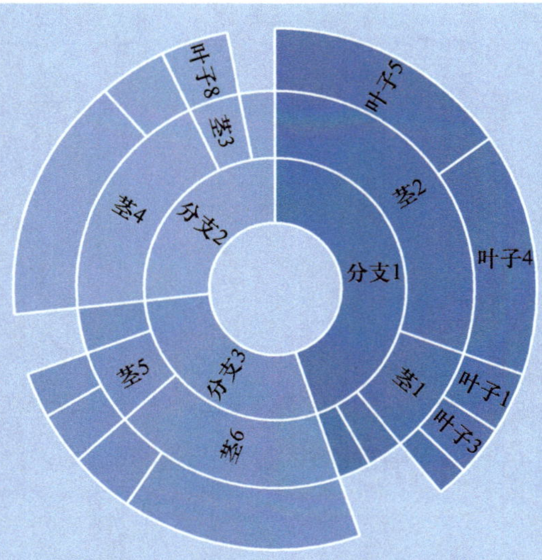

图 4.22 旭日图示例

平行坐标系是一种用于可视化高维数据的工具,与传统的笛卡儿坐标系不同,它采用一组平行的垂直线来展示数据,而不是通过交叉的轴,这种表示方式使得在高维空间中观察和分析数据变得更加直观和容易理解。在平行坐标系中,每个维度(或属性)都对应一个坐标轴,这些坐标轴是平行的,而不是正交的。数据集中的每个对象都由一条线表示,而不是一个点。这条线穿过每个坐标轴,通过查看线在坐标轴上的交点,可以直观地得知对象在多个维度上的属性值,线的走向和长度可以帮助我们识别出具有相似或不同属性的对象组,平行坐标系可以更好地展现高维数据的结构和分布。图 4.23 将鸢尾花数据集中,三个亚类山鸢尾花、变色鸢尾花、弗吉尼亚鸢尾花的样本投射在 4 个平行坐标花瓣长度、花瓣宽度、花萼长度、花萼宽度中。可以发现三个亚类还是具有明细不同的属性值走向特征的。

漏斗图是一种漏斗状的图形,主要用于展示和分析具有顺序、多阶段的流程数据。它通过各流程的数据变化,以及初始阶段和最终目标的两端漏斗差距,快速发现问题所在。漏斗图的特点在于其图形呈现倒梯形,由竖形条状或横行条状拼接而成,按照一定的顺序组成阶段层级,每一层都用于表示不同的阶段,从而呈现出这些阶段之间的某项要素/指标递减的趋势。图 4.24 展现了能源销售客户从意识、兴趣、考虑到购买的逐级递减情况,便于能源销售企业及时分析并在关键环节做出相应调整。

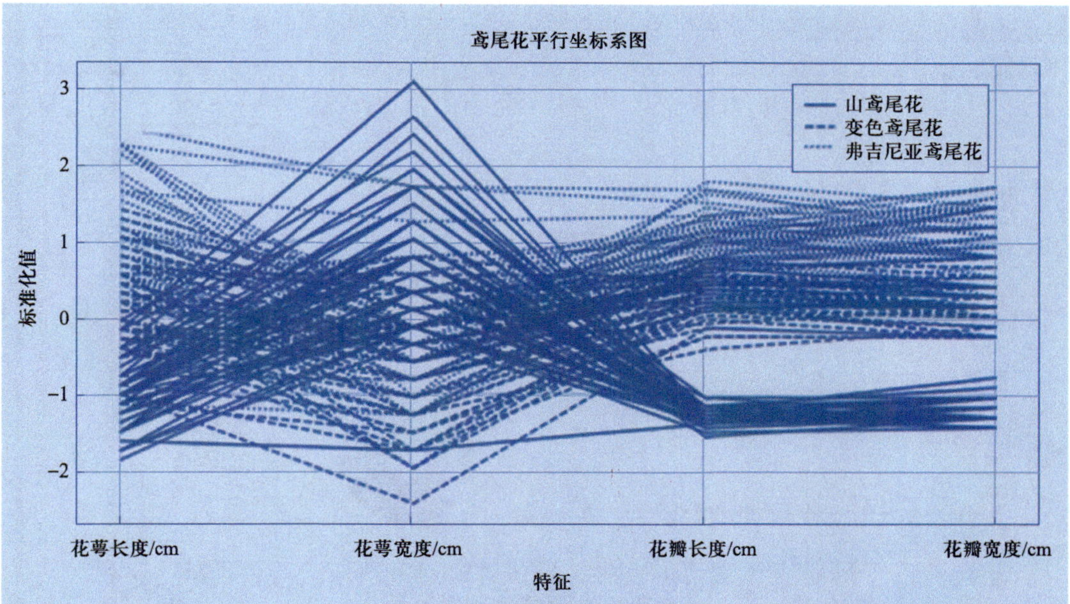

图 4.23 平行坐标系示例

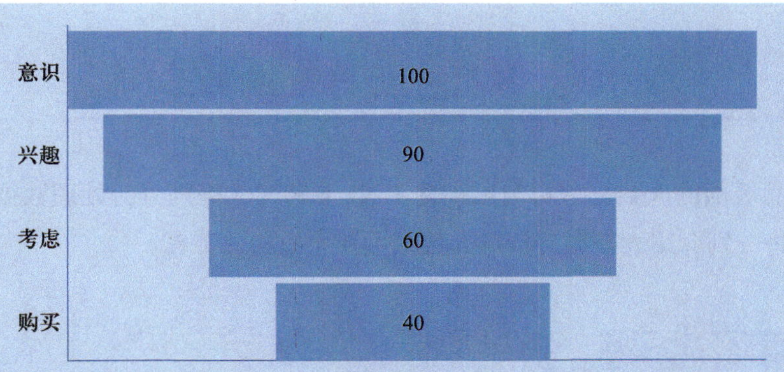

图 4.24 漏斗图示例

大数据仪表盘是一种强大的数据分析和可视化工具，它能够将大数据集合转化为易于理解和分析的图表、图像等形式。通过实时监控企业关键指标，大数据仪表盘可以帮助企业快速了解当前状况，并及时做出决策。大数据仪表盘具有直观清晰、实时性强、数据可交互等特点，使得企业能够更准确地洞察数据，从而驱动业务发展。与传统的数据分析方法相比，大数据仪表盘能够更加高效地展示数据，帮助企业在激烈的竞争中抢得先机。在各个领域，大数据仪表盘都有着广泛的应用。无论是市场营销、金融还是医疗等领域，大数据仪表盘都能够发挥重要作用，帮助企业更好地了解市场和客户需求，提高业务效率和竞争力。同时，大数据仪表盘还可以进行高度定制，根据企业的具体需求进行灵活调整。由图 4.25 所示可知，通过本地部署的 Superset 大数据仪表盘，展示了世界银行统计的增长率变化、世界人口增长趋势等多元化数据。

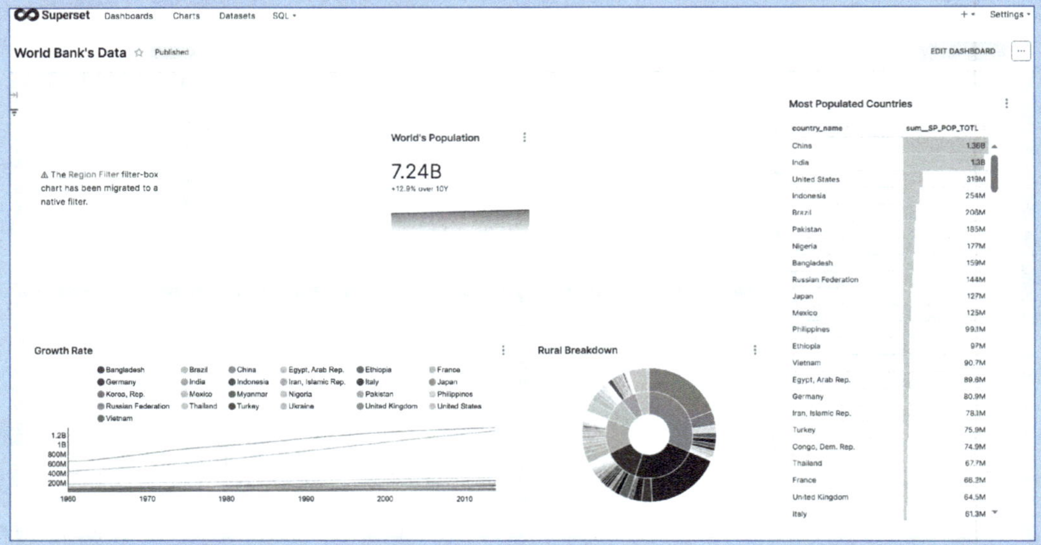

图 4.25 大数据仪表盘示例

4.3 大数据分析与可视化工具

使用产品级别的大数据分析与可视化工具，能够大大提高分析处理数据与可视化的效率。本节将分别介绍大数据分析与大数据可视化的相关工具。

4.3.1 大数据分析工具

大数据分析工具有很多，根据使用的方式可以分为两种：需要用户编程的数据分析库和具有图形界面的数据分析工具，前者通常是专业用户使用，后者更加方便一般用户。需要用户编程的机器学习库的典型代表有 scikit-learn、Spark、ML.NET 等，后者典型的代表有 RapidMiner、Weka、SPSS Modeler。

scikit-learn（通常简称为 sklearn）是 Python 中一个强大的机器学习库，它提供了丰富的算法，接口简单而高效，使得数据分析和数据挖掘任务易于上手。尽管 sklearn 本身并不是专门为大数据设计的工具，但它的一些特性和方法使得它在处理大数据时也能发挥出色的性能。

sklearn 提供了丰富的数据预处理工具，包括数据标准化、归一化、缺失值处理、特征选择等。这些工具可以帮助用户有效地清洗和转换数据，为后续的机器学习模型训练提供高质量的数据集。

sklearn 实现了许多经典的机器学习算法，如线性回归、逻辑回归、决策树、随机森林、支持向量机等。这些算法都经过了优化，能够在大数据集上高效运行。此外，sklearn 还支持并行计算和分布式计算，通过利用多核处理器或分布式集群来加速计算过程。

在处理大数据时，选择合适的模型并准确评估其性能是非常重要的。sklearn 提供了交叉验证、网格搜索等工具来帮助用户进行模型选择和超参数调优。同时，它还提供了多种评估指标，如准确率、召回率、F1 分数等，以便用户对模型的性能进行全面评估。

RapidMiner 则是具有图形界面的数据分析工具的典型，其通过图形界面完成数据分析流程。具体来说它将数据分析中的数据存取、预处理、建模和评估、模型预测都做成了可视化的算子，将需要的算子拖拽到设计界面上并连接起来，就可以完成数据分析。

RapidMiner 包含以下常见的算子组，它们各自承载着特定的功能和作用：

（1）Import（导入）算子组负责从外部数据源，如文件和数据库中，读取数据和对象，为数据处理流程提供初始数据。相对地，Export（导出）算子组则负责将处理后的数据和对象写入外部数据源，如文件和数据库，实现数据的持久化存储。

（2）Data Transformation（数据转换）算子组在数据处理流程中占据核心地位，其重要性不言而喻。这一组算子负责转换数据和元数据，包括各种形式的变换和修改，以满足不同的分析需求。

（3）Modeling（建模）算子组包含了实现数据挖掘功能的关键算子，如分类、回归、聚类、权重分析、关联规则挖掘、相关性分析等，这些算子能够将原始数据转化为具有预测或解释能力的模型。

（4）Evaluation（评价）算子组用于评估模型的性能和质量，包含交叉验证、bootstrapping 等算子，帮助用户理解模型的可靠性和有效性。

图 4.26 是一个简单地使用 RapidMiner 进行数据挖掘的模型，包含了数据读取、数据转换与预处理、建模和模型应用的流程，从图中可以看出上述过程都是通过图形界面完成的。

在流程成功执行完毕以后，可以在如图 4.27 所示的结果视图中查看执行结果并导出需要的数据并进一步进行数据可视化操作。

4.3.2 大数据可视化工具

大数据可视化工具有很多选择，功能上从支持简单的作图功能到能够结合数据库和数据仓库实现动态的交互分析。例如：ECharts、Matplotlib、ggplot2、Superset 等，这些工具各有特点和适用的领域，下面进行简要介绍。

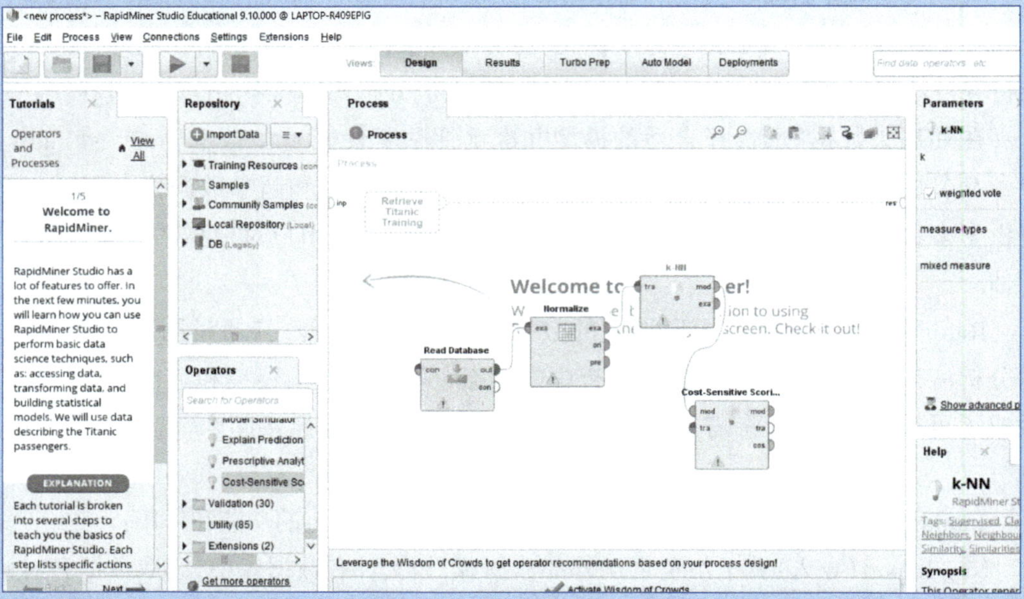

图 4.26 RapidMiner 数据挖掘流程图示例

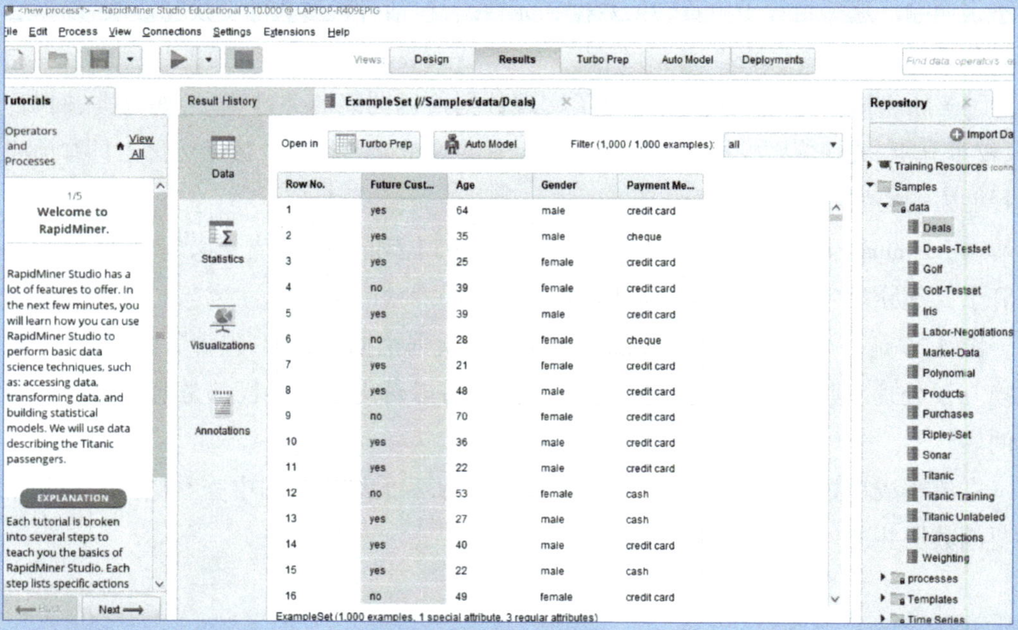

图 4.27 RapidMiner 数据挖掘结果视图

1. ECharts

大数据可视化的平台和工具有很多,其中由百度开源、2021年由Apache基金会发布的ECharts就是一套非常优秀的可视化渲染库。ECharts具有以下特点:

(1)可定制化:ECharts允许用户更改颜色、字体、坐标轴、图例、提示框等,还可以定制交互方式。

(2)交互性:ECharts提供了缩放、拖拽、选择等交互功能,可以满足用户个性化的信息获取需求。

(3)跨平台性:ECharts最早是网页前端渲染的工具之一,因此具备跨手机、平板、计算机等多种平台的自适应性,保障了图表在各种终端下的最佳展示效果。

图4.28是一个表示雨量和流量关系的ECharts图表。

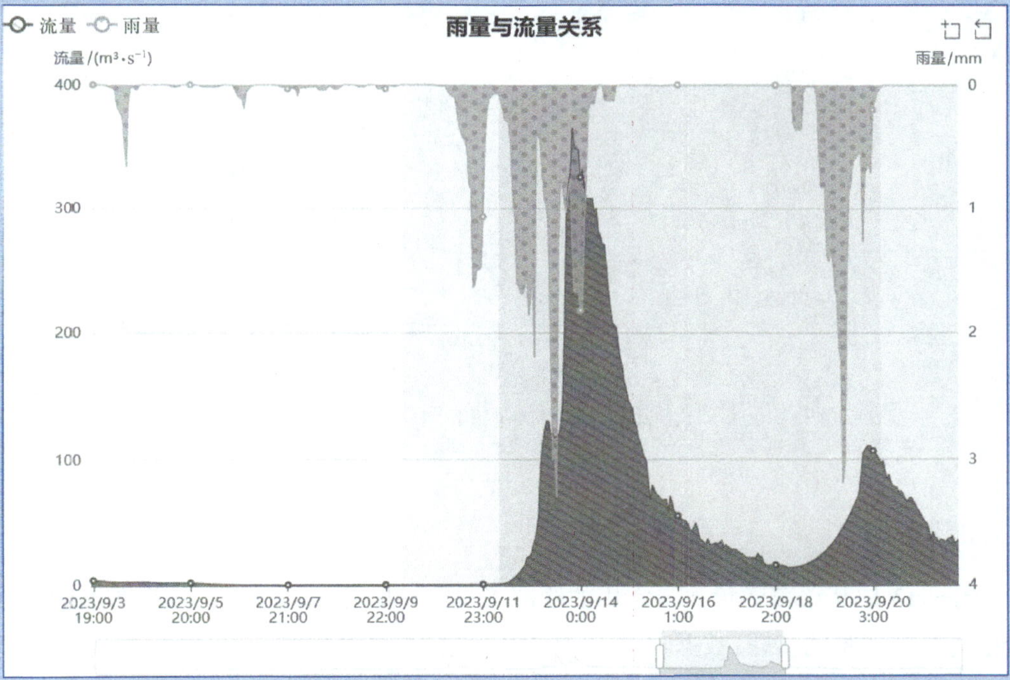

图4.28 ECharts图表示例

2. Matplotlib

Matplotlib是一个开源的绘图库,它是Python语言环境下的主要作图工具包。Matplotlib的主要特点是:

(1)与Python的数据处理工具集成。Matplotlib与NumPy和Pandas等科学计算库紧密集成,可以方便地从这些库中获取数据并绘制图表。

（2）继承性与扩展性。Matplotlib 使用面向对象的方法来组织代码和创建图表，因此在绘制图形的过程中实际转化为对画布的面向对象编程，具有面向对象编程继承性与扩展性的基本特点。

（3）支持数据源丰富。不同于 ECharts 仅支持 JSON 等少数数据输入格式，Matplotlib 在 Python 环境下可以支持数据库、数据框、矩阵、列表、数据字典等多种类型的数据格式输入，同时支持的数据量也更为庞大。

图 4.29 是一个简单的 Matplotlib 图表示例。

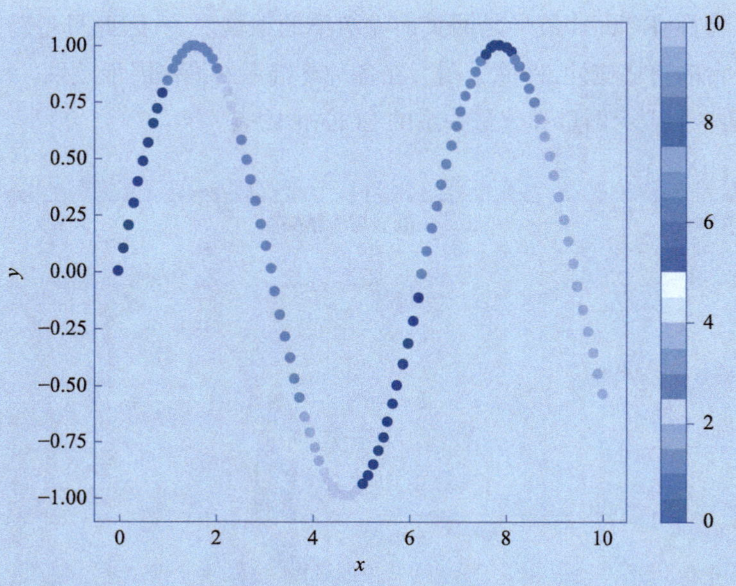

图 4.29 Matplotlib 图表示例

3. ggplot2

ggplot2 是 R 语言环境下最常用的绘图工具包，基于图形语法理论，将图形创建过程分解为几个清晰的步骤：数据映射、几何对象选择、标度设置和图层添加等。其具有以下特点：

（1）自动化。用户只需指定数据集、映射变量和可视化元素，ggplot2 就会自动处理细节并生成高质量的图形。

（2）分层结构。每个图层可以包含不同的数据、映射和可视化元素。这种结构使得用户可以轻松添加、修改或删除图层，从而灵活地构建复杂的图形。

（3）扩展性。用户可以通过自定义主题、创建新的几何对象、添加新的统计变换等来扩展 ggplot2 的功能。

图 4.30 是一个利用 ggplot2 制作的图表示例。

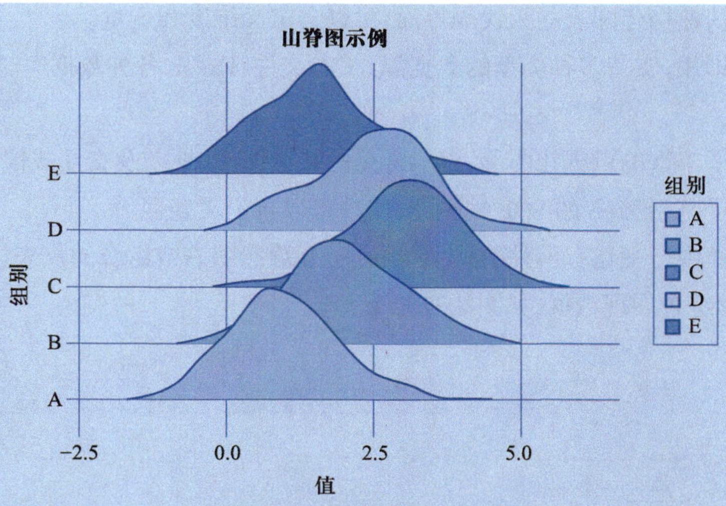

图 4.30 ggplot2 制作的图表示例

4. Superset

Apache Superset 是一个功能强大、图表丰富的数据探索和数据可视化平台，它可以与各种数据源很好地集成，其界面如图 4.31所示，特点如下：

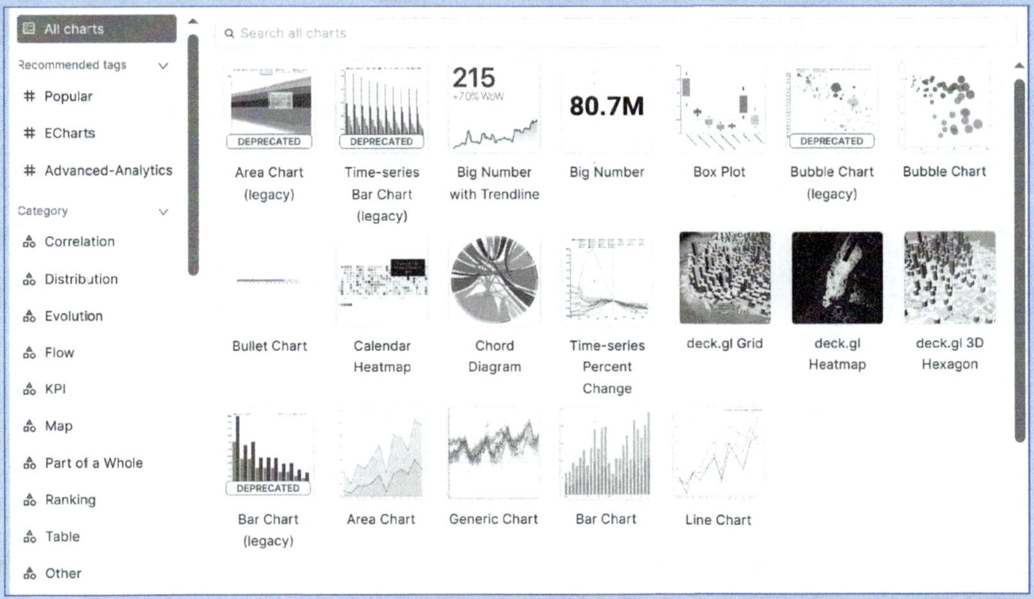

图 4.31 Superset 支持的图表类型示例

（1）用于快速构建图表的无代码界面，可以自定义维度和度量。

（2）开箱即用，支持多种类型的数据源（文本文件、Excel、各种数据库、数据仓库、Web API）。

（3）提供了丰富的可视化图形，包括常见的统计图形、地图及交互式仪表板。

（4）提供了基于 Web 的 SQL 编辑器，用户可以自定义查询。

在 Superset 中可视化有两种形式：单独的交互静态图表或组合的仪表板，后者组合了多幅图形，能够综合展现数据，如图 4.32 所示。

图 4.32 Superset 制作的图表示例

本章习题

1. 说明 Lasso 和 Ridge 的区别。

2. 详细解释准确率、召回率、精确率和 F1 分数的区别与联系。

3. 轮廓系数如何衡量聚类质量？

4. 请自行收集能源领域相关数据，通过可视化方式展现我国在能源领域取得的成就。

5. 大数据分析、可视化和智能决策之间的关系是什么？

参考文献

第三篇

人工智能技术

第 5 章 深度学习

本章对深度学习的关键方法进行了系统的介绍，主要包括多层感知机、卷积神经网络、循环神经网络以及注意力机制四类方法，逐步深入地讲解了各方法的概念、基础架构及其处理步骤，并介绍了各方法的特点与主要应用领域。

本章的教学目的是帮助学生了解深度学习主流方法的基本原理，掌握方法的组成部分和构建流程，以及熟悉方法的特点与应用场景。通过本章的学习，学生将具备构建和应用深度学习方法的能力。

5.1 多层感知机

在深度学习方法中，多层感知机是结构最简单的深度神经网络模型。

5.1.1 基本形式

多层感知机（multilayer perceptron，MLP）也称为人工神经网络（artificial neural network，ANN），基础结构包括输入层、隐藏层和输出层，其中隐藏层可以有多层。最基础的 MLP 模型仅包含一个隐藏层，即如图 5.1 所示的三层结构。从左至右依次是输入层、隐藏层、输出层，层与层之间的神经元均是全连接的，并通过激活函数转换隐藏层的输出。在训练多层感知机模型时，初始化模型参数以后，交替使用前向传播和反向传播进行模型训练，基于反向传播计算的梯度更新模型参数。下面将介绍前向传播和反向传播的基本细节，以及常用的激活函数。

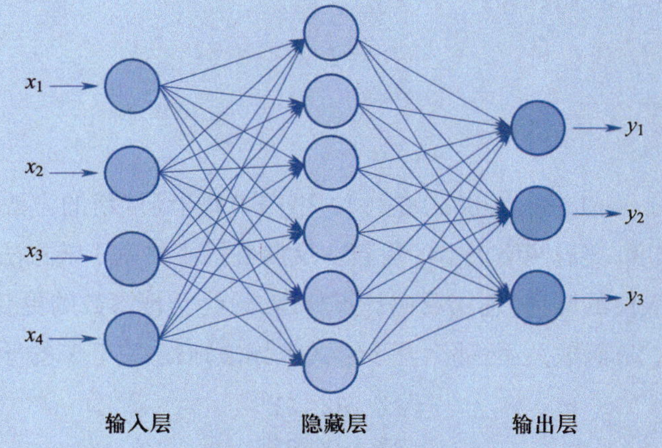

图 5.1 多层感知机结构图

5.1.2 前向传播与反向传播

1. 前向传播

前向传播（forward propagation）是指在神经网络中沿着从输入层到输出层的顺序，依次计算并存储模型中间变量的过程，主要目的在于计算损失函数（loss function）。为了深入分析单隐藏层神经网络的内部运算机制，假设输入数据是 x，暂不考虑偏置项，W_1 是输入层与隐藏层连接的权重参数，那么中间变量计算结果为

$$z=W_1x \tag{5.1}$$

中间变量 z 经过激活函数 σ 激活后，可以得到隐藏层的输出值 h：

$$h=\sigma(z) \tag{5.2}$$

假设隐藏层与输出层连接的权重参数为 W_2，那么输出层的输出结果为

$$t=W_2h \tag{5.3}$$

假设损失函数为 l，输入数据的真实标签为 y，那么神经网络的损失值为

$$L=l(t,y) \tag{5.4}$$

为了防止模型出现过拟合现象，提升模型的泛化能力，通常会在损失函数中加入正则项。此处采用 L2 正则化，即在损失函数中增加参数的平方和对模型进行惩罚，其中超参数 λ 是惩罚强度，那么正则化项可以表示为

$$s=\frac{\lambda}{2}(\|W_1\|^2+\|W_2\|^2) \tag{5.5}$$

因此最终的损失函数表示为

$$J=L+s \tag{5.6}$$

2. 反向传播

反向传播（backward propagation）是一种用于训练神经网络的方法，通过计算损失函数对网络参数的梯度，实现网络权重的更新。反向传播主要基于链式法则，按照从输出层到隐藏层，再到输入层的顺序，逐层反向计算梯度，最终实现参数的更新。假设 X、Y、Z 存在 $Y=f(X)$ 和 $Z=g(Y)$ 函数关系，那么基于链式求导法则，Z 关于 X 的导数可以表示为

$$\frac{\partial Z}{\partial X}=\frac{\partial Z}{\partial Y}\times\frac{\partial Y}{\partial X} \tag{5.7}$$

在前向传播的过程中，输入层与隐藏层之间的连接权重参数是 W_1，隐藏层与输出层之间的连接权重参数是 W_2，反向传播的目的是计算梯度 $\frac{\partial J}{\partial W_1}$ 和 $\frac{\partial J}{\partial W_2}$。那么，根据链式求导法则就可以依次计算出上述两个梯度，计算步骤如下。

（1）计算目标函数 J 相对于损失项 L 和正则化项 s 的梯度：

$$\frac{\partial J}{\partial L}=1 \quad \frac{\partial J}{\partial s}=1 \tag{5.8}$$

（2）根据链式法则计算目标函数 J 关于输出层变量 t 的梯度：

$$\frac{\partial J}{\partial t}=\frac{\partial J}{\partial L}\times\frac{\partial L}{\partial t}=\frac{\partial L}{\partial t} \tag{5.9}$$

（3）计算正则化项 s 相对于参数 W_1 和 W_2 的梯度：

$$\frac{\partial s}{\partial W_1}=\lambda W_1 \quad \frac{\partial s}{\partial W_2}=\lambda W_2 \tag{5.10}$$

（4）计算输出层与隐藏层所连接权重 W_2 的梯度 $\frac{\partial J}{\partial W_2}$：

$$\frac{\partial J}{\partial W_2}=\frac{\partial L}{\partial W_2}+\frac{\partial s}{\partial W_2}=\frac{\partial L}{\partial t}\times\frac{\partial t}{\partial W_2}+\lambda W_2=\frac{\partial L}{\partial t}h+\lambda W_2 \tag{5.11}$$

（5）计算输入层与隐藏层所连接权重 W_1 的梯度 $\frac{\partial J}{\partial W_1}$：

$$\frac{\partial J}{\partial W_1}=\frac{\partial L}{\partial W_1}+\frac{\partial s}{\partial W_1}=\frac{\partial L}{\partial z}\times\frac{\partial z}{\partial W_1}+\lambda W_1=\frac{\partial L}{\partial z}x^{\mathrm{T}}+\lambda W_1 \tag{5.12}$$

式中：

$$\frac{\partial L}{\partial z}=\frac{\partial L}{\partial h}\times\frac{\partial h}{\partial z}=\frac{\partial L}{\partial h}\times\sigma'(z) \tag{5.13}$$

$$\frac{\partial L}{\partial h}=\frac{\partial L}{\partial t}\times\frac{\partial t}{\partial h}=\frac{\partial L}{\partial t}W_2 \tag{5.14}$$

（6）根据计算得到的 $\frac{\partial J}{\partial W_1}$ 和 $\frac{\partial J}{\partial W_2}$ 可以进一步得到权重参数 W_1 和 W_2 的更新值：

$$W_1' = W_1 - \eta \frac{\partial J}{\partial W_1} \tag{5.15}$$

$$W_2' = W_2 - \eta \frac{\partial J}{\partial W_2} \tag{5.16}$$

式中：η 表示学习率，该参数决定了在每一次参数更新过程中，模型参数的调整程度。一般而言，学习率过小会导致收敛速率慢，学习率过大会导致模型不稳定。因此，为了使模型更好地收敛，需要设置合适的学习率。

5.1.3 激活函数

在神经网络模型中，激活函数（activation function）通过引入非线性特性，使网络能够学习并模拟输入与输出数据之间的复杂非线性关系，具有重要的作用。激活函数通过计算神经元的加权和偏置，判断神经元是否应该被激活，即是否将该神经元的信息传递到下一个神经元。此外，激活函数还可以确保输入信号能够经过可微分的转换，为上述提到的反向传播算法提供必要的数学基础。其中，ReLU、Sigmoid 和 Tanh 是三种最为常见的非线性激活函数。

（1）**ReLU 函数** ReLU（rectified linear unit，修正线性单元）函数能够提供非线性变换，并且可以缓解梯度消失的问题。ReLU 的核心思想是将输入数据映射为其正值或零，从而引入非线性特性。即给定元素 x，ReLU 函数的表达式如下：

$$\text{ReLU}(x)=\max(x,0) \tag{5.17}$$

ReLU 函数的图像如图 5.2 所示。对于输入的正数元素，ReLU 函数保留其原值，对于输入的负数元素，ReLU 函数将其赋值为 0。

ReLU 函数的导数图像如图 5.3 所示。当 $x>0$ 时，ReLU 函数的导数值为 1，能够保持

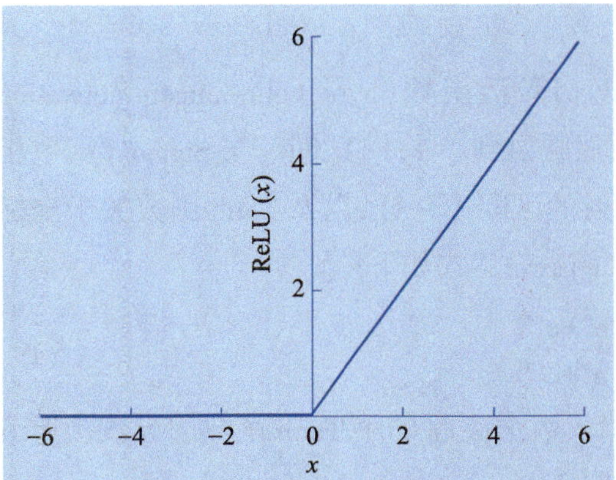

图 5.2 ReLU 函数图像

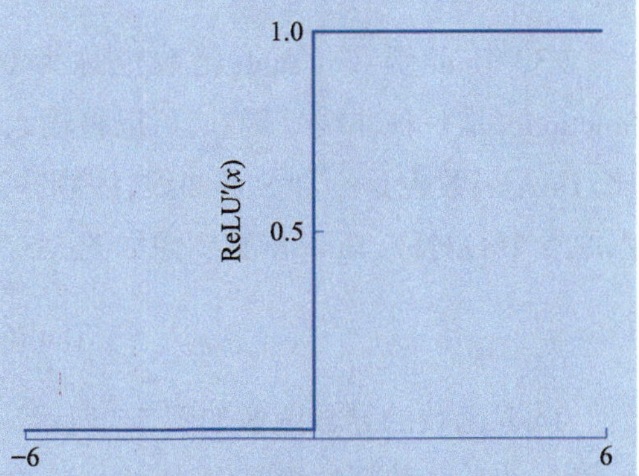

图 5.3 ReLU 函数的导数图像

梯度不衰减，从而避免梯度消失问题；当 $x<0$ 时，ReLU 函数的导数值为 0。从图 5.2 可以看出，当 $x=0$ 时，ReLU 函数不可导，默认使用左侧导数值，即当输入数据为 0 时，导数为 0。

（2）Sigmoid 函数　Sigmoid 函数也称为 Logistic 函数，可以将输入数据映射到（0，1）区间。由于输出值有明确的界限，Sigmoid 函数有助于模型在优化过程中保持稳定。Sigmoid 是连续函数，因此在反向传播中计算梯度非常简便。Sigmoid 函数虽然在早期的神经网络中被广泛应用，但近年来随着深度学习的发展，逐渐被更简单高效的 ReLU 函数取代。然而处理二分类问题时，Sigmoid 仍然被广泛用作输出层的激活函数。函数表达式如下：

$$\mathrm{Sigmoid}(x)=\frac{1}{1+\mathrm{e}^{-x}} \tag{5.18}$$

Sigmoid 函数图像如图 5.4 所示。当输入数据接近 0时，Sigmoid 函数接近于线性变换。

Sigmoid 函数的导数图像如图 5.5 所示。当输入数据 $x=0$ 时，Sigmoid 函数的导数达到最大值，等于 0.25；当输入数据的绝对值越大时，Sigmoid 函数的导数值越趋于 0。

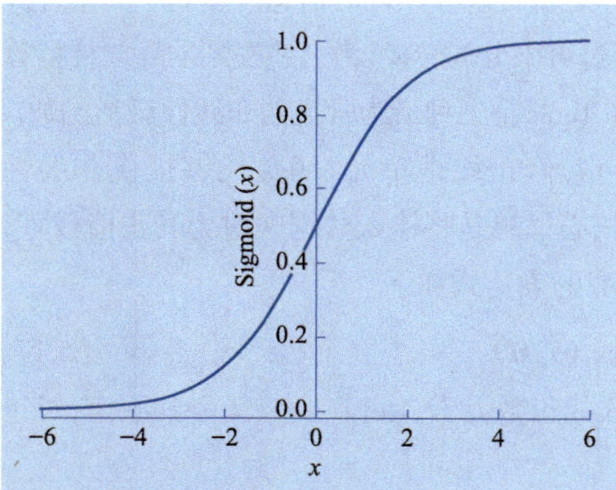

图 5.4　Sigmoid 函数图像

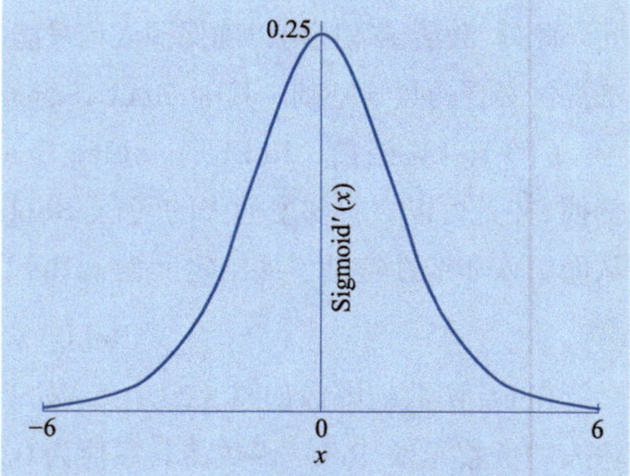

图 5.5　Sigmoid 函数的导数图像

（3）Tanh 函数　Tanh 函数也称为双曲正切激活函数（hyperbolic tangent activation function），是一种非线性函数，可以将输入的数据映射到（−1，1）区间。与 Sigmoid 函数相比，Tanh 函数也是一种 S 形曲线，区别在于映射的区间不一样，以及 Tanh 函数关于坐标系原点中心对称，Tanh 函数图像如图 5.6 所示，函数表达式如下：

$$\mathrm{Tanh}(x)=\frac{\mathrm{e}^{x}-\mathrm{e}^{-x}}{\mathrm{e}^{x}+\mathrm{e}^{-x}} \tag{5.19}$$

Tanh 函数的导数图像如图 5.7 所示。当输入数据接近 0 时，Tanh 函数的导数接近最大值 1，当输入数据的绝对值越大时，导数值越趋于 0。

根据上述内容，总结出三种非线性激活函数的优缺点，如表 5.1 所示。

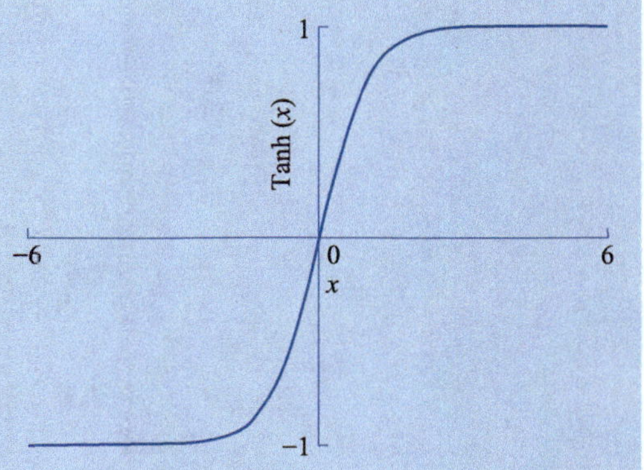

图 5.6 Tanh 函数图像

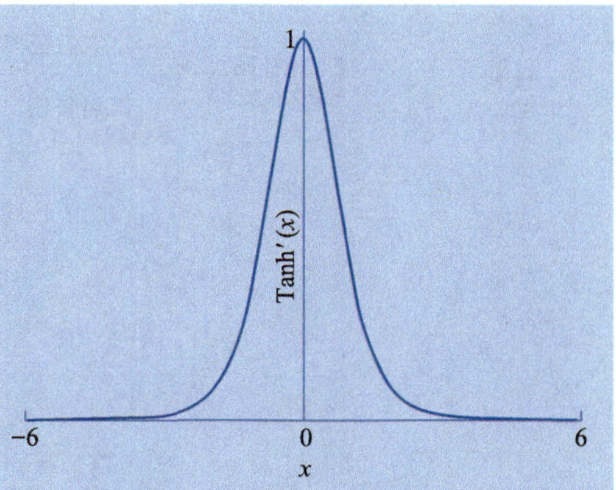

图 5.7 Tanh 函数的导数图像

表 5.1 ReLU、Sigmoid 和 Tanh 函数优缺点比较

函数	优点	缺点
ReLU	收敛速率快，可以解决梯度饱和、梯度消失问题，计算复杂度低	当输入值小于 0 时，梯度为 0，会导致该神经元之后的梯度一直为 0，相应的参数不会被更新，输出是非 0 均值
Sigmoid	输出在（0，1）之间，输出范围有限，优化稳定，连续函数，便于求导	当输入值的绝对值非常大时会出现饱和现象，容易出现梯度消失的情况，无法完成深层网络的训练，且输出非 0 均值
Tanh	输出均值是 0，收敛速率比 Sigmoid 快，可以有效减少迭代次数	当输入值的绝对值非常大时，会出现饱和现象，容易造成梯度消失

5.2 卷积神经网络

在前述的多层感知机神经网络模型中，层与层之间的节点是全连接的。在处理图像数据时，涉及的参数众多，全连接会导致计算速度减慢，容易产生过拟合。而卷积神经网络模型的结构能够有效减少神经网络中参数的数量，并且取得更优的训练效果。

5.2.1 基本形式

卷积神经网络（convolutional neural network，CNN）模型的特点在于可以通过卷积操作提取输入数据的局部特征，基本结构包括输入层、卷积层、池化层、全连接层和输出层，如图 5.8 所示。

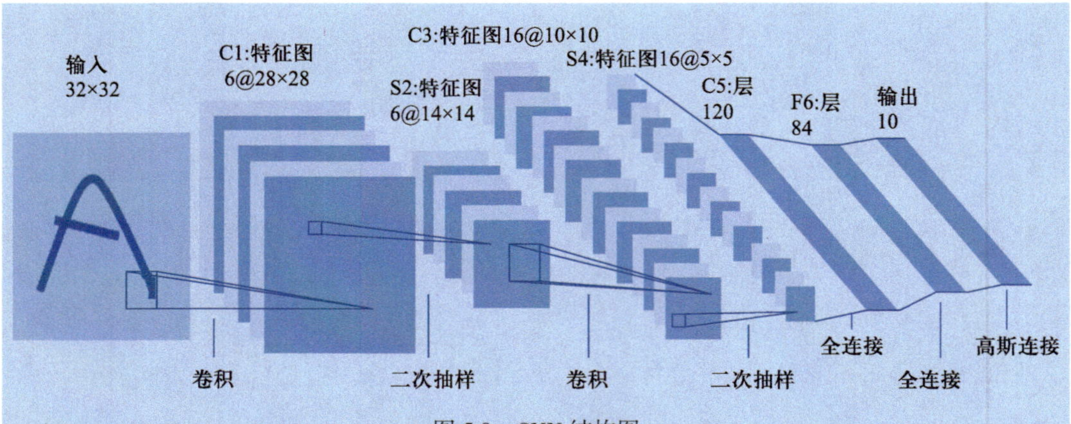

图 5.8 CNN 结构图

卷积神经网络的训练过程和前述介绍的多层感知机相同,分为前向传播和反向传播两个阶段。在网络的前向传播过程中,所有的连接权值不发生变化,网络根据输入图像计算输出分类结果,并将其与图像的已知标签进行比较,计算损失函数。在反向传播阶段,根据损失函数调整卷积层和全连接层的连接权值,从而完成整个网络的训练过程。与多层感知机相比,卷积神经网络引入了卷积和池化两个重要的处理步骤。下面将介绍组成卷积神经网络的主要基本元素,包括卷积与池化、填充与步幅,以及多输入通道的基本计算细节。

5.2.2 卷积与池化

1. 卷积

传统的全连接神经网络缺乏特征组合能力,尤其在图像处理问题中,其仅对单个像素进行处理,并未考虑周围像素点之间的联系,因此无法利用与形状相关的信息。图像作为三维形状含有重要的空间信息。例如,空间中邻近像素值的相似性、RGB 颜色通道间的关联性。而卷积神经网络通过使用卷积层(convolution layer),能够组合一个区域内的多个像素点,进一步提取空间信息特征。

卷积是一个数学运算概念,通过定义一个卷积核(convolution kernel),也称核函数,在输入的数据上进行卷积操作。下面通过一个卷积运算实例进行卷积操作的步骤说明。首先将待处理的图像和卷积核都数值化成矩阵的形式,卷积核中的每个元素可看作神经网络的连接权值,如图 5.9 所示。

第一步,卷积核与输入图像左上角的第一个 3×3 的区域(该矩形区域在图像处理中也被称为感受野)进行内积计算,即把对应位置数字相乘,然后求和,该计算也称为乘积累

1	2	3	0
0	1	3	2
3	0	1	2
2	3	0	1

3	0	1
0	1	0
1	0	2

图 5.9 输入图像矩阵和卷积核矩阵

加运算。把结果输出到新图像左上角的第一个像素位置，从而完成一次卷积运算，该新图像也被称为特征图，如图 5.10 所示。图 5.10 中的符号⊙代表卷积操作。

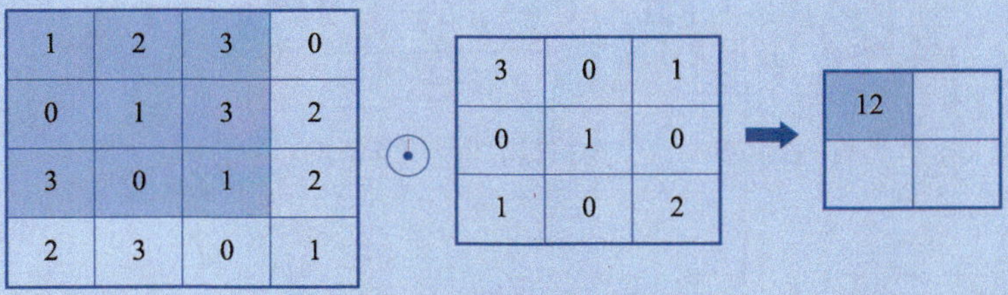

图 5.10 卷积运算示意图(第一步)

第二步，卷积核与输入图像右上角的另一块 3×3 的区域进行内积运算，同样让卷积核内的数字与相应位置的图像像素值相乘，然后求和，可以得到特征图中右上角像素位置的数值，如图 5.11 所示。

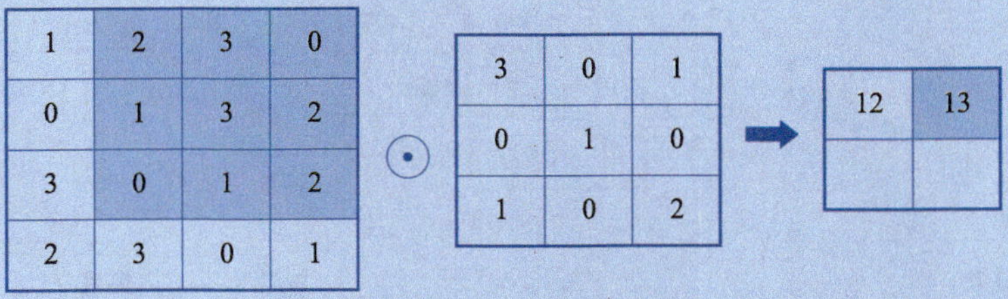

图 5.11 卷积运算示意图(第二步)

第三步，卷积核与输入图像左下角的第三块 3×3 的区域进行内积运算，得到特征图的左下角像素位置的数值，如图 5.12 所示。

最后一步，利用卷积核与输入图像右下角的第四块 3×3 的区域进行内积运算，得到特征图中最后一个元素位置，如图 5.13 所示。

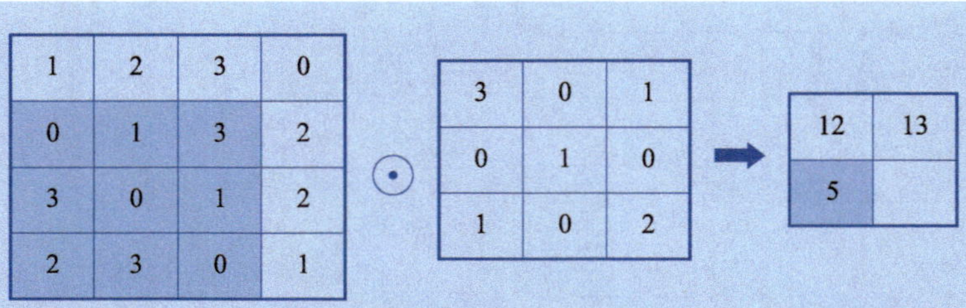

图 5.12 卷积运算示意图(第三步)

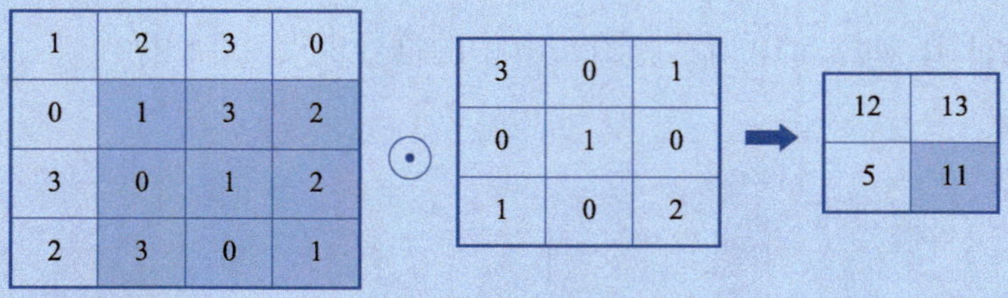

图 5.13 卷积运算示意图(第四步)

在卷积层中的卷积运算可以看作从左到右、从上到下以一定间隔滑动卷积核,与原始图像对应位置进行线性加权的运算。这里的权值是卷积核中的元素值,图像中的像素值为输入,输出值是特征图中的像素值。

与全连接的神经网络类似,除权重参数外,卷积神经网络也存在偏置。卷积神经网络中,卷积核的参数就对应权重。包含偏置的卷积运算处理过程如图 5.14 所示。

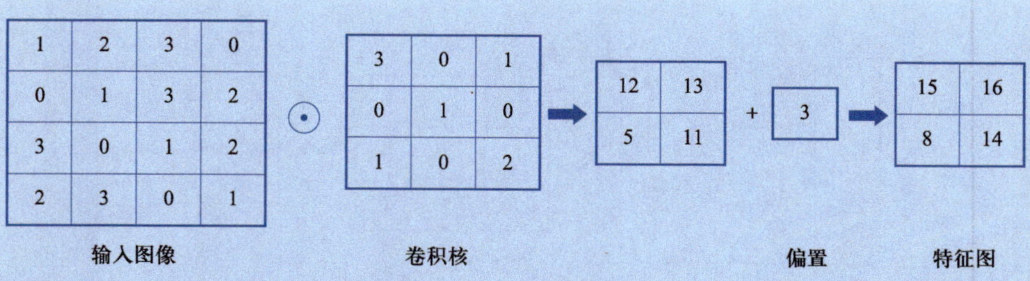

图 5.14 包含偏置的卷积运算示意图

2. 池化

池化层(pooling layer)通常位于卷积层之后,常用的方法有最大池化(max pooling)和均值池化(average pooling)。池化层仿照了人的视觉系统对视觉输入对象进行抽象和降维的功能。池化操作在保留图像主要特征的同时，能够大幅减少冗余的细节信息，体现了图像处理中的特征尺度不变性，即模型应该更加关注是否存在某些特征而不是关注特征存在的具体位置。当输入数据发生微小偏差时，池化结果仍会保持一致。因此，池化操作是对原始图像进行更大范围的特征提取，对输入数据的偏差具有一定鲁棒性。而且池化操作相当于在空间范围内做维度约减，在网络模型抽取特征的同时减少了下一层网络的数据输入，进而减少参数数量和计算量，在一定程度上避免了过拟合现象。

池化层和卷积层不同，池化只是在输入图像的每一个相邻的正方形窗口区域中取最大值或平均值，所以输入数据和输出数据的通道数不会发生变化，而且不存在需要学习的参数。但池化层一般需要设置两个超参数：一是池化运算的类型，可以选择最大池化或者均值池化等。相对于最大池化是从滑动窗口区域中取出最大值，均值池化则是计算每个窗口区域数据的平均值；二是池化的窗口大小和步长，一般来说，池化窗口大小会和步长设定成相同的值。例如，2×2 的窗口的步长会设为 2，3×3 的窗口的步长会设为 3。

图 5.15 展示了一个最大池化操作的示例。对于一个 4×4 的原始图像，采用 2×2 最大池化操作，即对每个 2×2 不重叠的相邻区域压缩信息，取 2×2 窗口中的最大值作为一个像素点输出。例如，输入矩阵第一个 2×2 窗口区域中最大的数是 6，那么输出矩阵的第一个元素就是 6，以此类推。可以将池化看作一个 2×2 的窗口在输入图像上从左到右、从上到下地以 2 个元素的步长进行移动和运算，当遍历全部原始图像后，将得到一张池化后的结果图像，该图像大小缩小为原始图像的 $\frac{1}{4}$。

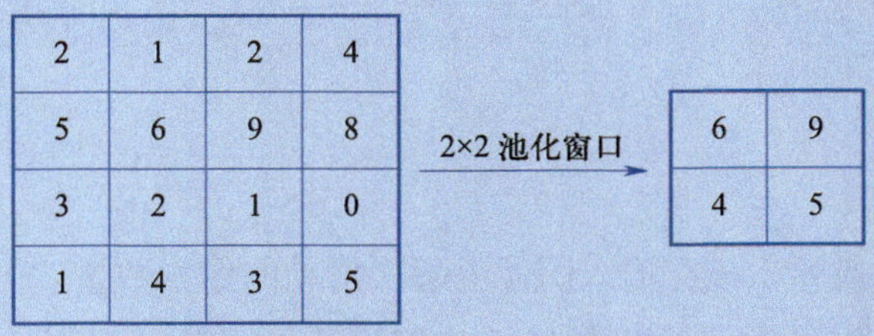

图 5.15 最大池化操作示意图

池化操作后输出图像的尺寸计算如下。假设输入图像尺寸为 $W \times H \times D_1$，其中 W、H、D_1 分别代表图像的宽度、高度和通道数，池化窗口的宽度为 F，步长为 S，则经过池化后输出的图像的宽度 OW、高度 OH 和通道数 D_2 分别为

$$OW=\frac{W-F}{S}+1 \tag{5.20}$$

$$OH=\frac{H-F}{S}+1 \tag{5.21}$$

$$D_2=D_1 \tag{5.22}$$

5.2.3 填充与步幅

1. 填充

可以看出,卷积操作会减少原始图像的尺寸,那么如果重复多次卷积操作后,特征图输出大小就有可能变为 1,导致卷积操作不再有效。为了避免出现这样的情况,就要使用填充(padding)进行处理。填充是指在进行卷积运算之前,向输入图像的四周填入固定的数据(如 0),是卷积层中经常会用到的处理步骤。例如,在图 5.16 中,将 3×3 输入填充到 5×5,那么输出结果的第一个元素计算过程为:0×1+0×0+0×0+1×1=1。

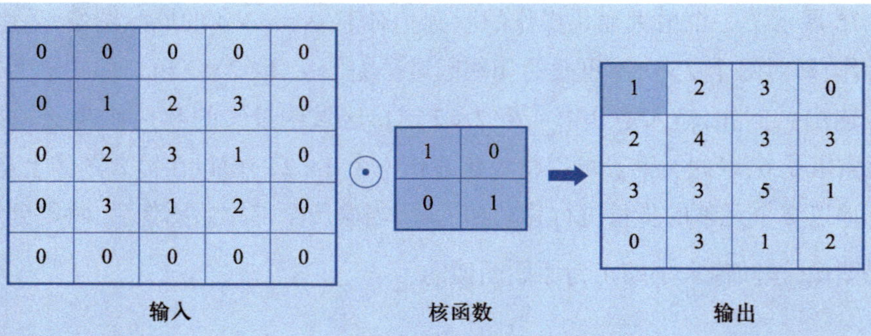

图 5.16 计算示意图

2. 步幅

步幅(stride)是指卷积核在输入图像上每次滑动的像素数量。上述示例中步幅是 1,代表卷积核每次只移动 1 个像素,如果将步幅设为 2,代表卷积核在移动时窗口的间隔变为 2 个像素,每次卷积的窗口区域移动 2 个像素。在图 5.17 的示例中,对输入大小为 5×5 的图像,进行垂直步幅为 3,水平步幅为 2 的卷积运算,那么对于输出结果中阴影部分的计算过程为:0×1+0×0+0×0+1×1=1,1×1+2×0+0×0+0×1=1。

可以看到,当卷积窗口滑动一次后继续向右滑动两列时,没有输出,因为输入元素无法填充窗口,因此只输出两列。

5.2.4 多输入通道

上述示例都是在二维图像上进行卷积操作,可以看作单通道图像的运算处理过程。

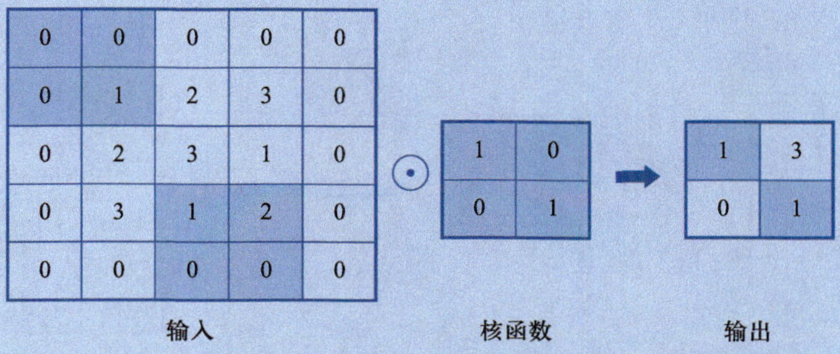

图 5.17 垂直步幅为 3,水平步幅为 2 的卷积运算过程

但是,对于彩色图像而言,除宽度、高度之外,需要考虑 RGB 3 种颜色通道,此时可以看作三维数据的卷积操作。以图 5.18 的三通道数据为例(如彩色图像),展示了卷积运算的结果。从卷积核形式来看,与单通道二维数据相比,卷积核的通道数与输入图像的通道数保持一致,均是三维,此时会按通道进行输入图像和卷积核的卷积运算,并将结果相加得到输出结果。

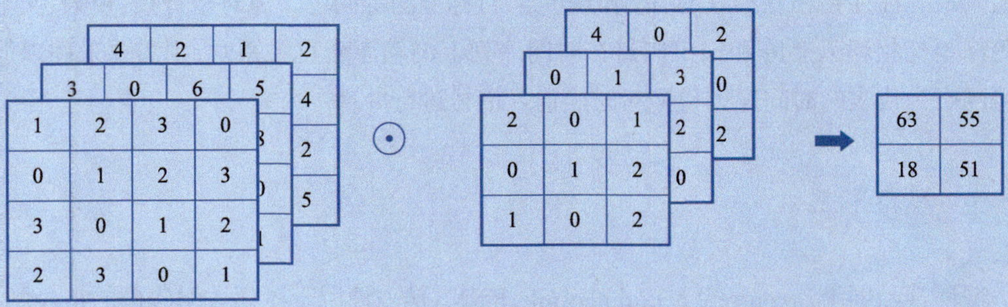

图 5.18 三通道卷积运算示意图

需要注意的是,卷积核数量可以自主设定,但卷积核的通道数量与输入数据的通道数量必须保持一致,并且在进行多输入通道卷积计算时,多个通道是同时进行计算的,之后再对结果进行汇总。图 5.19 展示了 2 个通道数据和卷积核之间进行运算的过程,输出结果中第一个元素的计算过程为:$(1\times1+0\times3+5\times3+1\times6)+(0\times0+1\times2+2\times1+3\times4)=38$。

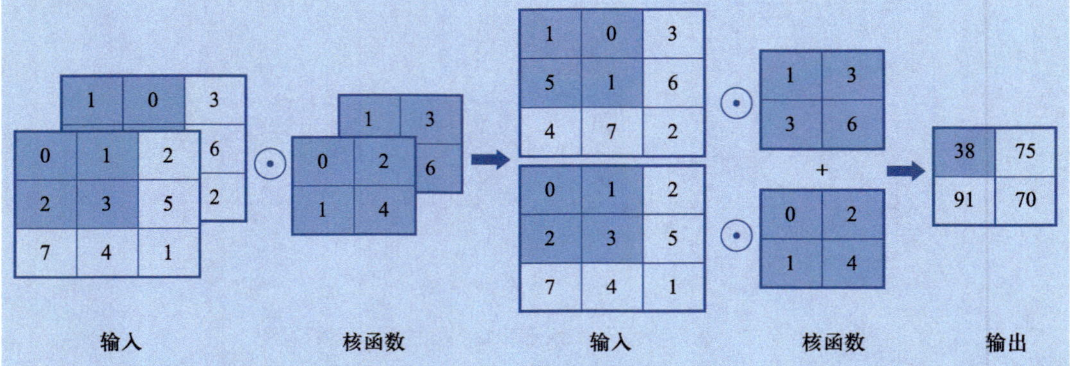

图 5.19 2 个输入通道的详细运算示意图

5.3 循环神经网络

卷积神经网络通过多层次网络的连接、卷积、池化、前向传播的参数传递和反向传播的参数更新，建立起输入矩阵（如一张图像）和输出向量（如分类标签集）的对应关系，其中输入矩阵往往是相互独立的，适用于分类、目标检测等问题。但对于音频、视频、文本理解等需要捕捉输入矩阵和输出向量在时间序列上的动态变化关系时，则需要采用以循环神经网络为代表的时间序列模型对时序输入信号进行处理。

5.3.1 基本形式

循环神经网络（recurrent neural network，RNN）是一种用于序列数据建模的神经网络，其特点在于当前时刻的输出不仅依赖当前时刻的输入，还依赖上一时刻的输入。循环神经网络能够记忆之前的信息，并将其应用于当前的计算中，这意味着隐藏层的节点是相互连接的，而不是独立的。这种网络在上下文对当前序列有重要影响的情况下非常有效，因为过去和将来时刻的迭代结果和样本决策可能直接影响当前时刻的输出。

在 RNN 模型中，基本处理单元是递归神经元。RNN 模型的结构如图 5.20 所示，左侧是 RNN 模型没有按时间序列展开的结构图，右侧是按时间序列展开的部分结构图。其中左侧的结构图是基本的输入与输出对应的结构，输入 x 通过隐藏层 h 作用后得到一个线性变换组合 o，通过激活函数（此例中激活函数为 softmax）得到预测输出 $\hat{y}$，通过与真实输出 y 对比得到损失函数 L。右侧图描述了在序列索引位置 t 附近的 RNN 模型。假设样本是基于序列的，例如，从序列索引位置 1 到序列索引位置 t。对于其中的任意序列索引位置 t，对应的输入是样本序列中的 $x^{(t)}$。而模型在序列索引位置 t 的隐藏状态 $h^{(t)}$，则由 $x^{(t)}$

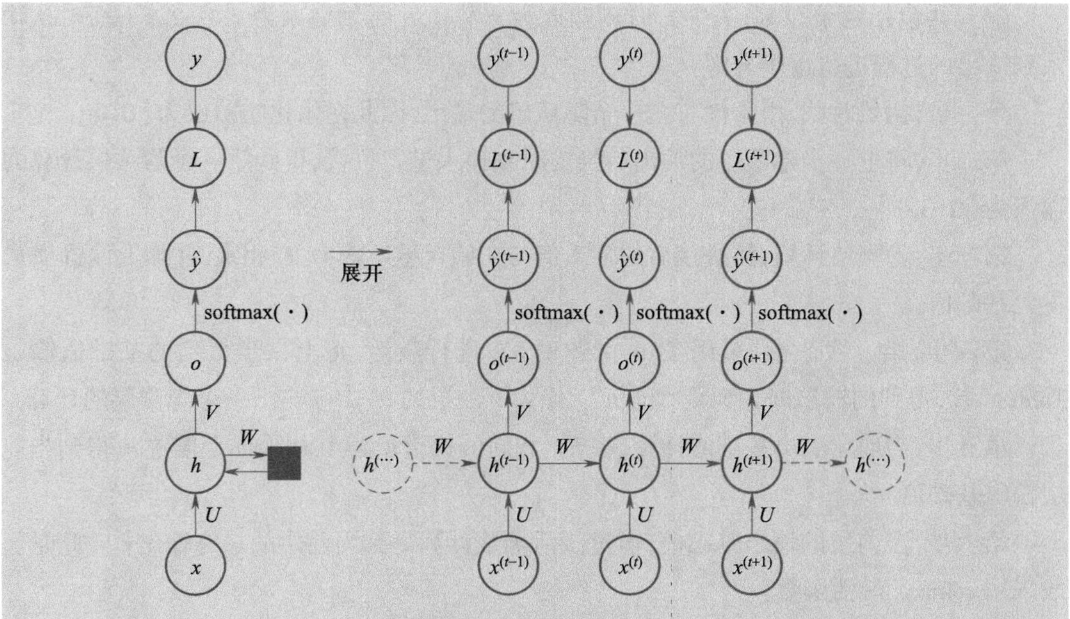

图 5.20 循环神经网络结构图

和在 t–1 位置的隐藏状态 $h^{(t-1)}$ 共同决定。在任意序列索引位置 t，也有对应的模型预测输出 $\hat{y}^{(t)}$。通过预测输出 $\hat{y}^{(t)}$ 和真实输出 y，以及损失函数 $L^{(t)}$，可以使用与前述多层感知机类似的方法训练模型。

为了深入理解循环神经网络的结构原理，使用如图 5.21 所示的一个简单的算例进行说明。

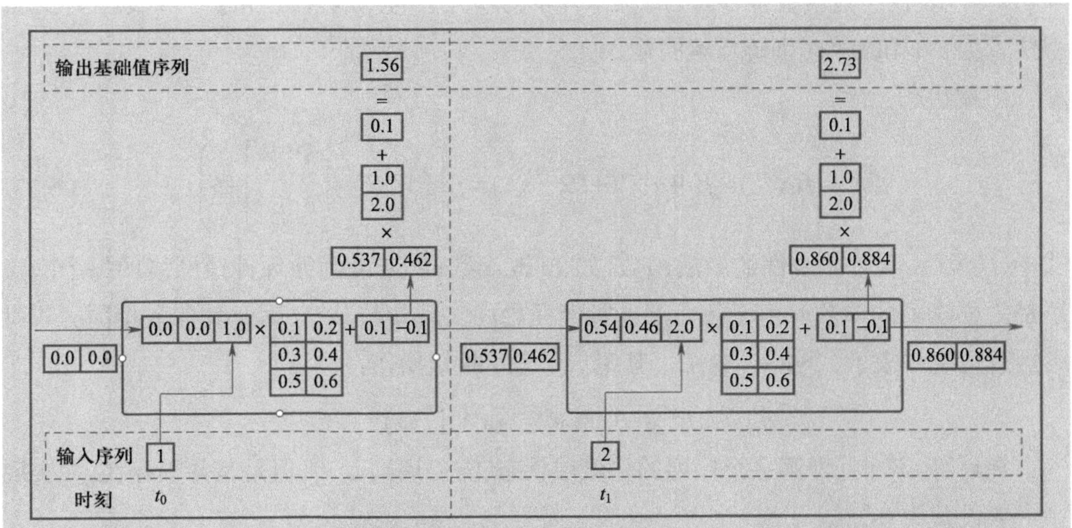

图 5.21 循环神经网络计算实例

输入共包括两个时刻，其中 t_0 时刻输入为 $x^{(0)}=1$，t_1 时刻输入为 $x^{(1)}=2$。下面对从输入到输出的过程进行逐步分解。

第一步，初始时刻，由于没有上一个隐藏层的输出，因此初始化隐藏层为[0,0]。

第二步，将上一个隐藏层的输出与当前时刻输入进行拼接，得到第一个隐藏层计算的输入为[0,0,1]。

第三步，隐藏层计算，将拼接后的输入值与初始权重矩阵 $\boldsymbol{W}$、$\boldsymbol{U}$ 相乘，并加上偏置项 b，得到基础值。

第四步，第一次激活，采用 Tanh 函数对 $h^{(t)}$ 进行激活，将上一步得到的基础值输入 Tanh 函数，得到的输出即为隐藏状态 $h^{(t)}$，作为下一层的 $h^{(t-1)}$ 参与下一个隐藏层的计算。

第五步，当前层输出基础值计算，将 $h^{(t)}$ 和新的权重矩阵 $\boldsymbol{V}$ 相乘加上偏置 c，得到当前层输出基础值 $o^{(t)}$。

第六步，当前层的输出基础值，通过激活函数计算得到当前层的最终输出 $\hat{y}^{(t)}$，此时一般采用 softmax 激活函数。

5.3.2 前向传播与反向传播

1. 前向传播

在循环神经网络中，数据序列按照时间先后依次输入网络中，并通过隐藏层的神经元关联完成对序列数据在每个序列索引位置上的处理，即向前传播过程。下面，对其向前传播过程进行推导。

$x^{(t)}$ 代表在序列索引位置为 t 时训练样本的输入。同样地，$x^{(t-1)}$ 和 $x^{(t+1)}$ 代表在序列索引位置为 $t-1$ 和 $t+1$ 时训练样本的输入。

隐藏状态：

$$h^{(t)}=f(z^{(t)})=f(Wh^{(t-1)}+Ux^{(t)}+b)=f\left([W\ U]\times\begin{bmatrix}h^{(t-1)}\\x^{(t)}\end{bmatrix}+b\right) \tag{5.23}$$

式中，$f(\cdot)$ 一般是非线性的激活函数，如 Tanh 函数；W、U、b 为循环神经网络的每个隐藏层都需要学习的参数。由于每一层的神经元之间实现参数共享，因此其参数相同。若对参数进行统一表示，令 $W=[W;U]$，其中[；]表示拼接操作：

$$h^{(t)}=f(W[h^{(t-1)};x^{(t)}]^{\mathrm{T}}+b)$$

在计算 $h^{(0)}$ 时，即第一个序列的隐藏层状态，需要用到 $h^{(-1)}$，但是其并不存在，在实现中一般设置为 0。

在获得神经元的隐藏状态 $h^{(t)}$ 后，如果想要进一步获得每一个序列索引位置的输出，则需要进行线性变换：

$$o^{(t)}=Vh^{(t)}+c \tag{5.24}$$

$$\hat{y}^{(t)}=g(o^{(t)}) \tag{5.25}$$

式中：V、c 为参数；$g(\cdot)$为激活函数，如 softmax函数；$o^{(t)}$代表在序列索引位置为 t 时模型的输出，$o^{(t)}$只由模型当前的隐藏状态 $h^{(t)}$决定；$\hat{y}^{(t)}$代表在序列索引位置为 t 时训练样本序列的预测输出。

2. 反向传播

RNN 的反向传播算法通过梯度下降法进行迭代，以优化 RNN 的模型参数 W、U、V、b、c。由于基于时间反向传播，所以 RNN 的反向传播也称为 BPTT（back-propagation through time）。在序列的各个位置，RNN 的所有模型参数是共享的，因此在反向传播过程中，更新的是相同的参数。为了简化描述，使用交叉熵损失函数，隐藏层使用 Tanh 激活函数，输出层使用 softmax 激活函数。

对于 RNN，由于在序列的每个位置都有损失函数，因此最终的损失 L 为

$$L=\sum_{t=1}^{\tau}L^{(t)} \tag{5.26}$$

其中 V、c 的梯度计算是比较简单的：

$$\left(\frac{\partial L^{(t)}}{\partial o^{(t)}}\right)_i=\hat{y}_i^{(t)}-1_{i,y^{(t)}}=\hat{y}^{(t)}-y^{(t)} \tag{5.27}$$

$$\frac{\partial L}{\partial c}=\sum_{t=1}^{\tau}\frac{\partial L^{(t)}}{\partial c}=\sum_{t=1}^{\tau}(\hat{y}^{(t)}-y^{(t)}) \tag{5.28}$$

$$\frac{\partial L}{\partial V}=\sum_{t=1}^{\tau}\frac{\partial L^{(t)}}{\partial V}=\sum_{t=1}^{\tau}(\hat{y}^{(t)}-y^{(t)})(h^{(t)})^{\mathrm{T}} \tag{5.29}$$

但是 W、U、b 的梯度计算就比较复杂了。根据 RNN 模型，在反向传播时，在某一序列索引位置 t 的梯度损失由当前位置的输出梯度损失和序列索引位置 $t+1$ 时的梯度损失共同决定。对于 W 在某一序列索引位置 t 的梯度损失，需要逐步进行反向传播计算。定义序列索引位置 t 的隐藏状态的梯度为

$$\delta^{(t)}=\frac{\partial L}{\partial h^{(t)}} \tag{5.30}$$

如果能够知道 $\delta^{(t)}$，那么根据 $h^{(t)}=f(Wh^{(t-1)}+Ux^{(t)}+b)$，就可以进一步套用标量对矩阵的链式求导法则来得到 W、U、b 的梯度。

从序列末尾开始反向进行计算，根据图 5.20，当 $t=\tau$ 时，误差来源只有 $L^{(\tau)}\to h^{(\tau)}$这一条。所以有

$$\delta^{(\tau)}=V^{\mathrm{T}}(\hat{y}^{(\tau)}-y^{(\tau)}) \tag{5.31}$$

而当 $t<\tau$ 时，$h^{(t)}$ 的误差来源有两条：

（1）$L^{(t)}\to h^{(t)}$

（2）$h^{(t+1)}\to h^{(t)}$

于是得到

$$\delta^{(t)}=\frac{\partial L^{(t)}}{\partial h^{(t)}}+\left(\frac{\partial h^{(t+1)}}{\partial h^{(t)}}\right)^{\mathrm{T}}\frac{\partial L}{\partial h^{(t+1)}} \tag{5.32}$$

下面逐项求解：

首先，对于 $\frac{\partial L^{(t)}}{\partial h^{(t)}}$：

$$\delta^{(t)}=\frac{\partial L}{\partial h^{(t)}}=\left(\frac{\partial o^{(t)}}{\partial h^{(t)}}\right)^{\mathrm{T}}\frac{\partial L}{\partial o^{(t)}}=V^{\mathrm{T}}(\hat{y}^{(t)}-y^{(t)}) \tag{5.33}$$

对于 $\left(\frac{\partial h^{(t+1)}}{\partial h^{(t)}}\right)^{\mathrm{T}}\frac{\partial L}{\partial h^{(t+1)}}$，先关注 $\frac{\partial h^{(t+1)}}{\partial h^{(t)}}$：

因为有

$$h^{(t+1)}=f(z^{(t+1)})=f(Wh^{(t)}+Ux^{(t+1)}+b) \tag{5.34}$$

所以

$$\begin{aligned}\mathrm{d}h^{(t+1)}&=f'(h^{(t+1)})\odot\mathrm{d}z^{(t)}=\mathrm{diag}[f'(h^{(t+1)})]\mathrm{d}z^{(t)}\\&=\mathrm{diag}[f'(h^{(t+1)})]\mathrm{d}(Wh^{(t)})=\mathrm{diag}[f'(h^{(t+1)})]W\mathrm{d}h^{(t)}\end{aligned} \tag{5.35}$$

所以

$$\frac{\partial h^{(t+1)}}{\partial h^{(t)}}=\mathrm{diag}[f'(h^{(t+1)})]W \tag{5.36}$$

则

$$\delta^{(t)}=V^{\mathrm{T}}(\hat{y}^{(t)}-y^{(t)})+W^{\mathrm{T}}\mathrm{diag}[f'(h^{(t+1)})]\delta^{(t+1)} \tag{5.37}$$

这里的 $f(\cdot)$ 为 Tanh 函数，进而可得

$$\delta^{(t)}=V^{\mathrm{T}}(\hat{y}^{(t)}-y^{(t)})+W^{\mathrm{T}}\mathrm{diag}[1-(h^{(t+1)})^2]\delta^{(t+1)} \tag{5.38}$$

有了 $\delta^{(t)}$ 以及从 $\delta^{(t+1)}$ 到 $\delta^{(t)}$ 递推公式，便可以计算 W、U、b 的梯度，由于这3组变量在不同的 t 下是公用的，所以由全微分方程可知，这3个变量应当都是在 t 上的某种累加形式。此处定义只在序列索引位置 t 使用的虚拟变量 $U^{(t)}$、$W^{(t)}$、$b^{(t)}$，这样就可以用 $\frac{\partial L}{\partial W^{(t)}}$ 来表示 W 在序列索引位置 t 的时候对梯度的贡献：

$$\frac{\partial L}{\partial W}=\sum_{t=1}^{\tau}\frac{\partial L}{\partial W^{(t)}}=\sum_{t=1}^{\tau}\left(\frac{\partial h^{(t)}}{\partial W^{(t)}}\right)^{\mathrm{T}}\frac{\partial L}{\partial h^{(t)}}=\sum_{t=1}^{\tau}\mathrm{diag}[1-(h^{(t)})^2]\delta^{(t)}(h^{(t-1)})^{\mathrm{T}} \tag{5.39}$$

同理，得到

$$\frac{\partial L}{\partial b}=\sum_{t=1}^{\tau}\frac{\partial L}{\partial b^{(t)}}=\sum_{t=1}^{\tau}\left(\frac{\partial h^{(t)}}{\partial b^{(t)}}\right)^{\mathrm{T}}\frac{\partial L}{\partial h^{(t)}}=\sum_{t=1}^{\tau}\mathrm{diag}[1-(h^{(t)})^2]\delta^{(t)} \tag{5.40}$$

$$\frac{\partial L}{\partial U}=\sum_{t=1}^{\tau}\frac{\partial L}{\partial U^{(t)}}=\sum_{t=1}^{\tau}\left(\frac{\partial h^{(t)}}{\partial U^{(t)}}\right)^{\mathrm{T}}\frac{\partial L}{\partial h^{(t)}}=\sum_{t=1}^{\tau}\mathrm{diag}[1-(h^{(t)})^2]\delta^{(t)}(x^{(t)})^{\mathrm{T}} \tag{5.41}$$

从 $h^{(t+1)}$ 到 $h^{(t)}$ 的递推公式：

$$\frac{\partial h^{(t+1)}}{\partial h^{(t)}}=\mathrm{diag}[1-(h^{(t+1)})^2]W \tag{5.42}$$

在求 $h^{(t)}$ 的时候，需要从 $h^{(\tau)}$ 开始根据上面这个公式一步一步递推到 $h^{(t)}$，在这期间 W 会被不断地连乘。当计算某个序列索引位置 t 下的 $\frac{\partial L}{\partial W^{(t)}}$ 时，包含一系列连乘的 W，如果 W 里的值都比较大，就会发生梯度爆炸，反之则发生梯度消失。

5.3.3 改进的循环神经网络

在本节中，主要介绍传统 RNN 模型的改进模型，包括双向循环神经网络、长短期记忆网络以及门控循环单元网络，旨在解决 RNN 的一些核心问题，如梯度消失和难以捕捉长期依赖关系，同时提高网络处理复杂序列数据的能力。

1. 双向循环神经网络

双向循环神经网络（bi-directional recurrent neural network，Bi-RNN）是由 Schuster 和 Paliwal 于 1997 年提出的。在传统 RNN 模型的基础上，Bi-RNN添加了反向传递信息的隐藏层，使得模型具备关联未来时刻序列数据的能力，能够更灵活地处理时序信息。图 5.22 展示了双向循环神经网络按时刻展开的结构图，可以看到向前层和向后层共同连

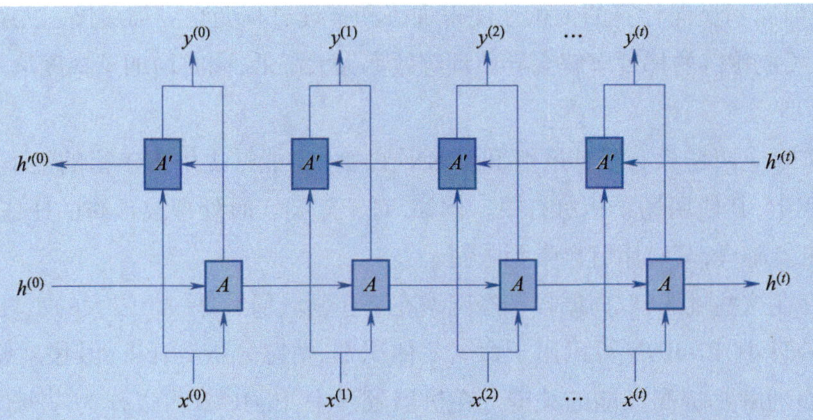

图 5.22 双向循环神经网络结构图

接着输出层,其中包含了6个共享权值,分别为输入到向前层和向后层的两个权值、向前层和向后层各自隐藏层到隐藏层的权值、向前层和向后层各自隐藏层到输出层的权值。

下面介绍双向循环神经网络的实现步骤。

第一步,对于任意时间步 t,给定一个小批量的输入数据 $x^{(t)}$,并且令隐藏层激活函数为 ϕ。在双向架构中,设定该时间步的前向隐藏状态和反向隐藏状态分别为 $h^{(t)}$ 和 $h'^{(t)}$。前向和反向的隐藏状态的更新如下:

$$h^{(t)}=\phi(Ux^{(t)}+Wh^{(t-1)}+b) \tag{5.43}$$

$$h'^{(t)}=\phi(U'x^{(t)}+W'h'^{(t+1)}+b') \tag{5.44}$$

式中:权重 U、U'、W、W',偏置 b、b' 均为模型参数。

第二步,将前向隐藏状态 $h^{(t)}$ 和反向隐藏状态 $h'^{(t)}$ 连接起来,共同送入输出层,在具有多个隐藏层的深度双向循环神经网络中,该信息作为输入传递到下一个双向层。

第三步,输出层计算得到的输出为 $o^{(t)}$:

$$o^{(t)}=g(Vh^{(t)}+V'h'^{(t)}+\hat{c}) \tag{5.45}$$

式中:权重 V、V'以及偏置 $\hat{b}$ 均为模型参数。

双向循环神经网络的优势在于能够更好地捕捉序列数据中的上下文信息,通过整合过去和未来的信息,提高模型对当前数据点的理解和预测能力。这种网络结构通过在序列的正向和反向两个方向上分别进行信息的传递,能够在一些任务中取得比传统单向循环神经网络更优的性能。

然而,双向循环神经网络在实际应用中也面临着以下挑战和局限:

(1)依赖于未来信息　在实时预测或者序列生成任务中,Bi-RNN 依赖于未来信息的特性变成了一个显著的缺点。由于模型设计上依赖于未来的数据来预测当前点,这在实时预测或生成下一个词元时变得不切实际,因为未来的信息在实际应用中是未知的。

(2)计算效率低下　双向结构需要在两个方向上进行计算,这不仅增加了模型的参数量,而且前向和反向计算的依赖性使得训练和推理过程变得更加缓慢。尤其是在处理长序列时,长依赖链的梯度求解会导致训练效率大大降低,同时增加了梯度消失或爆炸的风险。

(3)实际应用场景有限　虽然 Bi-RNN 在理论上能够提供更丰富的上下文信息,但在实际应用中,其使用场景相对有限。例如,对于需要实时处理或预测的任务,如语音识别和在线机器翻译,其应用就会受到限制。

尽管存在这些挑战,双向循环神经网络在某些领域仍然是一个强大的工具。例如,在自然语言处理中,Bi-RNN 可以用于命名实体识别、情感分析等任务,其中对整个句子或文档的全面理解是提高性能的关键。在机器翻译中,Bi-RNN 可以作为序列处理流水线中的一个环节,帮助建立更准确的语言模型。

2. 长短期记忆网络

RNN 的关键特点之一就是可以将先前的信息连接到当前的任务上。但是在相关的信息和预测的词位置之间的间隔很长时，尽管理论上 RNN 可以处理这种长期依赖问题，但在实践中训练 RNN 却变得异常困难。针对循环神经网络中的短期记忆问题，长短期记忆网络（long short-term memory，LSTM）通过引入门控机制和细胞状态 2 个新的核心机制，能够学习和记忆长期依赖信息，是一种特殊类型的 RNN 模型。LSTM 的结构如图 5.23 所示，下面详细地剖析 LSTM 模型在每个序列索引位置时刻的内部结构。

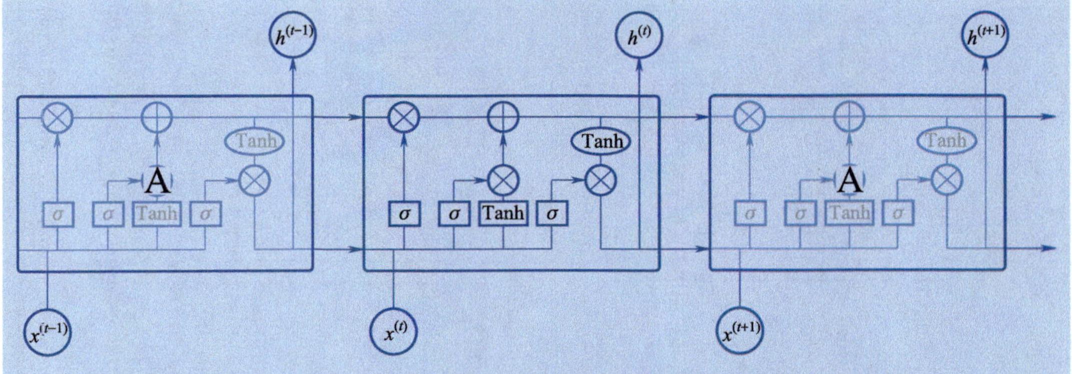

图 5.23 LSTM 结构图

根据图 5.23，在每个序列索引位置 t 时刻，向前传播的除了和 RNN 一样的隐藏状态 $h^{(t)}$，还多了另一个隐藏状态，即图中上面的长横线。这个隐藏状态一般称为细胞状态（cell state），记为 $C^{(t)}$，如图 5.24 所示。

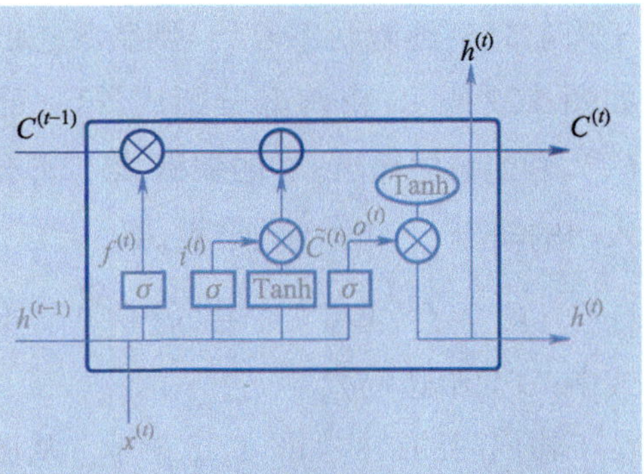

图 5.24 LSTM 细胞状态示意图

LSTM 通过门控结构（gate）控制细胞状态，在每个序列索引位置 t 的门一般包括遗忘门、输入门和输出门。

遗忘门（forget gate）用于控制信息是否被遗忘，即以一定的概率控制是否遗忘上一层的隐藏细胞状态，结构如图 5.25 所示。输入上一时刻的隐藏状态 $h^{(t-1)}$ 和当前时刻数据 $x^{(t)}$，通过一个激活函数，一般是 Sigmoid 函数，得到遗忘门的输出 $f^{(t)}$。由于 Sigmoid 函数的输出在（0,1）之间，这里的输出 $f^{(t)}$ 代表了遗忘上一层隐藏细胞状态的概率。用数学表达式即为

$$f^{(t)}=\sigma(W^{(f)}h^{(t-1)}+U^{(f)}x^{(t)}+b^{(f)}) \tag{5.46}$$

式中 $W^{(f)}$、$U^{(f)}$为权重系数，$b^{(f)}$为偏置，和 RNN 中的类似。$\sigma(\cdot)$为 Sigmoid 激活函数。

输入门（input gate）负责处理当前序列位置的输入，结构如图 5.26 所示。输入门由两部分组成，第一部分使用了 Sigmoid 激活函数，输出为 $i^{(t)}$，第二部分使用了 Tanh 激活函数，输出为候选细胞状态 $\tilde{C}^{(t)}$。用数学表达式即为

$$i^{(t)}=\sigma(W^{(i)}h^{(t-1)}+U^{(i)}x^{(t)}+b^{(i)}) \tag{5.47}$$

$$\tilde{C}^{(t)}=\mathrm{Tanh}(W^{(\tilde{C})}h^{(t-1)}+U^{(\tilde{C})}x^{(t)}+b^{(\tilde{C})}) \tag{5.48}$$

式中：$W^{(i)}$、$W^{(\tilde{C})}$、$U^{(i)}$、$U^{(\tilde{C})}$为权重系数，$b^{(i)}$、$b^{(\tilde{C})}$为偏置，$\sigma(\cdot)$为 Sigmoid 激活函数。

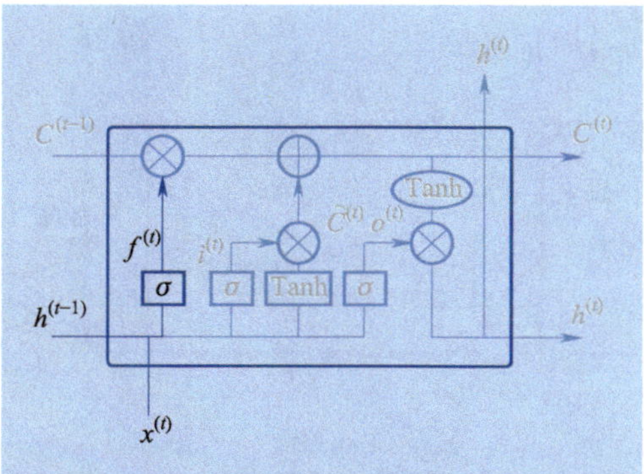

图 5.25 LSTM 遗忘门示意图

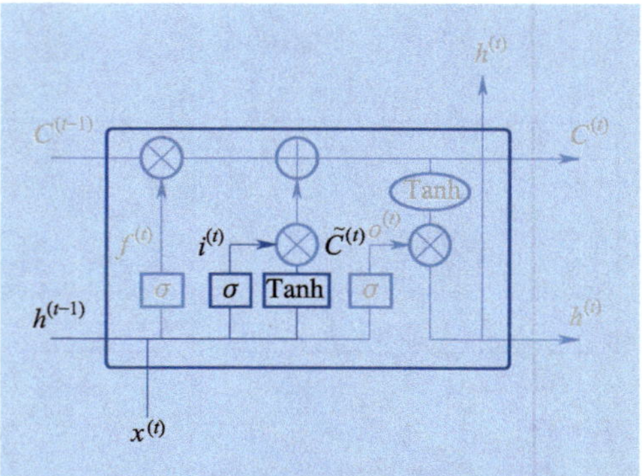

图 5.26 LSTM 输入门示意图

前述的遗忘门和输入门的结果都会作用于当前时刻细胞状态 $C^{(t)}$。细胞状态的结构如图 5.27 所示，由两部分组成，第一部分是 $C^{(t-1)}$和遗忘门输出 $f^{(t)}$的乘积，第二部分是输入门的输出 $i^{(t)}$和 $\tilde{C}^{(t)}$的乘积，即

$$C^{(t)}=f^{(t)}\odot C^{(t-1)}+i^{(t)}\odot \tilde{C}^{(t)} \tag{5.49}$$

式中：⊙ 为哈达玛积。

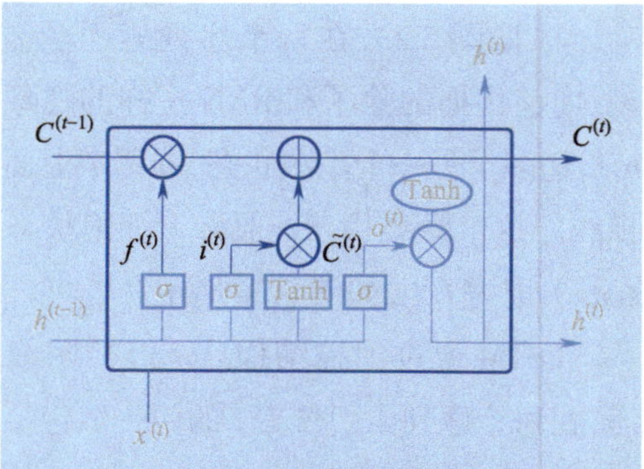

图 5.27 LSTM 细胞状态更新示意图

输出门的结构如图 5.28 所示。从图中可以看出，隐藏状态 $h^{(t)}$的更新由两部分组成，第一部分 $o^{(t)}$由上一时刻的隐藏状态 $h^{(t-1)}$、当前时刻数据 $x^{(t)}$及激活函数 Sigmoid 得到，第二部分由细胞状态 $C^{(t)}$和 Tanh 激活函数组成，即

$$o^{(t)}=\sigma(W^{(o)}h^{(t-1)}+U^{(o)}x^{(t)}+b^{(o)}) \tag{5.50}$$

$$h^{(t)}=o^{(t)}\odot\mathrm{Tanh}(C^{(t)}) \tag{5.51}$$

式中：$W^{(o)}$、$U^{(o)}$为权重系数，$b^{(o)}$为偏置。

最后，更新当前序列索引的预测输出 $\hat{y}^{(t)}$：

$$\hat{y}^{(t)}=\sigma(V\cdot h^{(t)}+c) \tag{5.52}$$

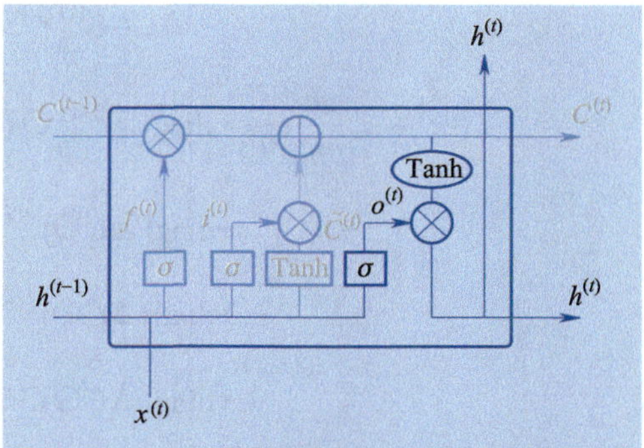

图 5.28 LSTM 输出门示意图

下面推导 LSTM 的反向传播过程，思路和 RNN 的反向传播一致，均通过梯度下降法迭代更新所有的参数，关键点在于计算所有参数基于损失函数的偏导数。在 RNN 中，为了反向传播误差，通过隐藏状态 $h^{(t)}$的梯度 $\delta^{(t)}$一步步向前传播。LSTM 的不同是有两个隐藏状态 $h^{(t)}$和 $C^{(t)}$，所以此处定义两个 δ，即

$$\delta_h^{(t)}=\frac{\partial L}{\partial h^{(t)}} \tag{5.53}$$

$$\delta_C^{(t)}=\frac{\partial L}{\partial C^{(t)}} \tag{5.54}$$

为了便于推导，将损失函数 $L(t)$分成两部分，第一部分是时刻 t 位置的损失 $l(t)$，第二部分是时刻 t 位置之后的损失 $L(t+1)$，即

$$L(t)=\begin{cases}l(t)+L(t+1), & t<\tau\\ l(t), & t=\tau\end{cases} \tag{5.55}$$

而在最后的序列索引位置 τ 的 $\delta_h^{(\tau)}$和 $\delta_C^{(\tau)}$为

$$\delta_h^{(\tau)}=\left(\frac{\partial o^{(\tau)}}{\partial h^{(\tau)}}\right)^{\mathrm{T}}\frac{\partial L^{(\tau)}}{\partial o^{(\tau)}}=V^{\mathrm{T}}(\hat{y}^{(\tau)}-y^{(\tau)}) \tag{5.56}$$

$$\delta_C^{(\tau)}=\left(\frac{\partial h^{(\tau)}}{\partial C^{(\tau)}}\right)^{\mathrm{T}}\frac{\partial L^{(\tau)}}{\partial h^{(\tau)}}=\delta_h^{(\tau)}\odot o^{(\tau)}\odot[1-\mathrm{Tanh}^2(C^{(\tau)})] \tag{5.57}$$

接下来由 $\delta_h^{(t+1)}$，$\delta_C^{(t+1)}$反向推导 $\delta_h^{(\tau)}$，$\delta_C^{(\tau)}$。

$\delta_h^{(\tau)}$由时刻 t 位置的输出梯度误差和大于时刻 t 位置的误差两部分决定，即

$$\delta_h^{(t)}=\frac{\partial L}{\partial h^{(t)}}=\frac{\partial l(t)}{\partial h^{(t)}}+\left(\frac{\partial h^{(t+1)}}{\partial h^{(t)}}\right)^{\mathrm{T}}\frac{\partial L(t+1)}{\partial h^{(t+1)}}=V^{\mathrm{T}}(\hat{y}^{(t)}-y^{(t)})+\left(\frac{\partial h^{(t+1)}}{\partial h^{(t)}}\right)^{\mathrm{T}}\delta_h^{(t+1)} \tag{5.58}$$

LSTM 反向传播的难点在于 $\dfrac{\partial h^{(t+1)}}{\partial h^{(t)}}$ 这部分的计算。由于 $h^{(t)}=o^{(t)}\odot\mathrm{Tanh}(C^{(t)})$，在第一项 $o^{(t)}$中，包含一个 h 的递推关系，第二项 $\mathrm{Tanh}(C^{(t)})$则更加复杂，Tanh 函数可以展开为

$$C^{(t)}=C^{(t-1)}\odot f^{(t)}+i^{(t)}\odot\tilde{C}^{(t)} \tag{5.59}$$

在 Tanh 函数的第一项中，$f^{(t)}$包含一个 h 的递推关系。在 Tanh 函数的第二项中，$i^{(t)}$和 $\tilde{C}^{(t)}$都包含 h 的递推关系。因此，$\dfrac{\partial h^{(t+1)}}{\partial h^{(t)}}$ 的最终计算结果由四部分组成，即

$$\Delta C=o^{(t+1)}\odot[1-\mathrm{Tanh}^2(C^{(t+1)})] \tag{5.60}$$

$$\begin{aligned}\frac{\partial h^{(t+1)}}{\partial h^{(t)}}=&\mathrm{diag}[o^{(t+1)}\odot(1-o^{(t+1)})\odot\mathrm{Tanh}(C^{(t+1)})]W_o\\&+\mathrm{diag}[\Delta C\odot f^{(t+1)}\odot(1-f^{(t+1)})\odot C^{(t)}]W_f\\&+\mathrm{diag}\{\Delta C\odot i^{(t+1)}\odot[1-(\tilde{C}^{(t+1)})^2]\}W_{\tilde{C}}\\&+\mathrm{diag}[\Delta C\odot\tilde{C}^{(t+1)}\odot i^{(t+1)}\odot(1-i^{(t+1)})]W_i\end{aligned} \tag{5.61}$$

而 $\delta_C^{(t)}$ 由前一层 $\delta_C^{(t+1)}$ 和本层的从 $h^{(t)}$ 传回来的梯度误差两部分组成，即

$$\begin{aligned}\delta_C^{(t)}&=\left(\frac{\partial C^{(t+1)}}{\partial C^{(t)}}\right)^{\mathrm{T}}\frac{\partial L}{\partial C^{(t+1)}}+\left(\frac{\partial h^{(t)}}{\partial C^{(t)}}\right)^{\mathrm{T}}\frac{\partial L}{\partial h^{(t)}}\\&=\left(\frac{\partial C^{(t+1)}}{\partial C^{(t)}}\right)^{\mathrm{T}}\delta_C^{(t+1)}+\delta_h^{(t)}\odot o^{(t)}\odot[1-\mathrm{Tanh}^2(C^{(t)})]\\&=\delta_C^{(t+1)}\odot f^{(t+1)}+\delta_h^{(t)}\odot o^{(t)}\odot[1-\mathrm{Tanh}^2(C^{(t)})]\end{aligned} \tag{5.62}$$

有了 $\delta_h^{(t)}$ 和 $\delta_C^{(t)}$，计算这些参数的梯度就很容易了，这里只给出 W_f 的梯度计算过程，其他参数的梯度以此类推即可。

$$\frac{\partial L}{\partial W_f}=\sum_{t=1}^{\tau}[\delta_C^{(t)}\odot C^{(t-1)}\odot f^{(t)}\odot(1-f^{(t)})](h^{(t-1)})^{\mathrm{T}} \tag{5.63}$$

根据上述过程可知，LSTM 的记忆体现在隐藏状态所存储的信息中，虽然隐藏状态的每个时刻都会被重写，但是与传统 RNN 不同的是，其引入了一个长期细胞状态，不仅能储存当前时刻的输入信息，还能将需要记忆的信息保留较长的时间。这使得 LSTM 保存信息的生命周期长于简单循环神经网络，并且不会很快达到饱和状态。因此能够克服传统 RNN 在处理长期依赖问题时遇到的挑战。通过引入门控机制，LSTM 能够在长序列中有效地保留和传递信息，显著提高了模型对长距离序列数据的处理能力。

3. 门控循环单元网络

门控循环单元（gated recurrent unit，GRU）网络改进了 LSTM 的门控机制，是一种更加简单和有效的循环神经网络，基本结构如图 5.29 所示。对于门结构，LSTM 同时利用输入门和遗忘门进行信息的选择，略显冗余。而 GRU 将输入门和遗忘门合并成一个门，即更新门 $z^{(t)}$，用于同时完成遗忘和输入任务。此外，GRU 还引入了重置门 $r^{(t)}$，用来控制当前时刻隐藏状态 $h^{(t)}$ 与上一

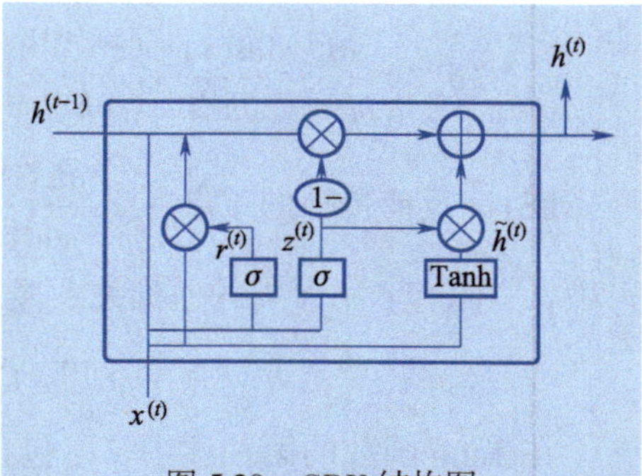

图 5.29 GRU 结构图

时刻隐藏状态 $h^{(t-1)}$ 的线性依赖关系。与 LSTM 引入的候选细胞状态类似,GRU 提出了当前隐藏状态 $h^{(t)}$ 的候选状态 $\tilde{h}^{(t)}$,而重置门 $r^{(t)}$ 决定候选状态 $\tilde{h}^{(t)}$ 的计算是否依赖上一时刻的隐藏状态 $h^{(t-1)}$。

GRU 的重置门 $r^{(t)}$ 表示为

$$r^{(t)}=\sigma(W^{(r)}x^{(t)}+U^{(r)}h^{(t-1)}+b^{(r)}) \tag{5.64}$$

式中:$r^{(t)}\in[0,1]$,σ 表示 Sigmoid 激活函数,$W^{(r)}$ 表示更新门的输入权重矩阵,$x^{(t)}$ 表示当前时刻的输入,$U^{(r)}$ 表示更新门的隐藏状态权重矩阵,$h^{(t-1)}$ 表示上一时刻的隐藏状态的值,$b^{(r)}$ 表示更新门的偏置。

那么候选状态 $\tilde{h}^{(t)}$ 计算如下。从上式可以看出,$r^{(t)}$ 的值越小,它与 $h^{(t-1)}$ 的哈达玛积得到的矩阵数值越小,再与权重矩阵相乘得到的值 $U(r^{(t)}\odot h^{(t-1)})$ 也就越小,说明上一时刻需要遗忘的越多,丢弃的越多;$r^{(t)}$ 的值越大,$U(r^{(t)}\odot h^{(t-1)})$ 的值也就越大,说明上一时刻需要记住的越多,新的输入信息(也就是当前的输入信息 $x^{(t)}$)与前面的记忆相结合的越多。当 $r^{(t)}$ 的值接近 0 时,$U(r^{(t)}\odot h^{(t-1)})$ 的值也接近于 0,说明上一时刻的内容需要全部丢弃,只保留当前时刻的输入,所以可以用来丢弃与预测无关的历史信息;当 $r^{(t)}$ 的值接近 1 时,$U(r^{(t)}\odot h^{(t-1)})$ 的值也接近于 1,表示保留上一时刻的隐藏状态。这就是重置门的作用,有助于捕捉时间序列里短期的依赖关系。

$$\tilde{h}_t=\mathrm{Tanh}(W^{(C)}x^{(t)}+U(r^{(t)}\odot h^{(t-1)})+b^{(C)}) \tag{5.65}$$

式中:$W^{(c)}$ 表示候选状态的输入权重矩阵,U 表示候选状态的隐藏状态权重矩阵。

在计算得到 GRU 的候选状态 $\tilde{h}^{(t)}$ 后,其隐藏状态 $h^{(t)}$ 就可以通过更新门 $z^{(t)}$ 来计算。更新门为

$$z^{(t)}=\sigma(W^{(z)}x^{(t)}+U^{(z)}h^{(t-1)}+b^{(z)}) \tag{5.66}$$

式中:$z^{(t)}\in[0,1]$。

接下来,更新当前时刻的隐藏状态 $h^{(t)}$ 如下。更新门 $z^{(t)}$ 用来控制当前状态需要从历史状态中保留多少信息,以及需要从候选状态中接收多少新信息。$z^{(t)}$ 越接近于 1,代表"记忆"的数据越多,而越接近于 0 则代表"遗忘"的数据越多。$(1-z^{(t)})\odot h^{(t-1)}$ 表示对上一时刻隐藏状态进行选择性"遗忘",忘记 $h^{(t-1)}$ 中一些不重要的信息。$z^{(t)}\odot\tilde{h}^{(t)}$ 表示对候选隐藏状态的进一步选择性"记忆",会忘记 $\tilde{h}^{(t)}$ 中的一些不重要的信息,也就是对 $\tilde{h}^{(t)}$ 中的信息进一步选择。总而言之,$h^{(t)}$ 忘记传递下来的 $h^{(t-1)}$ 中的一些信息,并加入当前节点输入的某些信息,这就是最终的记忆。

$$h^{(t)}=z^{(t)}\odot\tilde{h}^{(t)}+(1-z^{(t)})\odot h^{(t-1)} \tag{5.67}$$

由此,GRU 通过学习控制门的权值矩阵,可以完成对历史信息和当前信息的选择和记忆,并输出需要的信息,完成对时序信息的建模。GRU 输入输出的结构与普通的 RNN 相似,其中的内部思想与 LSTM 相似。

相较于 LSTM,GRU 主要具有以下3点优势:

(1) 计算效率高 由于 GRU 的结构相较于 LSTM 更为简洁,拥有更少的参数,因此在训练过程中需要优化的参数更少,从而可以加快训练速度,降低模型的计算需求。

(2) 计算成本低 较少的参数还意味着模型在推理时具有更低的计算成本,这使得 GRU 在硬件计算能力和时间成本等计算资源有限的场景下仍能保持良好的性能,如移动设备和嵌入式系统。

(3) 保持处理长期依赖问题的能力 尽管结构简化,但 GRU 仍然能够有效地处理长期依赖问题,其性能在多个任务中与 LSTM 相当,甚至在一些情况下能够超越 LSTM。

由于在模型大小、训练速度和性能之间提供了有效的平衡,GRU 在自然语言处理、语音识别、时间序列分析等领域得到了广泛应用。在这些领域中,GRU 能够有效地处理序列数据,捕捉关键信息,并在保持较低计算复杂度的同时,实现准确地预测或分类。

5.4 注意力机制

尽管 LSTM 在 RNN 的基础上增加了历史信息,但是由于受限于隐藏状态,LSTM 的记忆能力还是不够的,因此需要借助外显记忆来增加输入模型的知识,加强模型对重要信息的处理能力。记忆网络就是一组能够让神经网络按需读写的记忆单元,作为一种独立存储器来增强模型。每个记忆单元都可以看成 LSTM 中单元格的扩展,同时记忆网络会输出一个内部状态来选择从哪个单元进行读取或者写入,这种信息筛选机制也称为注意力机制。

5.4.1 基本形式

注意力机制(attention mechanism)是人类信息处理过程中不可或缺的要素,特指个体在处理海量信息时,能聚焦于某些特定类型的细节。举例来说,当视线触及一幅人物图像时,往往首先锁定其眼睛,随后再分散注意力到其他面部特征。这种注意力机制使人类能够高效分配注意力资源,专注于关键特征,从而获取目标对象的详尽信息,同时过滤掉无关信息的干扰。随着深度学习的飞速发展,基于注意力机制的神经网络模型已得到广泛应用,并在实际任务中展现出显著成效。这些模型主要应用于图像处理、自然语言处理以及语音识别等场景。值得注意的是,注意力机制的应用往往需要与其他模型协同工作。一个典型的实例是注意力机制与编码器-解码器架构的结合,已成功应用于机器翻译领域,通过为不同源语言单词分配不同权重,实现对目标语言单词的精准翻译,同时忽略无关词汇。

5.4.2 基于注意力机制的神经网络

在处理大规模输入数据时，注意力机制可以模拟人类的信息处理方式，实现选择性地聚焦于关键信息，从而显著提升其信息处理效率。注意力机制使模型能够重点关注输入数据中的核心部分，同时忽略不重要的细节。

图 5.30 呈现了一种为 RNN 神经元设计的注意力机制架构。此架构的核心构成是一个注意力模块，其根据 RNN 神经元当前时间步接收的输入数据及其先前时间步的输出状态，动态地预测在特定时间点上输入数据各维度所应赋予的权重值。基于这些预测得出的权重，对输入数据进行加权整合，从而形成当前时间步下神经元的加权输入。接下来，RNN 神经元将这一加权输入与其自身的历史输出相结合，通过计算产生当前时间步的输出结果。这一流程不仅强化了 RNN 在处理序列数据时的表述能力，还优化了模型对输入数据中关键信息的识别和利用效率。

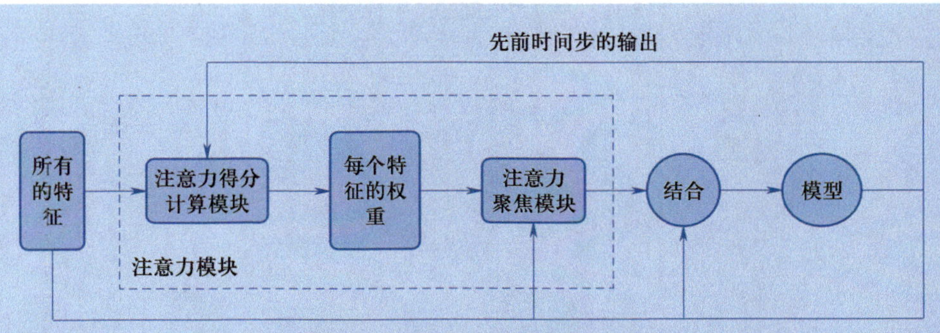

图 5.30 一种为 RNN 神经元设计的注意力机制架构

下面以神经机器翻译为示例，详细阐述注意力机制的工作原理。在神经机器翻译中，面向的是一对句子 <source，target>，其中 source 句子被视为由一系列键（key）和值（value）数据对构成的集合。对于 target 句子中的每一个查询（query），计算该查询与 source 句子中每个键（key）的相关性。基于这些相关性，得到与每个键对应的值（value）的权重系数。随后，根据这些权重系数对值（value）进行加权求和，最终得到的结果即为注意力机制的输出值。

从本质上讲，注意力机制可以视为对 source 句子中元素的值（value）进行加权求和的过程，其中权重系数是通过查询（query）与键（key）的相关性计算得出的。这一核心思想可以用以下数学公式来表示：

$$\text{attention}(\text{query}, \text{source}) = \sum_{i=1}^{L_X} p(z = i \mid \text{key}_{1:N}, \text{query}) \times \text{value}_i \tag{5.68}$$

从式(5.68)可以看出,注意力机制可以视作一个在众多信息中进行有意识筛选的机制,其目的在于重点关注关键的信息,同时忽略相对不那么关键的信息。这一过程主要通过权重系数的确定来实现。具体而言,权重系数的数值大小直接反映了对应信息(即value)的重要性。权重系数越大,表明对应的value越关键,模型对其的关注度也越高。因此,权重系数实质上起到了衡量信息重要性的作用。

在深度学习框架中,注意力机制被抽象为一种软寻址方法。图5.31和图5.32分别展示了注意力机制的两种解释结构。

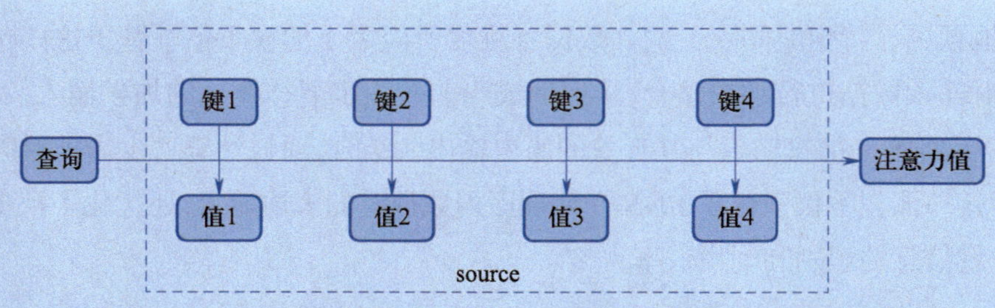

图5.31 注意力机制的第一种解释结构

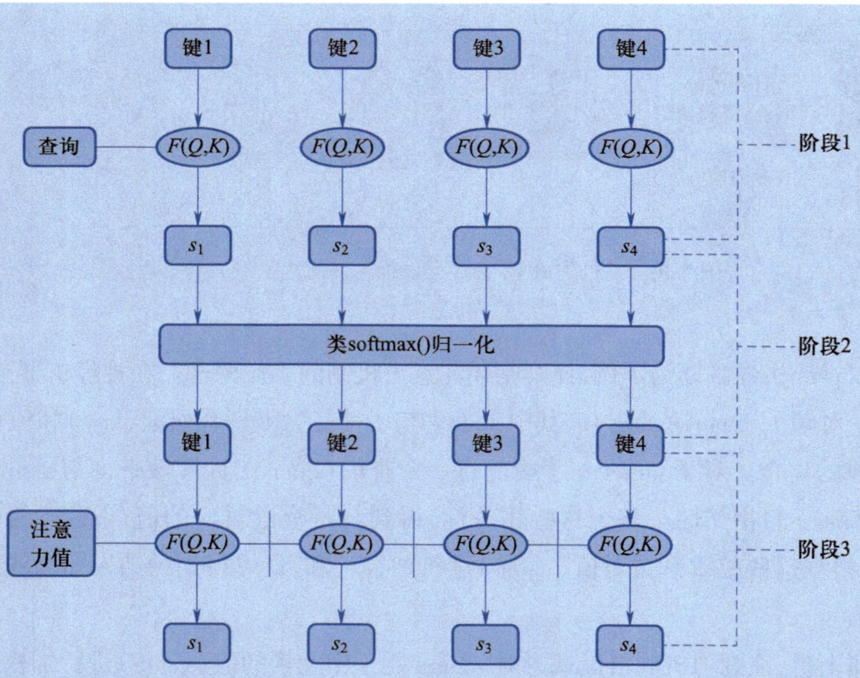

图5.32 注意力机制的第二种解释结构

对于第一种解释结构,其中source可视为存储器的存储内容。存储器中包含多个元素,每个元素均由一个键(key)和一个对应的值(value)组成。对于给定的查询(query),

目标是从存储器中检索出与查询最相关的值(value)。由于注意力机制采用的是软寻址方式,因此它不会直接定位到某个特定的存储位置,而是首先通过特定的函数或模型计算查询(query)与每个键(key)之间的相似性。随后进行归一化处理,得到一系列权重系数。这些权重系数反映了查询(query)与存储器中各个元素之间的相关程度。最后,注意力机制通过加权求和的方式,将存储器中所有元素的值(value)按照其对应的权重系数进行组合,得到最终的输出结果。由此实现对存储器内容的软寻址,即通过计算相似性和加权求和的方式,从存储器中检索出与查询(query)最相关的信息。

对于第二种解释结构,在注意力机制的计算框架中,其处理流程通常包含三个关键阶段。

第一阶段,通过计算查询(query)与每个键(key)之间的相似性来评估两者之间的关联程度。查询与键之间的相似性度量可以通过点乘积、余弦相似度或者激活函数进行计算。

第二阶段,使用 softmax 函数将第一阶段计算得到的相似度得分转换为一个概率分布,得到 value_i 对应的权重 a_i,其中所有元素的权重总和等于 1:

$$a_i = \text{softmax}(\text{Similarity}_i) = \frac{e^{\text{Similarity}_j}}{\sum_{j=1}^{L_x} e^{\text{Similarity}_j}} \tag{5.69}$$

第三阶段,对值(value_i)进行加权求和运算,由此得到注意力的值:

$$\text{attention}(\text{query}, \text{source}) = \sum_{i=1}^{L_x} a_i \cdot \text{value}_i \tag{5.70}$$

基于注意力的 RNN 模型展现出了显著的优势。该模型能够学习将不同的权重分配给输入的各个部分,而非对所有输入项进行平均处理,从而有效地捕获输入与输出序列之间的固有依赖关系,提升了算法在多种任务上的性能。同时,相较于传统的 RNN 模型,通过将注意力分配模式可视化,还可以为模型提供更深入的解释。

基于注意力的 RNN 模型具有广泛的适用性,不仅适用于计算机视觉领域,同时也在处理各种序列相关问题中展现出了独特的价值。在自然语言处理领域,如机器翻译、文本理解、句子摘要及单词表示等任务中,基于注意力的 RNN 模型均展现出了出色的性能。此外,在生物信息学、语音识别、游戏智能及机器人技术等多个领域,该模型同样发挥了重要的作用,为各种复杂问题的解决提供了有力的支持。

以上介绍了深度学习的关键方法,其中多层感知机是理解其他复杂神经网络架构的基础,卷积神经网络(CNN)和循环神经网络(RNN)分别在图像数据和序列数据处理方面有各自的优势,注意力机制则聚焦于重要信息,提升了模型在处理长序列数据或复杂数据结构时的效率。这些方法的协同应用构成了深度学习技术的核心框架,通过本章学习将为后续深入研究深度学习的其他方法奠定基础,如生成对抗网络(GAN)、Transformer

模型、图神经网络(GNN)、强化学习等。

本章习题

1. 向本节中描述的模型隐藏层中加入偏置项,推导前向传播和反向传播方程。

2. 若采用 L1 正则化,推导前向传播和反向传播方程。

3. 在卷积运算中,步幅大于 1 的计算优势是什么?

4. 设置步幅为 1,计算如下卷积操作的结果。

1	2	3	0
4	1	3	2
3	5	1	2
2	3	6	1

$\odot$

3	7	1
6	1	9
1	5	2

5. 循环神经网络为什么存在梯度消失和梯度爆炸问题?

6. 相比于简单的 RNN,LSTM 如何解决梯度消失和梯度爆炸问题?

7. 对于一个给定的时间步,GRU 与 LSTM 之间有哪些区别?它们各自的优势是什么?

8. 为什么双向循环神经网络在处理序列数据时比单向循环神经网络更有效?

9. 注意力机制首次被提出的主要目的是什么?

10. 阐述注意力机制在序列化模型中的作用,并探讨其如何助力提升模型效能及其带来的益处。

11. 查阅相关资料,总结深度学习模型在我国新能源领域的具体应用,讨论该技术是如何推动我国新能源产业的高质量发展?

参考文献

第6章 文本挖掘

本章介绍了文本挖掘的基本概念与文本预处理流程，系统地讲解了文本挖掘的常用方法，包括文本分析、文本向量化及情感分析。重点介绍不同类别文本挖掘方法的概念、原理与方法流程，并结合实例加深理解。

本章的教学目的在于帮助学生理解文本挖掘的概念与常用方法，掌握文本挖掘方法的原理与实现流程，熟悉文本分析、文本向量化及情感分析方法中不同模型的特点与应用场景，能够熟练地进行方法的应用。

6.1 文本挖掘概述

6.1.1 文本挖掘定义

文本挖掘是指对大规模文本类型数据进行分析和处理，从中抽取出有价值、可理解、最终可用的知识，从而更好地进行信息组织与应用的过程。文本挖掘是一个跨学科的研究领域，结合了自然语言处理、数据挖掘、机器学习、信息抽取、信息检索等众多领域的技术方法。

文本挖掘的对象是海量、分布式的异构文档，文档内容主要由人类使用的自然语言组成。对于计算机而言，自然语言缺乏理解和处理途径。因此文本挖掘要解决的首要问题是如何合理地将文本表示为计算机能够处理的形式。这种表示方法不仅要求有足够的文本特征信息，还要便于计算机算法的处理，使计算机在“理解”自然语言时不会过于复杂，避免算法无法处理。

文本挖掘首先需要对获取的文本数据进行预处理，包括文本清洗、文本标准化、分词、去停用词等过程，再根据应用场景使用各种模型进行特征提取，得到计算机可以识别和处理的特征表示，最终将文本的特征表示用于具体的文本挖掘应用中。

6.1.2 文本预处理流程

文本预处理让原始文本数据更适合后续的分析与模型处理，因此根据具体应用场景的不同，文本预处理的具体步骤也不尽相同。

不同语言的语料处理方式不同。例如，对于英文而言，语言的基本单位是单词，提取较为简单。英文的人称时态等因素会影响单词表示，但是将不同形态的同一词语都识别为独立的单词的成本较高，通常采用词干提取或词性还原等步骤识别词语原形，再进行下一步处理。

对于中文，语言的基本单位是字，但是语义的单位同样是词语，因此需要进行分词，分词的结果会影响后续的语义分析。对于中文自然语言处理，常见的文本预处理流程为文本清洗、文本标准化、分词、去停用词和文本表示，如图6.1所示。

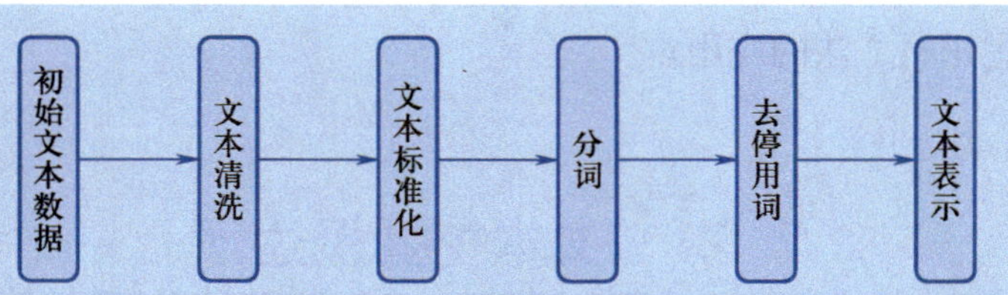

图6.1 中文文本预处理流程

1. 文本清洗

初始文本数据未必是纯粹的文字语言表达，比如从网页中爬取的文本数据经常会出现无意义标签、格式不规范或包含与文本主题内容无关的字符的情况，这些字符会对文本的后续相关分析产生不利影响。对于格式不规范和特殊的字符，通常需要进行删除或修改。如果需要按照一定格式去除或提取信息，则可以使用正则表达式等工具进行文本清洗。

2. 文本标准化

由于文本原始数据的来源各异，往往会存在格式不统一的情况，差异化的格式也会影响计算机的判断，因此需要对文本进行标准化的操作。通常包括全角和半角字符转化、大小写字母转化、繁体与简体的转换等操作，以及对数据单位的统一。

3. 分词

如前文所述，英文文本是由英文单词按照一定的序列组成的，英文文本的单词即为语义的基本单位。但中文文本则由词、句子和段落组成，每个词由不同汉字组合而成。在中文文本语义分析过程中，是以文本中的词为单位的，因此如何实现中文文本中词的划分，对于后续的文本分析至关重要。中文文本分词是按照一定的语言规律，将连续的中文字序列切分为独立且有意义的词语的过程。

4. 去停用词

去停用词是指去掉文本中无法反映主题的一些功能词。对中文文本而言，停用词主要包括："了""的""地""得"等助词，"呢""啊"等语气词，以及"因为""所以"等连词。这些词仅起到修饰作用，并不能反映文本主题内容。文本分析的重点是识别文档的语义信息，因此需要关注能够反映文本主题的词语，帮助计算机过滤掉价值较低的信息。去停用词的操作，有利于提高文本分析效果。

5. 文本表示

文本表示，即为文本的特征提取，是将自然语言转化为计算机可识别和处理的数据的关键步骤。这一过程通过对文本的词语组成进行编码，或者将文本转化为语义空间的向量或矩阵等方式，完成文本的特征化。

文本预处理的具体步骤需要根据应用需求调整。例如，部分模型需要文本的序列信息，此时标点符号和连词是必要的，则不需要对此类词进行去停用词处理；而部分模型需要根据词语的词性进行分析，因此还需要进行词性标注。

6.2 文本分析基础

上一节对文本挖掘的概念和文本预处理流程进行了描述，文本预处理的目标是将文本转化为计算机能够处理的表示。然而，中文文本的语义并不是简单地通过字的拼接来体现的，而是隐含在文本内容多层次的表达中。因此自然语言分析的方法和模型的构建，可以从多个层次的角度出发。认识并理解自然语言处理的分析层次，是理解文本分析的基础。本节重点从词法分析和句法分析 2 个主要层次对文本分析进行介绍。

6.2.1 词法分析

1. 词法分析概述

词法分析（lexical analysis）是自然语言处理中的关键基础技术之一，主要是指利用计算机程序将输入的句子从字符序列转换为词语和词性序列的过程，最终输出是词语的序列或词语信息的序列。这个过程也被称为“翻译”，相当于人工的语言翻译过程中辨析输入的句子中各词语词性的过程。

例如，“大力发展新能源”在进行词法分析后得到的结果可能为“大力”“发展”“新”“能源”的词语序列，如果需要输出词性，则结果为“副词”“动词”“形容词”“名词”。

中文以字为基本的书写单元，以词语为最小的能够独立运用的语言单位，但词语之间没有明显的标识。因此，中文自然语言处理的首要工作就是确定字符串的分隔标记。将字符串切分为独立的词语，完成句子的切分，进而进行更深层次的语言分析，如句法分析和情感分析等。此外，此处“字”的范围不限于汉字本身，还包括所有出现在文本中的符号，如标点符号、字母、注音符号以及阿拉伯数字等，这些符号可以影响词的界定和意义理解，在处理中文文本数据时同样重要。对英文而言，一个单词就是一个独立的单元。不同的语言词法分析处理的方式是不同的。

在常见的词法分析处理任务中需要对文本进行分词和标准化处理。在英文处理中，分词处理主要通过识别文本中的空格进行分割，并且英文中词语根据人称、时态等发生变化，因此需要在文本标准化过程中提取词干和还原词形；而中文中词语之间没有明显的边界，因此需要结合词典进行识别，并且中文通过词序和虚词表示词态变化，识别语义时不需要对词语本身进行这样的处理。如果对文本进行更深层次的分析，会涉及未登录词识别和词性标注任务，中英文文本在这两个方面的处理方式也有较大区别。未登录词指在处理文本使用的词汇表中未出现的词语，中文可以直接将未登录词作为新的词，或拆分成字按字处理。英文则需要进行特殊的标记，或切分为字符处理。词性标注虽然在逻辑上相似，但是中文会使用一系列的助词，如“的”“地”“得”“了”等进行词语连接，而英文则是对不同词性有不同的词形变换，两种语言的具体标注方法存在很大的不同。

以句子“企业正在积极管控碳排放量”为例，中文词法分析的具体过程如图 6.2 所示。

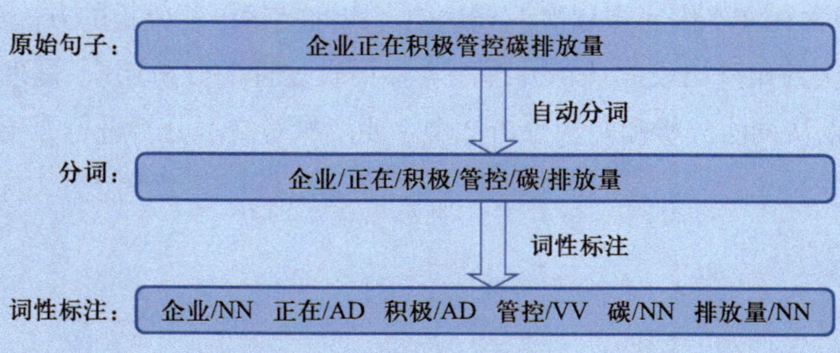

图 6.2 中文词法分析实例

词法分析的主要任务包括自动分词任务和词性标注任务，这两部分将在下文具体阐述。

2. 自动分词方法

在了解词法分析的主要任务之后，下面介绍自动分词的技术方法。基本方法有两种：基于规则的分词方法和基于统计的分词方法。

（1）基于规则的分词方法　基于规则的分词方法又称为机械分词方法或基于字典的分词方法，其原理是按照一定的策略，将待处理的字符串与一个“充分大的”机器词典里的词条进行匹配。若在词典中识别到某个字符串，则匹配成功。其中分词词典、文本扫描顺序和匹配原则是该方法的重要环节。文本的扫描顺序分为正向扫描、逆向扫描和双向扫描。匹配原则可分为最大匹配、最小匹配、逐词匹配和最佳匹配。

基于规则的分词方法是应用最广泛、分词速度最快的一类算法。此种方法简单、容易实现，但缺点是匹配速度较慢、存在交集型和组合型歧义切分问题，使用不同词典可能产生不同的分词结果，并且缺乏自学习的智能性。

其中，交集型歧义指某个字和前文或后文都能组成词语，如“大学生”可能切分为“大学”和“学生”。组合型歧义指整体和在内部切分均可，如“人才”自成一词，在不同语境中又可以作为“人”和“才”两个词。

基于规则的分词方法主要有以下五种：

① 最大匹配法　最大匹配法分为正向最大匹配法和逆向最大匹配法。基本思路是首先建立一个最长词条字数为 L 的词典，然后按正向（或逆向）取句子前 L 个字对词典进行匹配。如匹配失败，则去掉最后一个字，继续匹配，直到成功匹配一个词为止。然后将匹配成功的词语提出，对剩下的材料继续匹配。

例如，“他是研究生物能源学的”，若词典中最长词条字数为 7，则从文本的前 7 个字开始。计算机先在词典中查找“他是研究生物能”，匹配失败后，在词典中匹配“他是研究生物”，不断匹配直至发现“他”匹配成功。因此下一步是查找“是研究生物能源”，以此类推直至全部词语被匹配出来。

正向结果：“他/是/研究生/物/能源学/的”

逆向结果：“他/是/研究/生物/能源学/的”

在逆向匹配的过程中，实际上是按照“的/能源学/生物/研究/是/他”的顺序识别分词的。

② 双向最大匹配法　双向最大匹配法同时结合正向最大匹配法和逆向最大匹配法，最终选取两种匹配结果中分词数量更少的作为最终结果。如果两种方法分词数量一样，当分词结果相同时，任选其一；当分词结果不同时，则选择两种分词结果中划分出来的单字更少的结果。

如上文示例，正向和逆向匹配结果分词数量都为 6 个，由于正向匹配结果划分的单字数量为 4 个，逆向结果为 3 个，因此双向最大匹配法的最终匹配结果为逆向结果："他/是/研究/生物/能源学/的"。

③ 逐词遍历法　逐词遍历法是指在整个待处理的内容中，按照由长到短递减的顺序逐字搜索词典中的词，直到把全部的词切分出来为止。此方法不论分词词典和内容的多少，均需将分词词典全部匹配一遍。

④ 最少切分法　最少切分法又称为最短路径法，该方法的目的在于尽可能少地切分文本，使每一句中切分出的词数最少。首先定义一段中文字符序列为 $S=c_1,c_2,\cdots,c_n$，其中 c_i 表示序列中的第 i 个字符，序列的长度为 $n(n\geqslant 1)$，根据该序列，建立一个包含 $n+1$ 个节点的切分有向无环图 G。在图 G 中，节点分别为 $v_0,v_1,\cdots,v_n$，对于任何一个子序列 $w=c_i,c_{i+1},\cdots,c_j(0<i<j\leqslant n)$，若 w 是一个有效的词，则在节点 v_{i-1} 和 v_j 之间建立一条有向边。最后从产生的所有路径中选择最短的，也就是词数最少的路径作为最终分词结果。

例如，"太阳能转化为电能"建立的有向图，如图 6.3 所示。

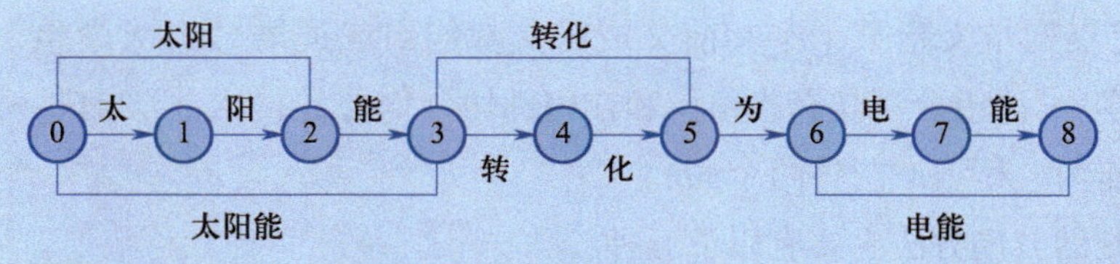

图 6.3　最短路径法实例

在这个例子中，按照"太阳能/转化/为/电能"的切分方式，只划分出了 4 个词语，是最短的切分方式。

⑤ 设立切分标志法　设立切分标志法通过收集和识别文本中的切分标志，将长句子切分成较短的字段，再通过最大匹配法或其他分词算法对这些字段进行细加工。切分标志主要分为自然切分标志和非自然切分标志。自然切分标志通过文本中的非文字符号，如标点符号、空格等，指示词语和句子的边界。非自然标志通过词缀和不构成词的词，如象声词、单音词以及复音节词等，进行更精细的标记和处理。虽然这种方法不是严格意义上的分词法，但其在提高分词效率和准确性方面具有重要作用。然而，为了识别和储存切分标志，该方法也带来了额外的计算和存储开销。

(2) 基于统计的分词方法　根据上述介绍，基于规则的方法对歧义问题的解决能力比较弱。而基于统计的方法在大量语料库的支持下具有较强的歧义区分能力，但其模型构建和资源开销比较大。基于统计的分词方法依据词是稳定的字词组合的原则，如果两个字词在文本中越频繁地相邻出现，其构成词的可能性就越大，因此两个字词相邻出现的概率可以作为评估其组成一个词的依据。具体来说，可以通过统计文本中各个相邻字词的组合频度来量化字词与字词之间的紧密程度，当超过预设的阈值时，即可认为这两个字词构成了一个词。

常见模型包括 N 元语法模型、隐马尔可夫模型、最大熵模型和条件随机场模型等。这里通过一个 N 元语法模型的分词案例展开说明。

N 元语法模型（N-gram）是一种基于统计语言模型的算法，N 表示模型计算时考虑的词语个数，N 元语法模型通过 N 个词语作为前后文出现的概率分析句子的结构。二元语法指根据两个词的概率计算，也就是计算某一个片段的划分概率时需要使用这个词与其之前的一个词的条件概率，即 $P(w_i|w_{i-1})$，如果是三元语法则需要计算这个词与其之前两个词的条件概率，即 $P(w_i|w_{i-1},w_{i-2})$。二元语法的计算方式如式（6.1）所示。

$$P(w_i|w_{i-1})=\frac{C(w_{i-1},w_i)}{C(w_{i-1})} \tag{6.1}$$

式中：C 是一个计数值，$C(w_{i-1},w_i)$ 是二元组 (w_{i-1},w_i) 的出现次数，而 $C(w_{i-1})$ 是一元组 w_{i-1} 的出现次数。

如某段文本可以划分出“可再生/能源”的片段，对应的二元语法概率就是 P(能源|可再生)，表示在出现“可再生”时，后面紧跟着“能源”的概率。

利用 N 元语法模型进行分词的基本思路是先对材料进行字词的划分，然后通过语料得到材料中前后 N 个词可能的组合对应的概率，最后根据不同的划分方法分出的词语来计算整个句子在该划分方法下的概率，选择概率最高的划分方法作为最终的结果。

例如，对“提高地热能效率”进行单字、二元和三元划分。根据长度划分，单字划分形成了“提”“高”“地”“热”“能”“效”“率”；二元划分可以划分为“提高”“高地”“地热”“热能”“能效”“效率”，生成的片段均为词典中包含的词语；类似地，三元划分对照词典后得到五个长度为 3 的片段，但由于其他组合的出现概率较低，且不存在于词典中，因此只保留一个“地热能”的片段。随后进行路径赋权。

将本例按照上述划分方式表示为一张有向图，如图 6.4 所示。

使用二元语法模型，将 gramA 到 gramB 的路径权重设置为 $P(\mathrm{B}|\mathrm{A})$，因此“提高/地热能/效率”的路径概率为

$$P=P(\text{提高}|\text{<s>})P(\text{地热能}|\text{提高})P(\text{效率}|\text{地热能})P(\text{</s>}|\text{效率})$$

通过不同的路径概率来求得最大概率切分，即为最终的分词结果。在本例中，任何词语都可以作为开头或结尾，因此 $P(w|\text{<s>})$ 和 $P(\text{</s>}|w)$ 均为 1。

通过已有语料库计算得

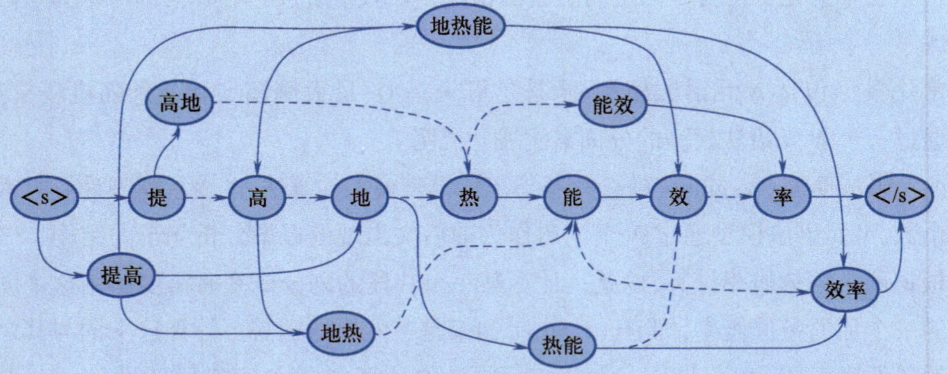

图 6.4　单字、二元和三元划分示例

P(地｜提高)= 0.019 4　　P(热能｜提高)= 0.048 5

P(效｜地热能)= 0.078 3　　P(能效｜高)= 0.060 6

P(提高｜地)= 0.043 5　　P(能效｜热)= 0.500 0

P(热能｜地)= 0.015 2　　P(效率｜能)= 0.166 7

P(提高｜效率)= 0.006 7　　P(效率｜热能)= 0.281 2

P(提高｜地热能)= 0.024 1　　P(效率｜地热能)= 0.096 4

P(地热｜高)= 0.060 6　　P(地热能｜高)= 0.545 5

P(地热｜提高)= 0.009 7　　P(地热能｜提高)= 0.145 6

计算得到不为零的分词结果只有两种：

$$P(\text{提高/地热能/效率}) = 1 \times 0.145\,6 \times 0.096\,4 \times 1 = 0.014\,035\,84$$

$$P(\text{提高/地/热能/效率}) = 1 \times 0.019\,4 \times 0.015\,2 \times 0.281\,2 \times 1 = 8.292\,025\,6 \times 10^{-5}$$

其中第一种分词方式的概率远大于第二种，因此通过计算得到句子的分词结果为“提高/地热能/效率”。

3. 词性标注

词性标注也被称为语法标注，是指根据句子的上下文信息给句中的每个词确定一个最为合适的词性标记。

例如，“大庆油田推进了多个项目。”这个句子，标注结果可以是：“大庆/名词，油田/名词，推进/动词，了/助词，多个/数词，项目/名词，。/标点”。

词性标注的难点主要由词性兼类引起。词性兼类是指自然语言中一个词语具有多于一个词性的现象，例如下面的句子：S_1=“这种太阳能板将光能转化为电能”；S_2=“电能驱动汽车”。句子 S_1 中“能”是一个表示能源的名词，而句子 S_2 中“能”则是一个助动词。对人来说，这样的词性歧义现象很容易发现，但对没有先验知识的机器来说比较困难。此外,研究者主观原因也会造成词性标注困难。词性标注的逻辑十分清晰,并且是后续文本分析的基础。但由于语言语法并没有统一的体系,现有的词性标注的方式有很多种,多是针对特定的语言设计的,词性标注结果的不同也会影响后续的工作和模型的性能,因此有针对性的标注体系是至关重要的,同时也要考虑标准化和通用化。

6.2.2 句法分析

1. 句法分析概述

句法分析(syntactic parsing)是自然语言处理中的基础性工作,其任务主要包括识别句子中包含的句法成分要素、句法结构及成分之间的内在关系。

句法分析主要分为完全句法分析、局部句法分析和依存句法分析。完全句法分析和局部句法分析的目的均是分析拆解出句子的层级结构,通过完全句法分析构建的句法树如图 6.5 所示。两者的差别是句子分析时关注的层次不同:完全句法分析的目的是获取整个句子的句法结构;而局部句法分析只关注局部的一些成分,如名词短语、动词短语等,或句法中特定的逻辑关系,如主谓和动宾关系,这些识别出来的结构通常被称作语块(chunk)。这两种句法分析主要都是通过上下文无关文法进行句法树的构建,有时会使用根据语法逻辑指定的规则集。

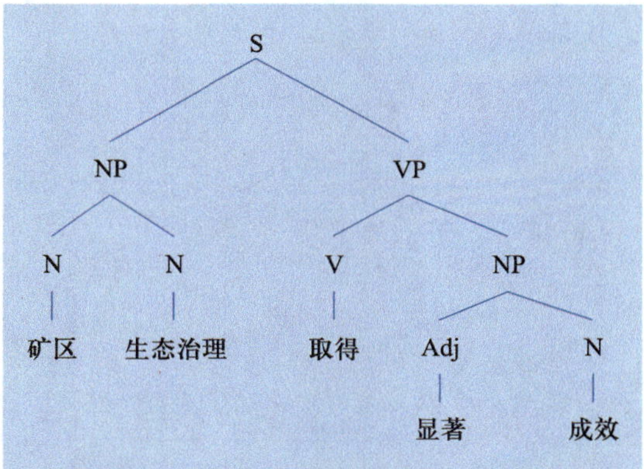

图 6.5 完全句法分析构建的句法树实例

与完全句法分析和局部句法分析不同,依存句法分析的主要目的是分析出词与词之间的依存关系,实例如图 6.6 所示。

现代依存句法理论认为词义和句法关系体现在词之间的依存关系中,构成句子的各个成分之间存在着非对等的关系,即某些成分从属于其他成分,并且每个成分在句子结构中只能从属于一个其他成分,形成一种树状的层级结构。两个词之间是否存在依存关系,是根据词义和句法规则来定义的。以"太阳能是绿色的能源"为例,可以得到如图 6.7 的依存关系树。

在这个例子中,"能源"是句子的中心,"太阳能""是"和"绿色"直接依存于它,"的"依附于"绿色"。整体来看,句子中除了"能源"的成分都依存于"能源"这个根成分。这个句子也可以表示为如图 6.8 所示的依存树有向图,图中直接指出了每一对依存关系的意义。

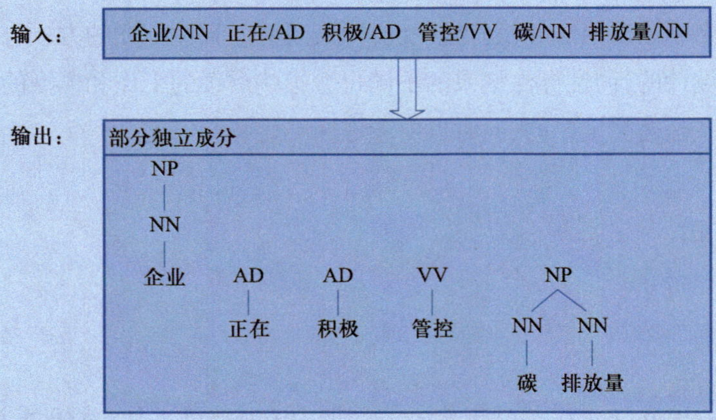

图 6.6 依存句法分析实例

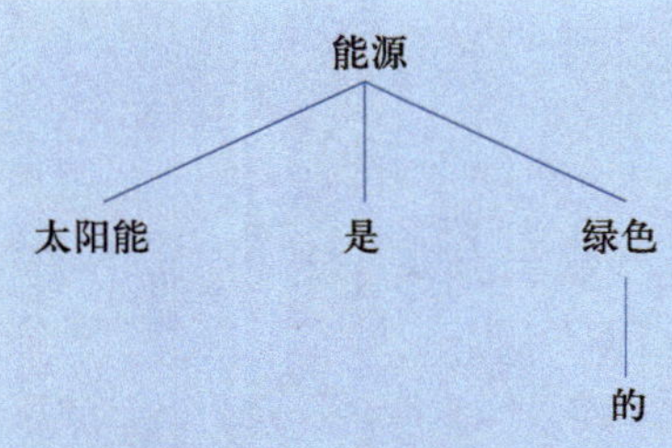

图 6.7 依存关系树实例

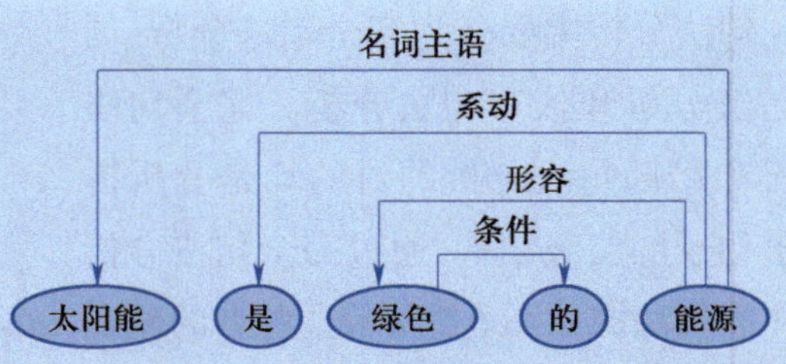

图 6.8 依存树有向图一

2. 完全句法分析和局部句法分析

上文介绍了完全句法分析和局部句法分析，主要通过上下文无关文法进行句法树的构建，有时会使用根据语法逻辑指定的规则集，因此完全句法分析和局部句法分析中所用的方法可分为基于规则、基于统计和基于机器学习 3 类，下面将对这 3 类方法分别进行介绍。

（1）基于规则的句法分析方法 基于规则的句法分析是以上下文无关文法（context-free grammar，CFG）为基础的。因此需要对上下文无关文法有基本的了解。

上下文无关文法通常包括 4 部分：

① 一个非终结符号集 **N**，非终结符是文法中的内部节点，可以进一步被展开形成其他非终结符或终结符。在最终的概率统计推导中，非终结符会被替换成它们对应的产生式。

② 一个终结符号集 Σ，终结符是文法中的叶子节点，通常对应着语言中的最小元素，比如词语或单字。

③ 一个产生式集 **R**，产生式的形式类似 $A \rightarrow a$，表示从一个非终结符 A 替换到终结符 a 的过程，但通常一个非终结符能够拆分出不止一个（非）终结符。

④ 一个开始符 **S**,这是一个特殊的非终结符,在整个句子或字符串进行文法树生成的开始使用 S 符号。

常见的非终结符有 NP(名词短语)、VP(动词短语)、AdjP(形容词短语)、AdvP(副词短语)及 PP(介词短语)。

常见的终结符也是常见的词语词性:N(名词)、V(动词)、Adj(形容词)……在这里就不一一列举了。

在上一节的介绍中,使用了句法分析树。句法树由 S 开始,首先分成了 NP 和 VP,这一过程可以表示为 S→NP VP,即为一个产生式,表示句子可由名词短语和动词短语组成,两个部分又进行一层一层的划分直至被划分为终结符。

从句法分析树的生成过程来看,句法分析主要使用三种策略,分别是自顶向下、自底向上和自底向上与自顶向下结合。

自顶向下的方法从句子的最高层次符号(通常是开始符号 S)出发,使用产生式规则将非终结符逐步替换为相应产生式右部的符号,直到生成输入句子或者穷尽所有可能的句子结构为止。如图 6.5 所示,从 S→NP VP 开始,第一层为 S,第二层为 NP VP,表示一个句子 S 可以被拆分为一个名词短语 NP 和一个动词短语 VP,即可用符号右边的 NP VP 替换 S,进行一层一层的分解。

自底向上的方法则从输入句子的词语开始,将词语序列逐步通过产生式规则归约,即将符号序列逐步替换为其对应产生式的左部非终结符,直到整个序列被归约为开始符号 S。如图 6.5 所示,将 NP 和 VP 合并为 S,表示一个名词短语和一个动词短语可以组成一个句子,从终结符逐渐向上合并,按照产生式 S→NP VP,完成了句法树的构建。自底向上的解析算法有移进–归约和 CYK(Coke-Younger-Kasami)分析方法。CYK 根据自底向上过程中符号的转移情况构建矩阵,使用矩阵进行解析和句法树的构造。

自底向上与自顶向下结合的方法旨在综合利用两种方法的优势,提高解析的效率。但上下文无关文法由于并未考虑词汇之间的上下文信息,使用产生式规则难以前后对照,以及缺乏语义信息等,存在着难以区分处理歧义结构的显著缺点。因此在上下文无关文法的基础上,衍生出了概率上下文无关文法。

(2) 基于概率统计的句法分析方法　概率上下文无关文法(probabilistic context-free grammar,PCFG)在 CFG 方法的基础上引入了概率因素,为每个生成规则附加一个概率值。PCFG 的主要任务是对句法分析树消歧和求最佳分析树。PCFG 的组成部分只是在 CFG 的基础上添加了产生式的概率:

对任意产生式 $r \in \mathrm{R}$,其概率为 $P(r)$,并且概率之间存在关系 $\sum_{r \in \mathrm{R}(X \to Y)} P(r) = 1$,表示从非终结符 X 生成符号集合 Y 过程中的全部产生式集合 $\mathrm{R}(X \to Y)$,概率之和为 1。

以“矿区生态治理取得显著成效”为例,句子中使用的产生式集 R 对应的概率如图 6.9 所示。

S→NP VP，1.00	NP→Adj N，0.30
NP→N N，0.70	VP→Adv V，0.20
VP→V Adv，0.10	VP→VP N，0.20
VP→V NP，0.50	Adv→显著，1.00
Adj→显著，1.00	V→取得，1.00
N→矿区，0.40	N→生态治理，0.20
N→成效，0.40	

图 6.9 产生式集对应的概率表

根据重写规则进行概率计算，生成树如图 6.10 所示。

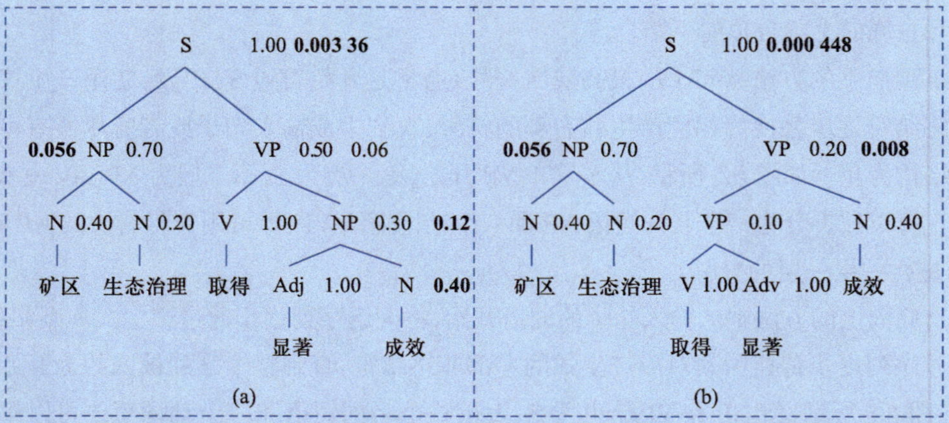

图 6.10 PCFG 生成树

图 6.10（a）的计算过程也可表示为如下等式：

$$
\begin{aligned}
P(\mathrm{S}) &= P(\mathrm{S}\rightarrow\mathrm{NP\ VP})\times P(\mathrm{NP}\rightarrow\mathrm{N\ N})\times P(\mathrm{N}\rightarrow\text{矿区})\times P(\mathrm{N}\rightarrow\text{生态治理})\times \\
&\quad P(\mathrm{VP}\rightarrow\mathrm{V\ NP})\times P(\mathrm{V}\rightarrow\text{取得})\times P(\mathrm{NP}\rightarrow\mathrm{Adj\ N})\times P(\mathrm{Adj}\rightarrow\text{卓著})\times \\
&\quad P(\mathrm{N}\rightarrow\text{成效}) \\
&=1.00\times 0.70\times 0.40\times 0.20\times 0.50\times 1.00\times 0.30\times 1.00\times 0.40 \\
&=0.003\ 36
\end{aligned}
$$

类似地，可以得到图 6.10（b）的结果为 0.000 448，（a）计算出的概率明显大于（b）的概率，因此选择（a）对应的句法树作为最后的结果。

通过这样计算概率的方式，就可以对解析得到的多个句法树进行对比排序，从而达到消歧或求得最优树的目的。

（3）基于机器学习的句法分析方法　基于机器学习的句法分析主要仍是利用 PCFG 算法分析句子，在此基础上，通过大量的语料输入结合各种机器学习模型，可以构建更为精细的模型来帮助提升概率上下文无关文法的准确度和效果。如可以使用基于张量分解的 PCFG 参数化形式，允许使用更丰富的符号集；利用双词汇化 PCFG 进行依存句法和成分句法分析等改进方法。

3. 依存句法分析

目前依存句法分析自动化的主流方法是在大规模训练语料库的基础上，采用机器学习模型构建依存句法分析器。由数据驱动的依存句法分析方法主要有两种：基于图的依存句法分析方法和基于转移的依存句法分析方法。

（1）基于图的依存句法分析方法　自动化实现依存句法分析的任务是，使机器学习模型通过训练数据集学习到句子的成分单元之间是否存在依存关系，甚至进一步判断依存关系的类型。这种类型的任务非常适合转化为图结构，将依存关系转化为图结构中的边，将成分单元作为节点。

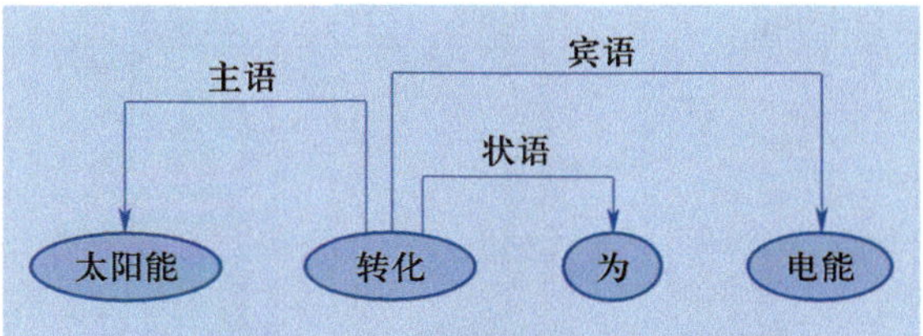

图 6.11　依存树有向图二

除此之外，依存句法形成的图由于依存句法关系的独特逻辑具有以下特点：如图 6.11 所示，依存树形成的有向图的节点需要包括句子中的所有词，并且整个图应当是连通图；依存树最多只能有一个根节点，每个从属词的中心词有且只能有一个，由于依存句法形成的有向图，边的方向从“中心词”指向“依赖于中心词的词”，即从“父”指向“子”，这意味着入度为 0 的节点仅有一个根节点，其他节点的入度均为 1；依存图内不能包含环形结构。

（2）基于转移的依存句法分析方法　基于转移的依存句法分析方法将依存树的形成过程建模为一个动作序列，将依存句法分析问题转化为寻找最优动作序列的问题。

基于转移的决策式分析概率方法基本思想是：模仿人的认知过程，按照特定方向每次只读入一个词，并根据当前状态做出决策，一旦决策做出，将不再改变。这个过程仿照人类从左到右的阅读顺序，不断地读入词汇，每读入一个词汇便根据该词汇的依存关系确定下一步的动作，逐个读入并最终“拼装”成句法树。

为了理解这种方式，先介绍另一种依存句法的表示方式，将图 6.11 转化为表 6.1。

表 6.1　依存句法树列表

	太阳能	转化	为	电能
序号	1	2	3	4
依存关系	2，主语	0，root	2，状语	2，宾语
三元组	（2，1，主语）	（-1，2，root）	（2，3，状语）	（2，4，宾语）

“太阳能” 对应的 “2,主语” 表示 “中心词的序号,与中心词的依存关系”,也可以认为是 “子” 节点和 “父” 节点的关系,表示为构建依存树的转移过程如表 6.2 所示。

表 6.2 构建依存句法树转移过程

步骤	栈	队列	下一个动作	依存关系(父,子,关系)
1	无	1,2,3,4	移入	无
2	1	2,3,4	移入	无
3	1,2	3,4	左弧	(2,1,主语)
4	2	3,4	移入	(2,1,主语)
5	2,3	4	移入	(2,1,主语)
6	2,3,4	无	右弧	(2,1,主语)
7	2,3	无	右弧	(2,1,主语) (2,4,宾语)
8	2	无	弹出 root	(2,1,主语) (2,4,宾语) (2,3,状语)
9	无	无	无动作	(2,1,主语) (2,4,宾语) (2,3,状语) (-1,2,root)

整体顺序是从左向右阅读移入栈中,进入栈的词语在栈里找匹配的依存关系。如果找到就会存入依存关系,并且根据 “父子” 的左右关系,把 “子” 从栈中移出, “左弧” 可以认为右边的 “父” 指向左边的 “子” 并把左边的 “子” 顶出。但是在步骤 5 中,虽然词语 2 和词语 3 之间存在依存关系,但若把 “子” 顶出,需要对最后进入的词语 3 进行 “右弧” 操作。观察队列中依然有词语在等待,为了避免等待的词语中有 “子” 词语 3 的 “子”,先不将需要右弧操作的词语 3 移出,而是先进行移入操作避免队列中的词语进入栈时,其 “父” 词语已经被顶出。最后其他词语都出栈了,只剩下一个词语在栈中,队列也为空,就可以将 root 词语移出了。

6.3 文本向量化

文本向量化是自然语言处理中的一个关键步骤,旨在将文本数据转换为机器学习算法能够处理的数值形式。文本向量化方法可以分为传统方法和深度学习方法两大类:传统方法包括 One Hot、TF-IDF 等模型,深度学习方法包括 Word2vec 等模型。

6.3.1 One Hot

One Hot 编码，也称为独热编码或一位有效编码，是一种简单并且常用的文本向量化方式。该方法之所以称为 One Hot，是因为在用于编码的 N 个二进制位中，在任意一个时刻，仅有一个二进制位的值有效，即只能有一个 1(hot)。如果情况相反，只有一个 0，则称为 One Cold 方法。下面以一个简单的例子来介绍这种编码方式。

例如，给定以下两句话：

“助力新能源下乡”

“推进乡村振兴”

Q 是全体词汇集合，可以建立一个词汇表，如表 6.3 所示。

表 6.3 词 汇 表

Word	Index	Word	Index
助力	0	推进	3
新能源	1	乡村	4
下乡	2	振兴	5

每个词汇的 One Hot 编码获取步骤如下：

第一步：建立一个长度为 $|V|$（代表词汇表总长度）的全零向量。

第二步：将每个词汇在词汇表对应的 Index 维度设置为 1，其余元素保持不变，就能得到最终的 One Hot 向量。仍以上述例子为例，每个词汇所对应的 One Hot 编码，如表 6.4 所示。

表 6.4 One Hot 编码表

Word	Index	One Hot
助力	0	(1,0,0,0,0,0)
新能源	1	(0,1,0,0,0,0)
下乡	2	(0,0,1,0,0,0)
推进	3	(0,0,0,1,0,0)
乡村	4	(0,0,0,0,1,0)
振兴	5	(0,0,0,0,0,1)

得到了每个词汇的 One Hot 编码之后，计算机就可以识别和处理这些词汇。

One Hot 编码方法将文本的每个词汇表示为唯一位置的二进制向量，可以提供清晰的词汇表示，具有简单易于实现的优势。但同时，该方法存在以下缺点：

（1）对于大规模文本数据，词汇表中词汇数量庞大，将导致维度灾难，需要巨大的计算和存储成本。

（2）得到的文本向量高度稀疏，在内存和计算方面的效率较低。

（3）由于每个词汇都是独立表示的，One Hot 编码无法捕捉词汇之间的相似度。

6.3.2 TF-IDF

TF-IDF 是一种在文本挖掘中常用的向量化方法，通过结合词频（term frequency，TF）和逆文档频率（inverse document frequency，IDF）衡量词语在文档中的重要性。基本思想是，如果一个词在某篇文档中出现频繁，但在其他文档中很少出现，那么这个词对该文档具有较高的重要性。

简单来说，TF-IDF 就是一个评估词语重要性的指标，是对词频分析的升级和改进。在词频分析中，通常简单地认为词频越高的词语越重要。但是，如“我”“的”“是”这类无意义的词语，无论词频多高，均不应被视为重要词语，因为这些词语几乎出现在每篇文章中。而有些词语仅出现在某篇文章中，十分具有代表性。TF-IDF 方法能够很好地解决词频分析存在的上述问题。其中，TF 指某词语在某篇文档中出现的频率。TF 和 IDF 的计算过程如式（6.2）—式（6.4）所示。TF-IDF 的数值越大，表示词语越重要。

$$\mathrm{TF\text{-}IDF}=\mathrm{TF}\times\mathrm{IDF} \tag{6.2}$$

$$\mathrm{TF}=\frac{n}{N} \tag{6.3}$$

式中：n 表示词语在某个文档中出现的频次，N 表示该文档的词语总数。

$$\mathrm{IDF}=\lg\frac{D}{d} \tag{6.4}$$

式中：D 表示文档总数，d 表示包含该词语的文档总数。

显然，一个词语出现在越多的文档里，IDF 的值就会越小，出现在越少的文档里，IDF 的值就越大。为了避免分母为 0，通常会对 IDF 计算公式中的 d 加 1，即由式（6.4）变为式（6.5）。

$$\mathrm{IDF}=\lg\frac{D}{d+1} \tag{6.5}$$

下面通过一个实例讲解计算 TF-IDF 的具体过程：

假设共有 10 篇文章，其中一篇文章包含 1 000 个词语，词语“能源”出现了 20 次，词语“低碳”出现了 5 次。并且词语“能源”在所有文档中均出现过，而词语“低碳”仅在 2 篇文章中出现过。计算这 2 个词语在这篇文章中的 TF-IDF。

对于词语“能源”：

$$\mathrm{TF}=\frac{n}{N}=\frac{20}{1\ 000}=0.02$$

$$\mathrm{IDF}=\lg\frac{D}{d+1}=\lg\frac{10}{10+1}=-0.041\ 4$$

$$\mathrm{TFIDF}=0.02\times(-0.041\ 4)=-8.28\times10^{-4}$$

对于词语“低碳”:

$$\mathrm{TF}=\frac{n}{N}=\frac{5}{1\ 000}=0.005$$

$$\mathrm{IDF}=\lg\frac{D}{d+1}=\lg\frac{10}{2+1}=0.522\ 9$$

$$\mathrm{TFIDF}=0.005\times0.522\ 9=2.61\times10^{-3}$$

6.3.3 Word2Vec

Word2Vec 是一种基于神经网络的词嵌入方法,通过神经网络模型从大量的文本语料中学习词汇的表示,可以将不同词汇映射到同一个低维的连续向量空间中。该方法假设在文本中离得越近的词汇,其语义相似度越高。Word2Vec 主要有两种模型架构:Skip-Gram 和 Continuous Bag of Words(CBOW)。Skip-gram 基于给定的中心词汇来预测上下文词汇。与之相反,CBOW 基于给定的上下文词汇预测中心词汇。相比而言,CBOW 模型的训练速度快,计算效率高,适合于处理大量文本数据,而 Skip-Gram 模型能够生成高质量词向量,尤其是对于稀有词汇的表示也有较好的效果。

上下文词是一个宽泛的概念,在实际模型构建中,需要定义一个窗口大小,指定每个中心词周围哪些词是上下文词。图 6.12 展示了一个实例,对于给定句“中国新能源汽车具有广阔的发展前景”,当窗口为 2 的时候,中心词是“中国”,上下文词就是“新能源”和“汽车”。当中心词是“汽车”时,上下文词是“中国”“新能源”“具有”和“广阔”。

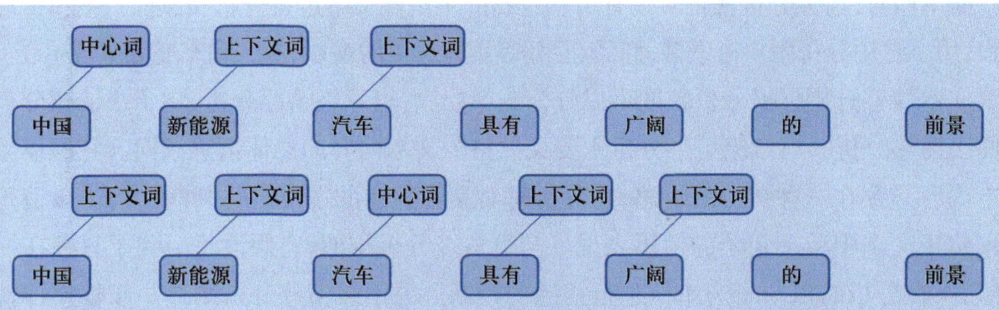

图 6.12 上下文词实例

接着让模型学习词向量,基于学习到的词向量,可以在给定上下文词预测中心词时取得概率最大化的效果。通过训练,每个词语都会被赋予一个向量表示,即词向量。这些词向量隐含着词之间的语义关系，相似的词在向量空间中的距离比较接近。

词向量将词语表示为一串数字，但这些完全量化的数字难以直接理解，也就难以观测其表示效果的优劣。为此，一方面，可以通过查找与某些特定词语相关度比较高的词语，判断词语的表示是否与预期相似，另一方面，还可以进行可视化和类比实验。如果发现文本表示的效果较差，则需要进行模型优化。

但 Word2Vec 存在以下缺点：

（1）依赖于大量的高质量文本数据进行模型训练，数据不足时可能导致嵌入的文本向量的质量较差。

（2）未考虑一词多义。因为该方法的每个词语和单个词向量之间是一一对应的关系，无法根据语义来动态调整词向量。

（3）使用固定长度的窗口捕捉词汇的上下文信息，窗口长度的限制导致模型只能捕捉到局部的上下文信息，忽略了全局的语境。

6.4 情感分析

6.4.1 情感分析概述

近年来，随着深度学习的发展以及文本数据的可获取性不断提升，情感分析在文本挖掘领域中变得越来越重要。目前，情感分析方法已被广泛应用于预测电影票房、股票趋势、舆情分析、改进服务和产品，以及了解用户的体验等方面。情感分析（sentiment analysis）又称为意见挖掘，是文本数据挖掘领域中的一项重要技术，旨在从文本数据中提取和分析情感信息。简单而言，情感分析就是对带有情感色彩的主观性文本进行分析、处理、归纳和推理的过程，用于自动分析用户对事件、商品、服务等实体对象的观点、看法和态度等主观感受。

文本情感分析根据分析粒度可以分为三个层次：篇章级情感分析、句子级情感分析和方面级情感分析。篇章级情感分析主要关注整个文本内容的总体情感倾向。它假设整个文本内容只存在一种统一的情感，在分析时对文本整体的情况进行判断。句子级情感分析聚焦于文本中单个句子的情感表现。与篇章级分析类似，它假设每个句子只存在一种情感，并在分析时以句子为单位进行情感的判断。方面级情感分析则进一步根据评价内容，识别具体的评价对象或评价对象的具体方面，分析针对这些具体对象（方面）的情感分别是怎样的。这三个层次从粗粒度到细粒度依次递进，文本情感分析的复杂性也随之增加。尤其在方面级情感分析中，不仅要对显式的语言表达结构进行分析，还要结合文本的上下文，对隐式的语义表达进行深层理解，实现准确、高效的情感分析，这也给自然语言处理技术的发展带来了新的挑战。

6.4.2 情感分析方法

常用的情感分析方法主要包括:基于情感词典的情感分析和基于机器学习的情感分析。

1. 基于情感词典的情感分析

基于情感词典的文本情感分析是一种利用预定义的情感词典对文本进行情感分析的方法。通过将文本中的词汇与情感词典中的词条进行匹配,识别出文本中包含的情感词,并根据这些情感词的极性(如正向、负向、中性)和强度,对整个文本的情感倾向进行分析和判断。情感词典是标注了反映情感倾向的词汇或短语的集合,即情感词的集合,每个情感词通常对应着词性、情感极性以及情感强度等属性。

基于词典的情感分析的主要流程如图 6.13 所示,包括文本分词、去停用词、基于情感词典匹配情感词、匹配情感词的前缀程度副词、匹配情感词的前缀否定词和计算综合情感得分。

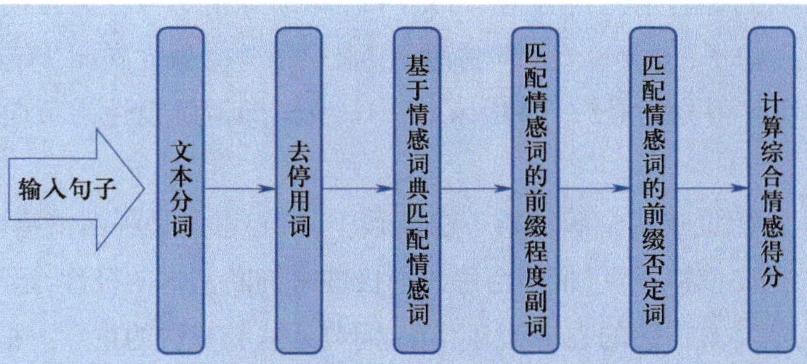

图 6.13 基于感情词典的情感分析的主要流程

下面结合一个实例,对基于词典的情感分析的流程进行详细介绍。

给定两个句子:

"我非常热爱能源大数据相关的课程。"

"他有点不喜欢纯理论课程。"

假设情感词典为

动词:正向{"热爱":2,"喜欢":1}

副词:{"非常":1.5,"有点":0.5}

第一步,对目标句子进行分词,分别得到"我/非常/热爱/能源大数据/相关/的/课程/。"和"他/有点/不/喜欢/纯理论/课程/。"。

第二步,使用停用词典,对分词后的句子去除停用词。此处认为"我""他""的"

和“。”是停用词，由此得到处理后的句子“非常/热爱/能源大数据/相关/课程”和“有点/不/喜欢/纯理论/课程”。

第三步，基于情感词典匹配情感词。基于情感词典，从上一步得到的文本句中查找所包含的情感词，并记录情感词的极性及其在句子中的位置。在第一个句子中，匹配到正向情感词“热爱”，情感强度分数为 +2；在第二个句子中，匹配到正向情感词“喜欢”，情感强度分数为 +1。

第四步，匹配情感词的前缀程度副词。根据上一步匹配到的情感词，进一步从句子中该情感词位置之前的词中匹配程度副词，主要包括用于加强情感的程度副词，例如“非常”“极其”“极度”及“十分”等，和减弱情感的程度副词，例如“略”“略微”“有点”及“稍微”。对于第一个句子，匹配到修饰“热爱”的程度副词“非常”，情感强度权重为 1.5；对于第二个句子，匹配到修饰“喜欢”的程度副词“有点”，情感强度权重为 0.5。

第五步，匹配情感词的前缀否定词。其中的否定词，例如“不”“不是”“不能”“没有”及“并非”等。对于第一个句子，未匹配到否定词；对于第二个句子，匹配到情感词“喜欢”的否定词“不”，因此该句情感词“喜欢”的情感强度分数需要反转为 –1。

第六步，计算综合情感得分。对于第一个句子，包含一个正向情感词“热爱”，一个程度副词“非常”，因此综合情感得分为 $1.5\times(+2)=+3$，即情感极性为正向，情感强度得分为 3。对于第二个句子，包含一个正向情感词“喜欢”，一个程度副词“有点”，一个否定词“不”，因此综合情感得分为 $0.5\times(+1)\times(-1)=-0.5$，即情感极性为负向，情感强度得分为 0.5。

在上述基于情感词典的情感分析方法流程中，核心思想是利用情感词典作为判断和评价文本情感的主要依据，可以根据情感词的极性来判断文本的极性，还可以根据情感词的情感强度来判断文本情感的强度，因此情感词典是这类算法的重点。根据应用范围，情感词典可以分为通用情感词典和领域情感词典。其中，通用情感词典广泛适用于各种一般性的文本情感分析，而领域情感词典是专门针对特定领域或行业的情感词典，通常需要设计相应的判断规则专门进行构建与扩充。但情感词典的构建是一个复杂的过程，受到人工标注情感极性的主观性影响，同一词语在不同的词典中可能表现出不同的极性。选择不同情感词典和设计不同规则进行词典扩充，都可能导致情感分析结果的差异。

基于情感词典的情感分析方法具有实现简单、高效、可解释性强和无须大规模标注数据等优势。但同时也存在着受限于情感词典的质量以及覆盖性，难以处理复杂句法结构，以及对语境下的隐含情感识别困难等缺点。

2. 基于机器学习的情感分析

在情感分析中，文本情感极性判断任务实际上属于分类问题，可采用文本分类方法实现。基于机器学习的文本情感分析方法，采用机器学习算法训练分类模型，从已标注的数据中学习文本与情感之间的关系，进而使用训练好的模型预测未标注数据的情感极性。

情感极性通常可以分为正向和负向两类，或者增加中性类别。其中正向表示积极、高兴等情绪，负向则表示消极、悲观等情绪。例如，某电商平台中某品牌汽车的三条用户评论如下：

（1）“新能源汽车从2021年到今年，增长的速率都是倍增。而且随着国家退坡还能够实现倍增说明汽车市场已经被充分地激活。随着基础设施的不断完善。留给燃油汽车的空间会越来越小。资本市场是喜欢新鲜事物的。新能源很符合中国的发展趋势。”

（2）“电车的确省钱，省的钱刚好够三年后换电池。”

（3）“电车只省油，不省钱。”

其中，评论（1）的情感极性为正向，评论（2）（3）的情感极性为负向。

基于机器学习的情感分析方法的主要流程包括：数据集获取与预处理、文本表示、分类模型训练、模型预测与评估、模型优化与提升。

第一步，数据集获取与预处理。根据拟进行情感分析的对象，从相应的网站获取文本数据，通常是社交媒体、电商平台等。为了后续的模型训练，需要对获取的数据进行情感极性标注，常见的标注方式包括人工标注和半自动标注。在此基础上，采用前文介绍的文本清洗、文本标准化、分词和去停用词等操作对文本数据进行预处理，并将处理后的数据划分为训练集与测试集。

第二步，文本表示。采用前文介绍的One Hot、TF-IDF或Word2Vec等文本向量化方法，将预处理后的每一条文本数据转化为计算机能够处理的数值特征。

第三步，分类模型训练。采用合适的机器学习分类模型，使用训练集数据进行模型训练，使模型自动学习文本数据与标注的情感极性标签之间的关系。常用的分类模型主要分为三类，包括传统机器学习分类方法，如朴素贝叶斯、支持向量机、逻辑回归与决策树等；深度学习分类方法，如卷积神经网络、循环神经网络、长短期记忆网络与门控循环单元等；集成方法，如通过AdaBoost、Bagging、Stacking集成学习方法构建的模型等。

第四步，模型预测与评估。采用训练好的分类模型，对测试集的文本数据进行情感极性预测，并使用准确率、精确率、召回率、F1分数等指标评估模型的性能。

第五步，模型优化与提升。为了进一步提升模型的情感极性分类性能，避免过拟合或欠拟合问题，采用交叉验证、网格搜索等方法优化模型参数。此外，情感极性分类的效果还取决于训练数据的情感极性标注的质量。

本章习题

1. 中文文本预处理常见的步骤有哪些？作用分别是什么？

2. 已有词典如下：

研 究 生 物 能 源 学 对 新 发 展 很 有 意 义

研究 生物 能源 发展 意义 研究生 能源学 新能源

对于句子“研究生物能源学对新能源发展很有意义。”使用双向最大匹配法找出最佳分词结果，并解释原因。

3. 已有词汇表：“降 低 碳 排 放 量 降低 低碳 排放 碳排放 排放量”，已知二元语法概率：P(碳 | 降低) = 0.026 3，P(排放 | 低) = 0.204 1，P(碳排放 | 低) = 0.367 3，P(碳排放 | 降低) = 0.289 5，P(排放量 | 碳) = 0.478 3，P(量 | 碳排放) = 0.010 5。求出“降低碳排放量”的最佳切分方式。

4. 已知概率上下文无关文法的产生式与对应概率如下：

S→NP VP，1.00	NP→Adj N，0.40
NP→N N，0.60	VP→Adv V，0.15
VP→V Adv，0.15	VP→VP N，0.10
VP→V NP，0.60	Adv→明显，1.00
Adj→明显，1.00	V→得到，0.50
V→提升，0.50	N→油田，0.40
N→产量，0.40	N→提升，0.20

计算最可能的语法生成树和对应的概率。

5. 假设一个文件夹里一共有10篇文章，其中一篇文章里有1 000个词语，“双碳目标”这个词语出现15次，“碳中和”这个词语出现10次。“双碳目标”这个词语在所有文档中均出现过，“碳中和”这个词语只在其中5篇文档中出现过。计算这两个词语在这篇文章中的TF-IDF。

6. Word2Vec的作用是什么？它训练模型主要使用的两种策略是什么？分别是怎样实现的？

7. 情感分析的层次有哪些？分别是什么意思？

8. 根据以下内容计算句子的情感值。

“我非常热爱技术经济课程，它研究技术领域的经济问题和经济规律。我对那些理论复杂且缺乏实践应用的课程感到厌烦。”

其中已知“热爱”为正面情感词，加1分；“复杂”“缺乏”“厌烦”为负面情感词，分别为1、2、3分；“非常”是程度副词，程度系数为4。

9. 请搜集近期我国能源领域新闻，运用文本挖掘技术对新闻进行分析，包括关键词提取和情感分析等，讨论我国当前的能源领域热点。

参考文献

第7章 知识图谱

实现推理和知识驱动是人工智能从简单的数据模式识别向复杂问题解决转变的关键。知识图谱可以通过结构化的方式表示和组织知识,是实现人工智能知识理解和逻辑推理的关键技术。

本章对知识图谱定义、知识表示与知识图谱建模方法等基础知识进行了系统的介绍,逐步深入地讲解了知识图谱构建的主要内容,主要包括知识图谱架构、知识抽取、知识融合及知识推理的基础任务与主流方法。

本章的教学目的在于使学生能够理解知识图谱的概念与原理,掌握知识图谱的构建流程与不同阶段所使用技术方法的实现细节,熟悉不同方法的应用场景,能够结合实例在实际场景中熟练地使用相应方法进行知识图谱的构建。

7.1 知识图谱基础

互联网的飞速发展和通信技术的不断进步带来了数据的爆炸式增长。互联网的数据激增使得信息筛选变得愈发困难,快速地识别信息和知识成为一项巨大挑战。知识图谱(knowledge graph,KG)能够结构化地表示复杂数据中的知识,实现高效的语义分析和自然语言处理,因此被广泛地应用于信息检索、智能问答和推荐系统等领域。

7.1.1 知识图谱定义

知识图谱是一种基于图结构的知识表示和管理的工具,能够智能、高效地表示和组织知识。知识图谱的核心在于使用“实体-关系-实体”和“实体-属性-属性值”表示实体集合及其相互之间的关系,结构上通常是一张巨大的语义网络图,且节点表示实体或概念,边表示关系。知识图谱的作用是用结构化、符号化的形式描述真实世界中的概念及其相互之间的关系,进而识别发现甚至推断事物之间的关系,形成可计算的模型,并加以应用。

7.1.2 知识表示

知识表示（knowledge representation）是指使用面向计算的形式化、模型化的语言对知识进行描述和表达。知识表示的直接目的是将知识转化为便于计算机存储、计算和利用的形式。

知识表示是人工智能研究领域的重要内容，可以帮助计算机提高程序运行的能力和效率。现有的知识表示方法通常面向具体的研究目标，因此各有优势。并且在人工智能模型构建过程中会用到大量的综合知识，因此各种知识表示方法并不是相互对立的。

本节根据知识的表达逻辑将知识表示方法分为陈述性知识表示和过程性知识表示，并分别介绍每类方法中常见的知识表示方式。

1. 陈述性知识表示

陈述性知识表示主要是描述事物的属性及其相互关系，是描述事实性知识，给出客观事物知识的一种静态知识表示方式。这种知识表示方式围绕着涉及的实体对象，进行有关事实的“陈述”。

常见的陈述性知识表示方法，包括语义网络表示法和框架表示法。

（1）语义网络表示法　语义网络是一种通过有向图表示知识的方式，其中节点表示事物、概念、事件等，节点之间的有向边表示这两个节点之间的语义关系。连接节点的有向边的具体意义取决于表示的知识情况，一般是“主体，谓词，客体”逻辑中的谓词，常见的含义包括属性关系、包含关系、时间关系、位置关系等。语义网络由语义基元构成，语义基元可由“节点 1，边，节点 2”描述，语义网络由若干语义基元及其之间的语义关联组成。语义网络表示法形式简单直接，易于理解，能够表达的语义广泛，表示能力较强。但语义网络中的节点和边的定义没有统一的约束和标准，完全依靠用户自己定义，因此不便于知识共享，并且存在难以区分知识描述与知识实例的问题。

举个例子，对于“我的新能源汽车”，语义网络表示如图 7.1 所示。其中，节点“我的新能源汽车”以上的部分表示“‘我的新能源汽车’是一辆汽车”“汽车是交通工具”“交通工具有型号”。节点“我的新能源汽车”以左的部分表示“‘我的新能源汽车’属于我”“我是一个人”。节点“我的新能源汽车”以右的部分表示“‘我的新能源汽车’的颜色为黑色”。节点“我的新能源汽车”以下的部分表示“‘我的新能源汽车’的购买时间为 2021 年 6 月”。

（2）框架表示法　框架表示法使用特定的框架结构用于描述事物的类别、个体、属性及它们之间的关系等内容，是一种结构化的知识表示方式。框架结构通常拥有“框架–槽–侧面”的层级结构，一个框架由框架名称和若干个槽组成，槽通过槽名和槽值描

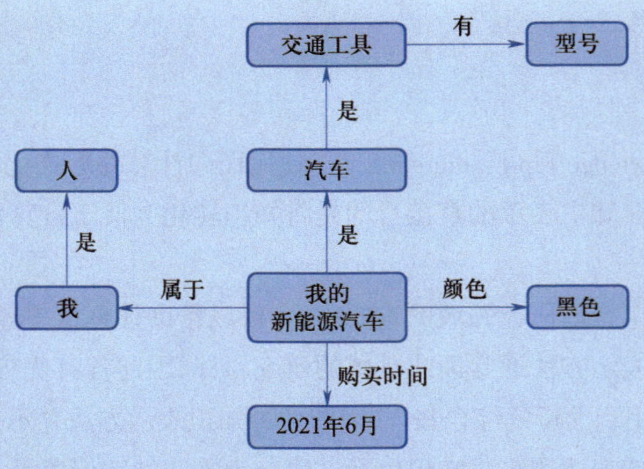

图 7.1 表示“我的新能源汽车”的语义网络表示

述框架的某一方面的属性，槽值可以由若干个侧面组成，进一步表示槽各方面的属性，每一个侧面有对应的取值。此外框架还具有一些约束，用于规范槽值和侧面值的填写。

通过框架表示的知识易于扩展和修改，并且还可以通过继承机制实现知识的共享和重用，具有继承性。此外，框架表示法与人类对事物的认识方式类似，方便理解和解释，具有自然性。但使用框架表示法构建复杂框架的成本比较高，对于知识库的全面性和质量要求较高，并且框架表示法缺乏对于框架之间联系的表示，难以与其他的数据集融合使用。

通过框架表示法表示一个“新能源汽车”的框架示意图，如图 7.2 所示。“新能源汽车”一共有 5 个属性，也就是 5 个槽，包括“生产厂商”“能源类型”“上市时间”“车身尺寸”和“电动机”。

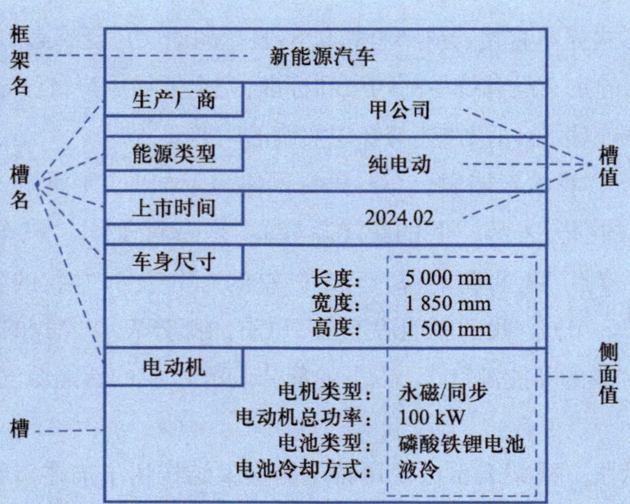

图 7.2 “新能源汽车”的框架示意图

2. 过程性知识表示

过程性知识表示是一种将知识表示与知识推理相结合的动态知识表示方式,用于描述规则性知识和控制结构知识。这种知识表示注重描述如何处理信息以求解问题,通常以产生式表示,即"如果……那么……"的形式。过程性知识表示易于执行,对于知识的推理和运用是必要的,并且知识间的交互性强,但同时模块性差,并且相比于陈述性知识更不易理解。

常见的过程性知识表示方法,包括产生式表示法和基于表示学习的知识表示方法。

(1) 产生式表示法　产生式表示法又称为产生式规则表示法(production rule representation)。产生式通常包括形如"如果……,那么……"的规则,其中"如果……"的部分是规则的条件,"那么……"的部分是执行的动作或可推断的结论。产生式是表达事实、规则及它们之间的不确定性的一种形式,适用于表示事实性知识和规则性知识。产生式的"前提"有时又称为"条件""前提条件""前件"或"左部"等,其"结论"部分有时称为"后件"或"右部"等。产生式表达通常有以下 4 种不同的表示情况。

① 确定性规则的产生式表示。

基本形式是:

$$\text{IF P THEN Q 或者 } P \rightarrow Q$$

其中,P 代表产生式的前提,即规则适用的条件,而 Q 代表一组结论或操作,即当前提 P 满足时,应该得出的结论或执行的操作。因此,整个产生式可以描述为:如果前提 P 被验证为真,则结论 Q 成立或执行 Q 所规定的操作。

例如:

R1:IF 是夏天 AND 是晴天 THEN 电费增加

这就是一个产生式。其中,R1 是该产生式的编号,"是夏天 AND 是晴天"是前提 P,"电费增加"是结论 Q。

② 不确定性规则的产生式表示。

基本形式是

$$\text{IF P THEN Q(置信度)或者 } P \rightarrow Q\text{(置信度)}$$

其中,置信度表示前提 P 被满足时,结论 Q 发生的概率。

例如:

R2:IF 室外温度超过 30℃ THEN 开空调(0.5)

表示如果室外温度超过 30℃,则开空调可能发生的概率是 0.5。

③ 确定性事实的产生式表示。

确定性事实一般用三元组表示:

(对象,属性,值)或者(关系,对象 1,对象 2)

例如：

R3:(某电磁炉,最大功率,2 200 W)

R4:(消耗,某燃气灶,天然气)

其中,R3 表示某电磁炉的最大功率为 2 200 W,R4 表示某燃气灶和天然气之间是某燃气灶消耗天然气的关系。

④ 不确定性事实的产生式表示。

不确定性事实一般用四元组表示：

(对象,属性,值,置信度)或者(关系,对象 1,对象 2,置信度)

例如：

R5:(某电磁炉,最大功率,2 200 W,0.9)

R6:(消耗,某燃气灶,天然气,0.2)

其中,R5 表示某电磁炉的最大功率很可能为 2 200 W,R6 表示某燃气灶不太可能消耗天然气。

(2) 基于表示学习的知识表示方法　表示学习,也称为表征学习(representation learning),主要是利用机器学习方法从数据中自动地学习实体和关系的向量化表达,旨在将描述对象表示为低维稠密向量,以便计算机进行推理和计算。这种表示方式的核心思想是利用对象在空间的相对距离,反映它们之间的语义关系,对象的空间向量距离越近,则表示对象的语义更相似。

TransE 是知识表示翻译模型中最为经典且基础的方法。在 TransE 中,实体和关系被映射到向量空间,实体和关系的表示变成了向量之间的表示。其主要思想是将实体-关系三元组,即(头实体,关系,尾实体)中的关系转化为从头实体向量到尾实体向量的操作过程,将三元组关系转化为向量空间中的向量的过程被称为翻译。

在 TransE 模型中,知识图谱中的每一个三元组(h,r,t)都被表示为 3 个向量 $\vec{h}$、$\vec{r}$ 和 $\vec{t}$,分别对应头实体、关系和尾实体。该模型核心假设是关系向量 $\vec{r}$ 表示从头实体向尾实体的一种平移,因此,在理想情况下,头实体向量 $\vec{h}$ 与关系 $\vec{r}$ 的和应该等于尾实体向量 $\vec{t}$,即 $\vec{h}+\vec{r}=\vec{t}$。这意味着,如果一个三元组在向量空间中满足这一条件,说明三元组(h,r,t)在知识图谱中是成立的。图 7.3 展示了一个三元组通过 TransE 模型形成的空间向量。

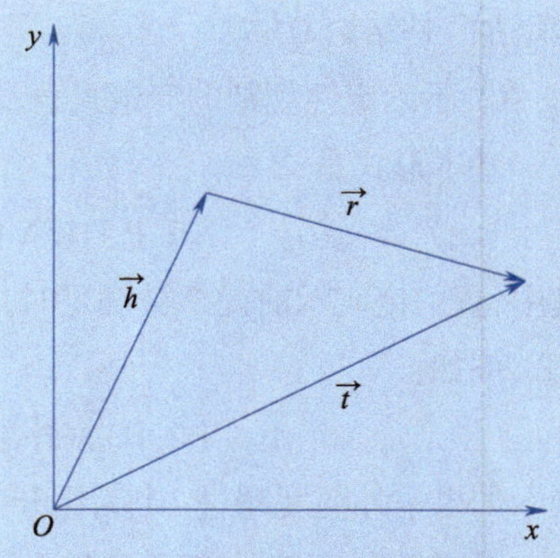

图 7.3　基于表示学习的知识表示经典模型 TransE

需要尽可能地实现 $\vec{h}+\vec{r}=\vec{t}$,也就是头实体与关系的向量和与尾实体向量的距离越小越好,同时可以通过将正确的三元组中的头实体和尾实体进行替换，获得错误的三元组。对于错误的三元组，头实体与关系的向量和与尾实体向量的距离越大越好。基于这样的思想，可以确定 TransE 模型的目标函数：

$$\min \sum_{(h,r,t)\in S} \sum_{(h',r,t')\in S'} [\gamma + d(h+r,t) - d(h'+r,t')]_+ \tag{7.1}$$

式中：S 表示正确的三元组组合，S' 表示错误的三元组组合，γ 表示正负样本之间的间距，是一个常数，$[x]_+$ 表示 $\max(0,x)$，$d(h+r,t)$ 表示头实体与关系的向量和尾实体向量的距离。

在上述目标函数中，$d(h+r,t)$ 通常使用 L1 范数（曼哈顿距离）或 L2 范数（欧几里得距离）计算得到。$d(h+r,t)$ 为一个正样本的得分，$d(h'+r,t')$ 为一个负样本的得分。对于一个向量 $\boldsymbol{v}=(v_1,v_2,\cdots,v_n)$，L1 范数与 L2 范数的计算分别如式（7.2）和式（7.3）所示。

$$\|\boldsymbol{v}\|_1 = \sum_{i=1}^{n} |v_i| \tag{7.2}$$

$$\|\boldsymbol{v}\|_2 = \sum_{i=1}^{n} \sqrt{v_i^2} \tag{7.3}$$

式中：v_i 表示向量 $\boldsymbol{v}$ 在第 i 个维度上的数值。

在上述目标函数中，γ 也称为 margin，即“间隔”或“边距”，是一个预先设定的参数，用于控制模型判断正负样本的最小差距，确保正样本的得分始终高于负样本的得分。γ 越大，对正负样本的差距更为严格，但也有过拟合的风险；γ 越小，模型对正负样本的判断则越为宽松，泛化能力更强，但是可能导致模型无法正确判别和决策边界相近的样本，导致模型的性能下降。

由于 γ、$d(h+r,t)$、$d(h'+r,t')$ 都非负，$[x]_+$ 表示 $\max(0,x)$，为了使 TransE 模型的目标函数最小，需要使 $\gamma+d(h+r,t)-d(h'+r,t')\leqslant 0$，即 $d(h+r,t)\leqslant d(h'+r,t')-\gamma$。

下面通过一个实例介绍采用 TransE 方法进行知识表示的具体步骤。

假设有一个简单的知识图谱，由“（风能，属于，新能源）”和“（太阳能，属于，新能源）”两个三元组构成。其中的实体有“风能”“太阳能”“新能源”，关系有“属于”。

如果需要将实体和关系映射到一个三维的语义空间，TransE 首先会对每一个实体和关系随机初始化一个三维向量，还需要设定间距 γ，这里设定 $\gamma=3$。

第一步，初始化实体向量和关系向量。

风能：[5, −1, 0]

太阳能：[−3, −4, −5]

新能源：[2, −2, 6]

属于：[−2, 7, 2]

第二步，计算两个正样本得分。

正样本：（风能，属于，新能源）得分为

$$d([5,-1,0],[-2,7,2],[2,-2,6])=27$$

正样本:(太阳能,属于,新能源)得分为

$$d([-3,-4,-5],[-2,7,2],[2,-2,6])=51.67$$

第三步,分别计算每个正样本和负样本之间的得分差距。

正样本:(风能,属于,新能源)得分为

$$27$$

负样本:(太阳能,属于,风能)得分为

$$d([-3,-4,-5],[-2,7,2],[5,-1,0])=41.67$$

$$d(h,r,t)-d(h',r,t')=-14.67$$

$$[\gamma+d(h,r,t)-d(h',r,t')]_+=0$$

负样本:(新能源,属于,风能)得分为

$$d([2,-2,6],[-2,7,2],[5,-1,0])=41.67$$

$$d(h,r,t)-d(h',r,t')=-14.67$$

$$[\gamma+d(h,r,t)-d(h',r,t')]_+=0$$

负样本:(新能源,属于,太阳能)得分为

$$d([2,-2,6],[-2,7,2],[-3,-4,-5])=86.33$$

$$d(h,r,t)-d(h',r,t')=-59.33$$

$$[\gamma+d(h,r,t)-d(h',r,t')]_+=0$$

正样本:(太阳能,属于,新能源)得分为

$$51.67$$

负样本:(太阳能,属于,风能)得分为

$$d([-3,-4,-5],[-2,7,2],[5,-1,0])=41.67$$

$$d(h,r,t)-d(h',r,t')=10$$

$$[\gamma+d(h,r,t)-d(h',r,t')]_+=13$$

负样本:(新能源,属于,风能)得分为

$$d([2,-2,6],[-2,7,2],[5,-1,0])=41.67$$

$$d(h,r,t)-d(h',r,t')=10$$

$$[\gamma+d(h,r,t)-d(h',r,t')]_+=13$$

负样本:(新能源,属于,太阳能)得分为

$$d([2,-2,6],[-2,7,2],[-3,-4,-5])=86.33$$

$$d(h,r,t)-d(h',r,t')=-34.66$$

$$[\gamma+d(h,r,t)-d(h',r,t')]_+=0$$

第四步,计算总损失。

$$\sum_{(h,r,t)\in S}\sum_{(h',r,t')\in S'}[\gamma+d(h+r,t)-d(h'+r,t')]_+=26$$

7.1.3 知识图谱建模

将知识进行结构化、符合计算机逻辑的表示后,还需要形成形式化的计算机语言。这一过程需要使用通用的技术和标准,以方便将构建完成的知识图谱投入互联网以供交流和共享使用。目前知识图谱使用的通行标准是由万维网联盟(World Wide Web Consortium,W3C)构建的语义网技术栈。图 7.4 展示了 W3C 语义网技术栈的结构,包括多种技术和标准,如资源描述框架(resource description framework,RDF)、RDF 模式(RDF schema,RDFS)、网络本体语言(web ontology language,OWL)等,并通过这些技术和标准实现描述和表示实体、属性、关系及其之间的结构和语义联系的功能,帮助计算机理解和处理互联网上的内容,以实现更加智能、高效的知识交互。

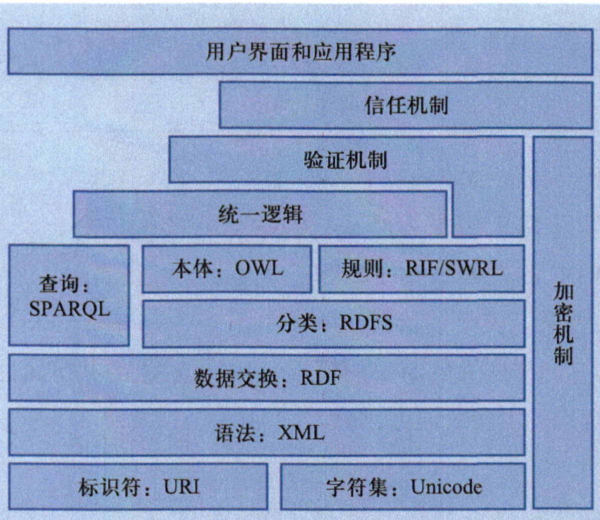

图 7.4 W3C 语义网技术栈的结构

(1)RDF RDF(resource description framework)是一种资源描述语言,提供了用于描述资源、属性及其关系的统一标准,是一种规范表示知识的形式。资源是指在互联网中任何具有标识的信息实体,包括网页、图片、文章等。

RDF 具体由 SPO 三元组(主体,谓词,客体)表示,也可以称为一条语句或一条事实。

这些三元组可以被组织为图状结构,也就是 RDF 图,其中节点表示实体(资源)或属性值,边表示实体之间的关系或实体的属性。

W3C 展示的基础 RDF 语法示例如下:

```
1:<?xml version= “1.0” ?>
2:<rdf:RDF xmlns:rdf= “命名空间”
3:   xmlns:dc= “‘谓词’ 网址” >
4:   <rdf:Description rdf:about= “‘主体’ 网址” >
5:      <dc:title> 网站 </dc:title>
6:   </rdf:Description>
7:</rdf:RDF>
```

RDF 是以 XML 为基础,示例的第 2 行和第 7 行可以清楚地看到“<rdf> … </rdf>”的结构,并在 rdf 结构最前面声明了命名空间,相当于引用了一个第三方库,直接使用库中的元素。“xmlns:rdf”和“xmlns:dc”分别表示带有前缀 rdf 和 dc 的元素来自后续的 url 链接指代的命名空间。“rdf:Description”元素包含了对被“rdf:about”属性标识的资源的描述。“dc:title”即为标题属性。表 7.1 和图 7.5 分别展示了 RDF 实例内容对应的 SPO 三元组的表和图形。

表 7.1　RDF 实例对应的 SPO 三元组表

主体	谓词	客体
“主体”网址	“谓词”网址	网站

(2) RDFS　RDFS(resource description framework schema)是以 RDF 数据为基础的模式语言,在 RDF 的基础表达上定义了类、属性以及关系。类是抽象概念,一个类描述了具有同样属性的对象的模板,定义了对象的共享属性。

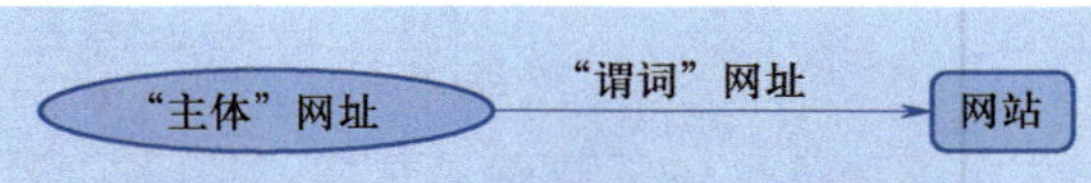

图 7.5　RDF 示例对应的 SPO 三元组图形

这里主要介绍常用的 RDFS 词汇,如表 7.2 所示。

表 7.2　常用的 RDFS 词汇

词汇	含义	词汇	含义
rdfs:Class	定义类	rdfs:subClassOf	类的父类
rdfs:domain	属性属于的类别	rdfs:subProperty	属性的父属性
rdfs:range	属性的取值类型		

(3) OWL　在语义网的发展过程中,人们逐渐发现 RDFS 的表达仍然较为有限,因此提出了 OWL(web ontology language),在 RDFS 的基础上增加了新的预定义词汇,形成

了本体语言。OWL 不仅增强了对抽象和具体的知识的建模能力，还能够进行高效的自动推理。

使用本体构建工具 protégé 构建了一个简单的本体，命名为 OWL-Test 本体，使用工具自带的 OntoGraf 可以进行可视化，生成的图形如图 7.6 所示。

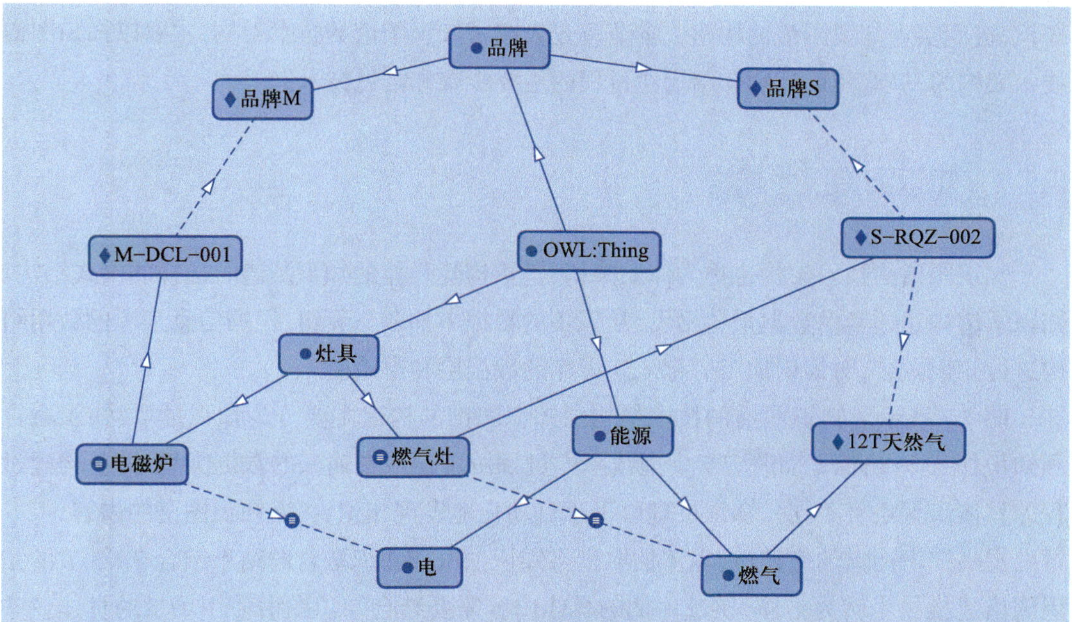

图 7.6　OWL-Test 本体可视化

为了满足不同领域和场景的需求，W3C 的设计人员为 OWL 制定了三种子语言，即 OWL Lite、OWL DL 和 OWL Full，三种子语言的表达能力依次增强。

OWL Lite 表达能力最弱，仅提供了一个分类层次和简单的约束，适用于快速地构建简单的本体。例如，可以使用 OWL Lite 构建一个简单的本体用于描述动物。在这个动物本体中，可以定义“牛”“羊”等作为“动物”的子类，并添加一些类似大小的简单属性。

OWL DL 表达能力较强，不仅可以描述类的层次关系，还具备强大的推理能力，适用于需要推理的场景。例如，可以在具有层次关系和基本属性的动物本体中定义动物之间的捕食关系，这样本体就可以用于描述动物中的食物链。

OWL Full 是表达能力最强的 OWL 子语言，它包括了所有 OWL 结构，并且允许自定义扩充预定义词汇表，实现对于类、属性等各种本体内的关系和约束的扩展。然而由于 OWL Full 允许本体增加预定义的 RDF、OWL 词汇的含义，难以有推理软件能够支持对其所有成分的完全推理，对于一些推理任务难以找到确定的答案，因此适用于细致但是不需要完全自动推理的场景进行精细建模。

7.2 知识图谱构建

对知识图谱的定义和形式等有了基础了解后，可以使用一系列方法从数据源中获取知识，进而实现知识图谱的构建。本节首先介绍了知识图谱的技术架构，主要以知识图谱技术架构为基础，然后分别介绍构建过程的主要步骤和常见技术。

7.2.1 知识图谱技术架构

知识图谱的技术架构也称为体系架构，是指构建具体的知识图谱时选择的模式结构。知识图谱构建通常由数据采集出发，从采集的数据中抽取三元组，根据信息来源的数据结构进行知识融合，对知识加工后存入知识库的数据层和模式层。

图 7.7 展示了知识图谱的技术架构。知识图谱的构建主要分为知识抽取、知识融合和知识加工 3 个阶段，如图 7.7 中虚线框内过程所示。根据输入的数据类型不同，构建过程的具体步骤略有不同。知识推理可用于自动化地发现知识，扩展知识图谱的内容，可以帮助提高知识图谱的完整性，本体抽取指将知识抽取和知识融合的结果结合 7.1.3 节的知识图谱建模技术转为本体，质量评估的具体内容需要结合知识图谱使用场景的具体业务需求确定，因此本节知识加工阶段的技术部分主要聚焦于知识推理部分。

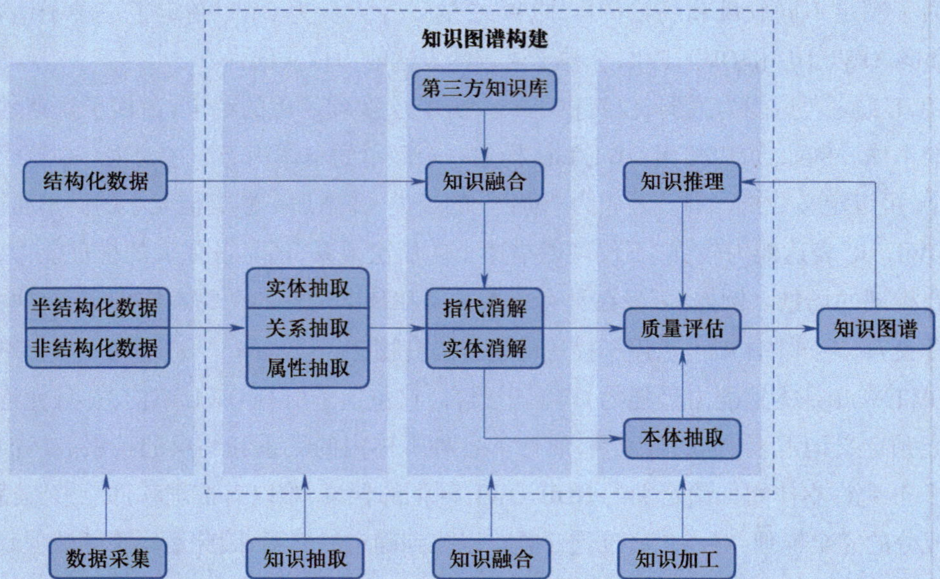

图 7.7 知识图谱的技术架构

图 7.7 中虚线框外面的部分是构建知识图谱的输入和输出。虚线框左边是可以作为知识图谱构建输入的 3 种数据结构，虚线框右边是构建完成的知识图谱。在知识推理过程中若发现新的知识关系或冲突，则需要反馈到知识加工环节进行修正。随着数据的更新和增加，也需要重复知识抽取和知识融合的过程。通过整个过程的循环往复，知识图谱得到不断丰富完善。

数据采集：从含有知识的多方数据源获取数据。三种输入数据结构分别为结构化数据（如关系数据库）、半结构化数据（如 XML）和非结构化数据（如文本、图像）。如图 7.8 所示，百度百科中的基本信息是一种半结构化数据。

中文名	甲烷	水溶性	难（常温常压0.03）
外文名	methane	密　度	0.42(-164℃)（标准情况）0.717g/L
别　名	碳烷	外　观	常温下为无色无气味气体
化学式	CH_4	闪　点	-188 ℃
分子量	16.043	安全性描述	S9；S16；S33
CAS登录号	74-82-8	危险性符号	R12
EINECS登录号	200-812-7	UN危险货物编号	1971
熔　点	-182.5 ℃	分　类	链状脂肪烃（GB/T 37885-2019）
沸　点	-161.5 ℃	发　现	20世纪40年代首次发现空气中存在甲烷

图 7.8 “甲烷”的基本信息（来源：百度百科）

知识抽取：从各类数据中提取出实体、实体之间的相互关系和实体的属性，以此为根据构建本体。结构化数据如关系数据库本身就具有实体和关系相互独立的结构，主要针对半结构化数据和非结构化数据进行信息抽取。

知识抽取：从各类数据中提取出实体、实体之间的相互关系和实体的属性等信息，形成三元组关系，以此为根据构建本体。结构化数据如关系数据库本身就具有实体和关系相互独立的结构，主要针对半结构化数据和非结构化数据进行信息抽取。知识抽取任务通常分为实体抽取、关系抽取和属性抽取。但在计算机操作中，属性抽取与关系抽取使用的技术基本相同，只是具体的抽取任务中使用的具体规则不同，因此知识抽取部分围绕实体抽取和关系抽取展开。

知识融合：获取实体、关系和属性等信息后，需要对来自不同数据源的指示图谱的统一实体进行整合使多方数据互相补充，形成内部细致的知识体系。具体过程中主要通过计算相似度实现相似或相同的实体的识别。

其中，知识抽取和知识融合是从数据源形成系统的知识图谱的主要步骤，通过这两个步骤，能够获得知识图谱的雏形，知识加工能够帮助优化完善知识图谱。图 7.9 展示了从数据源形成知识图谱雏形的过程，知识抽取从各种类型的多源数据中提取实体、关系和属性，知识融合整合不同来源之间的信息，消除冗余和冲突，即可构建一个内部信息统一的知识图谱。

知识抽取任务通常分为实体抽取、关系抽取和属性抽取。

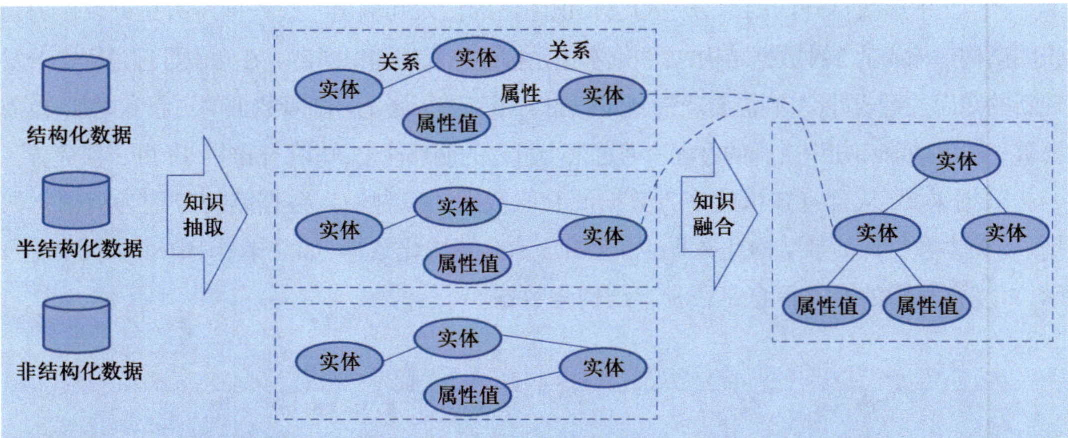

图 7.9 知识抽取和知识融合过程

7.2.2 知识抽取

知识抽取是指从不同来源、不同结构的数据中提取出实体、关系和属性的过程。

识别实体之间的关系和识别实体的属性被视为两种不同的任务,但在计算机操作中,属性抽取与关系抽取使用的技术相同,只是具体的抽取任务中可能使用的规则不尽相同。因此,知识抽取部分围绕实体抽取和关系抽取展开介绍。

1. 实体抽取

实体抽取也称为命名实体识别(named entity recognization,NER),是指从数据中自动识别出命名实体的过程。由于知识图谱中的知识主要由实体-关系三元组构成,并且关系依赖于实体,因此实体抽取的质量直接影响着知识图谱的质量。

命名实体根据用途有两种划分方式:一种将实体分为实体类、时间类和数字类三大类;另一种则将实体分为人名、地名、组织机构名、时间、日期、货币量和百分数七小类。

实体抽取目前主要使用基于规则与词典的方法和基于机器学习的方法。基于规则与词典的方法利用人工制定的实体识别规则和词典,对数据源进行匹配,识别出命名实体并进行标注;基于机器学习的方法利用了语料数据中实体出现的概率情况,使用统计机器学习方法对已完成标注的数据进行学习和训练,并将训练完成的模型应用于实体的识别。在基于统计的方法基础上,还可以结合深度学习模型,关注实体前后的整体信息,获得更丰富的信息来学习实体抽取。

(1)基于规则与词典的实体抽取 基于规则与词典的实体抽取方法首先需要人工构造规则模板和词典,并将其应用于提取实体的工作中。规则模板可以是基于正则表达式的模式匹配,也可以是复杂的语法或语义规则。对于待输入的文本数据还需要进行分词、词性标注等处理，为后续的规则匹配做准备，然后将定义好的规则模板应用于文本数据，进行规则匹配，最后提取出匹配的命名实体。

由于基于规则与词典的实体抽取依赖于人工制定的规则和词典，故可以针对具体需求进行定制，适用于特定领域的实体抽取任务。规则的制定过程可以帮助理解和解释实体抽取的过程。但是由于规则的定义和维护主要依赖人工，面对规模较大或者数据较为复杂的任务，人工成本较大；规则与词典匹配对数据的准确性有一定要求，拼写错误等问题可能导致实体无法被正确抽取。

举个例子，通过制定规则对下面的文字进行简单的实体抽取。

3 月 19日，据中国石化新闻办消息，为推动国内氢能交通产业发展，解决目前制氢加氢一体站建设的标准空白，中国石化联合国内数十家氢能头部企业发布了中国首个《制氢加氢一体站技术指南》团体标准。

目前，中国石化已涵盖了所有分布式制氢主流路线，累计发展加氢站 128 座，成为全球建设和运营加氢站数量最多的企业。

制定的规则：

① 利用正则表达式数字 + “月” + 数字 + “日” 抽取时间实体。

② 定义词典包括“中国石化”“制氢加氢一体站”抽取特殊实体。

③ 引入中国地名词典识别地名实体。

④ 利用正则表达式定义抽取规则识别书名号及其中的文字，抽取文章或书籍实体。

抽取结果：

3 月 19日，据**中国石化**新闻办消息，为推动国内氢能交通产业发展，解决目前**制氢加氢一体站**建设的标准空白，**中国石化**联合国内数十家氢能头部企业发布了**中国**首个**《制氢加氢一体站技术指南》**团体标准。

目前，**中国石化**已涵盖了所有分布式制氢主流路线，累计发展加氢站 128 座，成为全球建设和运营加氢站数量最多的企业。

返回结果：

① 时间实体：[“3 月 19 日”]

② 特殊实体：[“中国石化”，“制氢加氢一体站”，“中国石化”，“中国石化”]

③ 地名实体：[“中国”]

④ 文章或书籍实体：[“《制氢加氢一体站技术指南》”]

（2）基于机器学习的实体抽取　基于机器学习的实体抽取方法利用机器学习方法对语料库进行学习和训练，获取语料文本中的实体概率信息，进而用于识别文本中实体。这种方法的重点在于通过大量的已标注语料数据学习实体的模式和特征，再将这些模式和特征应用于后续文本的实体抽取中。

基于机器学习的实体抽取方法的流程包括：首先准备一个标注好的语料库，对人名、地名等实体及其对应的标签已有标注;其次从语料库中提取与实体提取有关的特征,如词频、词汇等词汇特征,句子关系、依存关系等句法特征等,这些特征和标注信息构成了机器学习算法的训练数据;然后选择合适的机器学习模型对训练数据进行学习训练;最后将训练好的模型应用于新的文本数据,进行实体抽取。

基于机器学习的实体抽取方法的优势在于:第一,依赖于大量的语料库,模型可以自动学习实体的模式和特征,因此适用于多种不同的领域和实体,有较强的适应性。第二,由于基于大量的语料,对于一些拼写错误等也可能识别到,有一定的鲁棒性。第三,随着语料库的不断更新和扩展,以及算法模型的优化,机器学习模型的实体提取效率也可以得到提升,具有一定的可扩展性。然而这种方法也具有局限性:需要大量的前期标注工作,算法的选择也会对实体抽取结果造成较大影响,并且在模型训练和模型完成实体抽取任务的过程中需要大量的计算资源。

2. 关系抽取

关系抽取的目标是识别语料中命名实体之间的语义关系。前面已经介绍了使用实体抽取技术对原始的语料进行命名实体的标注,但为了形成实体–关系的知识结构,还需要抽取命名实体间的关系,将实体连接起来,才能形成完整的知识图谱。

此处继续使用前文实体抽取的实例,进行简单的关系抽取。

3 月 19日,据**中国石化**新闻办消息,为推动国内氢能交通产业发展,解决目前**制氢加氢一体站**建设的标准空白,**中国石化**联合国内数十家氢能头部企业发布了**中国**首个**《制氢加氢一体站技术指南》**团体标准。

在这个例子中,识别出的实体有"3 月 19 日""中国石化""中国"和"《制氢加氢一体站技术指南》",根据语义,这句话还可以构建出几个实体–关系三元组:(中国石化,发布,《制氢加氢一体站技术指南》),(《制氢加氢一体站技术指南》,发布时间,3 月 19 日),从实体到形成三元组,就完成了关系抽取的任务。这些三元组用知识图谱表示如图 7.10 所示。

图 7.10 三元组抽取的知识图谱

关系抽取的技术主要可分为基于规则的关系抽取、基于监督学习的关系抽取和基于弱监督学习的关系抽取。

(1)基于规则的关系抽取 基于规则的关系抽取方法和基于规则的实体抽取方法类

似，需要人工定义规则，然后通过对文本进行匹配，抽取出实体间的关系。

例如，可以定义“A 是一种 B”的规则来提取“属于”的关系。当在文本中发现“太阳能是一种可再生能源”，识别出实体“太阳能”和“可再生能源”后，就可以通过规则确定（太阳能，属于，可再生能源）的三元组。

通过基于规则的关系抽取方法可以准确地进行关系抽取，且不需要预先准备训练数据。但是这种方法难以覆盖全部关系，且人力成本高，需要考虑各种语言现象，再加上规则本身就难以设计，因此需要结合一些自动化方法提高效率。

（2）基于监督学习的关系抽取 基于监督学习的关系抽取方法通过标注部分实体关系形成关系标签，提取出和关系抽取相关的特征，利用机器学习算法学习特征和标签之间的联系，并将其应用于关系抽取。

为了获取关系抽取相关的特征，首先需要获取关系对应的实体特征，同时结合实体位置特征、上下文特征、句法特征等，尽可能地涵盖所有相关特征。标注实体关系则需要人工完成，并且需要注意关系分类之间的逻辑关系。采用机器学习模型进行关系抽取，是指通过 SVM、LSTM 等算法构建分类模型对实体间的关系进行分类，可以直接划分为{无关系，关系 1，关系 2，…}。由于实体间很多都是无关系的，因此也可先利用一个二分类模型进行有无关系的分类，再利用一个关系分类模型对有关系的实体进一步分类，让关系分类模型更好地关注于关系间的差异，不被过多的无关系情况影响。这两种分类方式如图 7.11 所示。

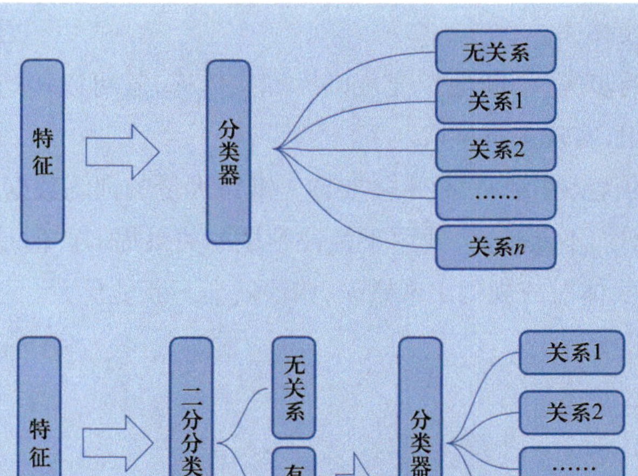

图 7.11 两种基于监督学习的关系抽取

基于监督学习的关系抽取的准确性会随着学习的语料库规模增大而提升，并且可以学习各种领域的语料，完成不同领域、不同类型的关系抽取任务。然而，这种方法也存在以下不足：第一，需要大量的学习语料库，因此标注成本较高。第二，无法自主地扩展，面对与训练数据风格差异较大的文本时，可能存在抽取效果不佳的问题。第三，当需要扩充新的关系类型时，需要进行大量的标注工作，关系难以扩展。

（3）基于弱监督学习的关系抽取 基于规则与词典的关系抽取方法通过人工规定关系提取规则，效率不高，但如果基于规则和词典抽取出了一些三元组，确定了一些实体间的关系，就可以在语料中寻找已知关系的实体对，发现新的规则，利用新的规则再进行关系抽取，Bootstrap 就是这样一种基于弱监督学习的关系抽取算法，其利用算法生成新的规则。

Bootstrap 算法首先需要已知关系的实体库。在这里继续使用前文的（太阳能，属于，可再生能源）作为例子。

① 根据含有已知关系的实体对的句子生成规则。

文本：太阳能是一种可再生能源。

规则：A 是一种 B（属于关系）。

② 将规则加入规则库。

③ 利用规则库搜索其他实体对。

文本：太阳能是一种可再生能源。

实体：太阳能，可再生能源

文本：风能是一种可再生能源。

实体：风能，可再生能源

④ 将实体加入实体库。

然后循环上述的步骤，不断地扩充规则库和实体库，就可以快速地找到语料中具有“属于”关系的三元组，实现关系抽取。

Bootstrap 算法的优势非常明显：不需要预先准备大量的训练数据；规则库和实体库可以随着输入数据的增加不断扩充，适用于各种领域的关系提取。但是它的缺点也比较明显：一旦提取的一个实体对或规则出现错误，错误就会不断地扩大。

7.2.3 知识融合

知识融合是指对来自多种数据源的不同概念、上下文和不同表达等进行融合的过程。其目的是将分散数据中的知识整合成一个统一的知识资源，以提供更优质的知识服务。

举一个简单的例子：当需要整合“电”的概念，首先可能考虑的是有关这个词的实体，如“电灯”“雷电”“电池”等；其次，数据源可能有不同语言，在英文数据源中“电”又被称为“electricity”；此外可能还有多模态数据，需要识别出图像、视频等数据中的“电”等。这样识别出对于现实世界中同一概念的不同表达，或者区分表达相同的不同概念等就是知识融合的目标。

1. 知识融合的任务

知识融合需要解决不同数据源融合带来的各种问题。除了前文例子描述的同一实体的不同名称和同一名称指代不同实体的问题,还可能因为数据源不同而出现分类的粒度不同,例如,“太阳能”在一个数据源中属于“可再生能源”,在另一个数据源中属于“绿色能源”。还可能在属性上有不同的标准,如使用不同的单位表示能量大小。也可能在不同数据源中的属性信息有冲突,需要进行筛选和合并等操作。

知识融合任务主要分为数据层的融合和概念层的融合。

(1)数据层的融合　数据层的融合关注实体和实体属性的融合,以及其中冲突的检测和处理。例如前文中来源于不同数据的“电”实体,可能在实体描述和属性上出现冲突,将其分类为“能源”或“物理现象”,因此需要对这些信息进行筛选和处理,可以分别作为不同属性的属性值,也可以舍弃和当前知识图谱更无关的分类。

(2)概念层的融合　概念层的融合需要根据实体间的概念关系,将概念清晰的实体进一步组织形成一个更统一的知识体系。根据一定的逻辑统一组织概念,完成概念层的融合。使用前文“太阳能”例子,通过合并数据层后,实体“太阳能”的分类和属性已经清晰,但是对于整个知识图谱,仍需要确定“太阳能”是“可再生能源”还是“绿色能源”。如果选择“可再生能源”的分类,那么相应地就会有“不可再生能源”;如果选择“绿色能源”,那相对地就应该有“新能源”等分类。

2. 知识融合的流程

知识融合的流程如图 7.12 所示,主要包括以下五步:

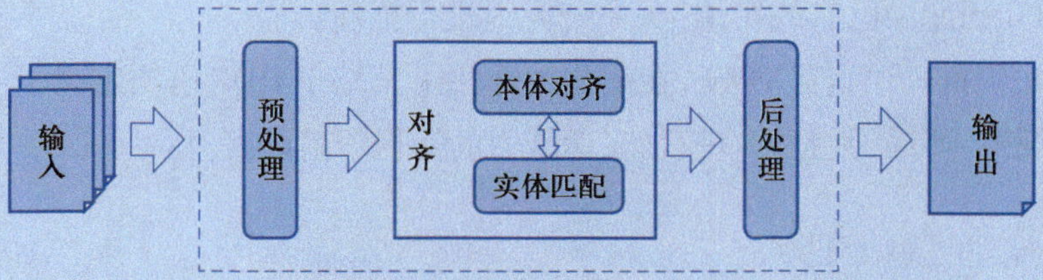

图 7.12　知识融合流程

第一步,输入。将包含实体-关系三元组信息的数据统一为 RDF 数据,作为输入。

第二步,预处理。原始数据的质量会对最终的知识融合结果造成直接的影响。为了能够将不同来源的数据集进行统一处理,首先需要对数据预处理进行规范和归一化。

数据预处理主要包括语法正规化和数据正规化。语法正规化指将同一类型的内容进行格式的统一。例如,对于日期或地址,尤其是英文语料中一些常见的缩写和符号,需要将缩写扩展、大小写统一等。数据正规化则指需要移除文本中的空格和一些特殊符号。

第三步，对齐。即本体对齐任务和实体匹配任务。

本体对齐和实体匹配的目的都是分析知识数据源，最终使在现实世界中概念相同的实体能在知识图谱中实现统一。但是本体对齐主要是针对使用RDF语言表示的知识图谱，进行针对本体结构的统一对齐，本体中的类是用于描述实际概念的元素，因此本体对齐主要针对的就是类的统一。实体匹配则是更为广泛地识别相同或者相似的实体并形成链接，实体匹配通常是在本体对齐的基础上进行的。

本体对齐和实体匹配的依据都是通过计算不同实体记录之间的相似度，形成记录链接。记录指实体在某个数据源中的具体属性信息。记录链接旨在将一个实体不同的记录进行匹配和关联，主要分为属性相似度计算和实体相似度计算。

属性相似度计算是综合2个记录的单个属性相似度形成属性相似度向量，常用的属性相似度计算方法包括距离、集合相似度计算、基于向量的相似度计算等。实体相似度计算是根据属性相似度向量计算得到实体相似度，计算方法主要是聚合、聚类和表示学习。其中聚合方法包括加权平均、人工制定规则、分类器等，聚类方法主要包括基于距离的聚类算法、基于层次的聚类、基于模型的聚类算法，以及基于流行性的聚类算法等。

第四步，后处理。对于从对齐过程中得到的相似度结果进行处理，还需要对知识进行关联和合并、对匹配结果进行抽取和评估，最终形成一个一致的知识图谱。

第五步，输出。将融合完成的知识图谱进行输出和存储。

7.2.4 知识推理

知识推理是指计算机基于知识表示对问题进行分析解答的过程。具体到知识图谱中，就是利用知识库中已有的实体-关系三元组进行推理。

常用的知识推理语言是OWL，在前文中介绍了其基于RDF语法定义了丰富的词汇，是一种比较规范、严谨，并且具有较强表达能力的知识图谱语言。

1. 知识推理的基础任务

知识推理是为了分析解决问题。在知识图谱中，知识推理的基础任务主要可以分为知识补全、知识纠错、推理问答等。

（1）知识补全　经过知识抽取和知识融合构建的知识图谱，通常存在知识不完备的问题，即无法覆盖全部的实体之间的关系。知识补全旨在根据知识图谱中的已有知识，通过算法自动地识别和补全缺失的关系，从而增强知识图谱的完整性和实用性。

下面通过一个实例进行介绍。假设需要使用如图7.6所示的知识图谱，解决“M-DCL-001使用什么能源？”的问题。知识推理算法需要识别出有用的实体关系：“(电磁炉，能源，电)”和“(电磁炉，实例，M-DCL-001)”，即可推理出“(M-DCL-001，能源，电)”的关系。通过知识补全可以增强该知识图谱的完备性，过程如图 7.13 所示。

(2) 知识纠错 通过前述过程构建得到的知识图谱可能存在一些错误知识，这些错误的知识会影响知识图谱的质量，需要通过知识推理发现错误并纠正改进，即知识纠错。

例如，在图 7.6 所示的知识图谱的基础上，若一个“电磁炉”类的实例“M-DCL-001”的关系三元组如图 7.14 所示，该电磁炉实例“M-DCL-001”使用的能源是“天然气”，那么显然与原知识图谱中“(M-DCL-001，能源，电)”的逻辑是相悖的，由此可以通过知识纠错发现知识图谱中的错误。

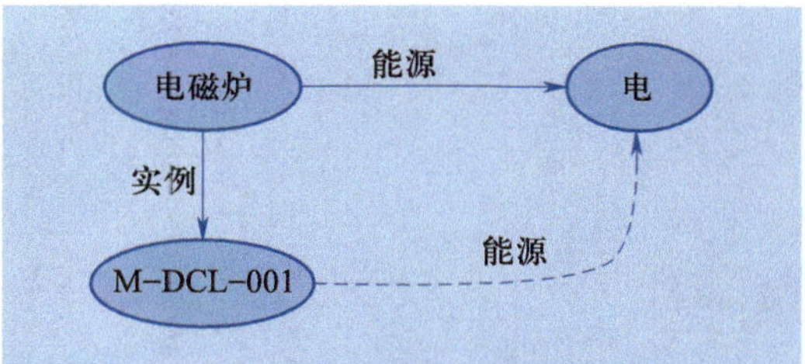

图 7.13 知识补全实例

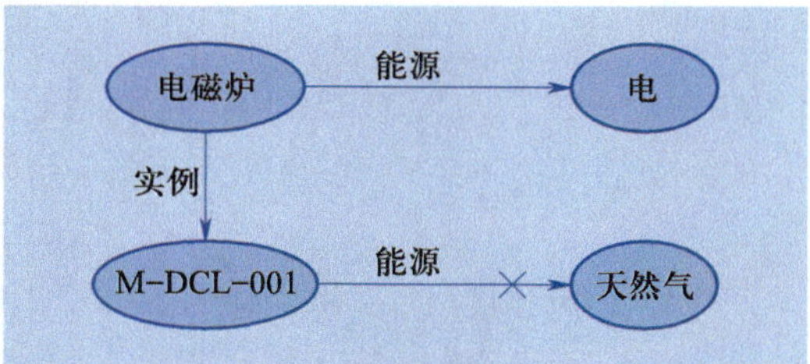

图 7.14 知识纠错示例

(3) 推理问答 基于知识图谱实现推理问答也是知识推理的典型应用场景。基于知识图谱的推理问答可以对信息检索式问答做出补充，通过对知识进行查询、推理等操作，得到答案并返回。

假设有关于某集团汽车产品的知识图谱，如图 7.15 所示。对于问题“某集团最便宜的油电混动汽车是哪一款”，可以通过筛选和对比得知是汽车 B。

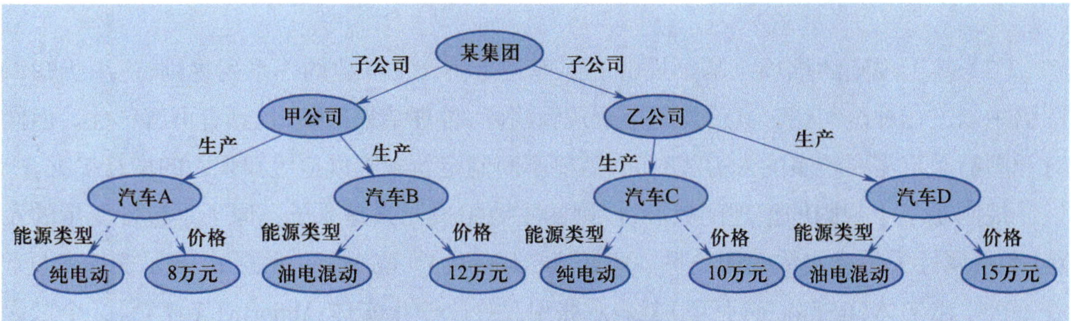

图 7.15 某集团汽车产品的知识图谱

2. 知识推理的主流方法

知识推理的方法主要包括基于本体的推理、基于规则的推理、基于表示学习的推理等方法。

（1）基于本体的推理　在前文的知识图谱建模中，介绍了基于 RDF 语法的 OWL 实例，OWL 的本体内部可以定义若干的关系和公理约束，可以利用本体本身具有的逻辑进行推理。

以 OWL 建模中构建的 OWL-Test 本体为例，如图 7.16 所示。如果想了解“M-DCL-001 使用什么能源？”，由于“M-DCL-001”是“电磁炉”类的实例，“电磁炉”类对应“能源”的对象，在 OWL-Test 本体中对应“电”，因此就可以通过本体内部的逻辑直接推导出“M-DCL-001 用电”的答案了。

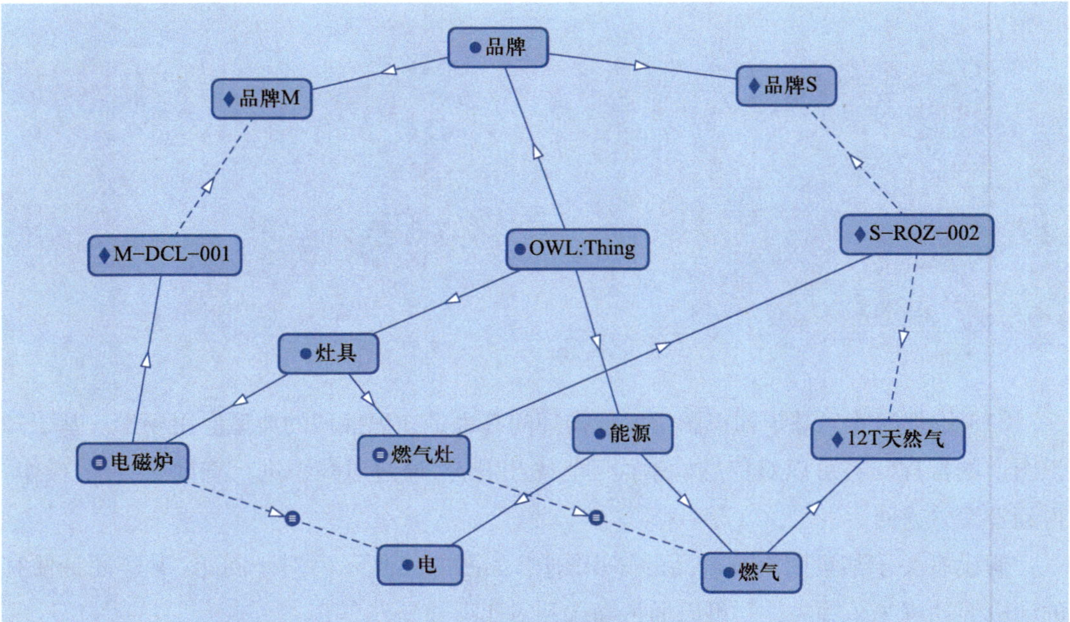

图 7.16　OWL-Test 本体可视化

（2）基于规则的推理　基于规则的推理是指将人工构建的一系列规则，应用于知识图谱中以进行补全纠错。其优点是推理逻辑清晰，推理结果准确，且具有可解释性。但同时规则的制定需要较多的人力和时间，需要不断制定新规则以适应知识库的增长扩大。

规则是基于规则的推理的核心，规则的主要组成元素是原子。原子是包含变量的元组，表示属性关系或实体间的关系。例如，IsStudent（X）是一个一元原子，表示实体变量 X 是一个学生实体，IsStudent（张甲）就表示张甲是一个学生实体；MajorIn（X，Y）是一个二元原子，表示实体变量 X 的专业为实体变量 Y，例如，MajorIn（张甲，能源与动力工程）表示张甲的专业为能源与动力工程。

规则一般包含规则头（head）和规则主体（body），其中规则头由一个二元原子构成，规则主体由一个或多个一元原子或二元原子组成，形式为

$$\text{rule}: \text{head} \leftarrow \text{body}$$

举个例子：

$$\text{IsFatherOf}(X,Y) \leftarrow \text{hasSon}(X,Y) \land \neg\, \text{isFemale}(X)$$

如果 X 有儿子 Y，且 X 不是女性，那么 X 是 Y 的父亲。

规则主体中的原子可以是肯定形式也可以是否定形式。如果规则主体中只包含肯定形式的原子，而无否定形式的原子，则称为霍恩规则。若规则主体中只包含二元原子，所有二元原子头尾相连能形成一个路径，连接规则头的原子中的两个实体，并且整个规则在知识图谱中形成一个闭环结构，则称为路径规则。

霍恩规则：

$$a_0(e_1,e_{n+1}) \leftarrow a_1 \land a_2 \land \cdots \land a_n$$

路径规则：

$$r_0(e_1,e_{n+1}) \leftarrow r_1(e_1,e_2) \land r_2(e_2,e_3) \land \cdots \land r_n(e_n,e_{n+1})$$

举个例子：

$$\text{生产}(X,Z) \leftarrow \text{生产}(X,Y) \land \text{同品牌}(Y,Z)$$

其中，生产关系表示前者是生产后者的公司，这个规则表示如果某产品 Z 同品牌的产品 Y 是由 X 公司生产的，那么产品 Z 也是由 X 公司生产的。这是一个简单的路径规则，同时也是一个霍恩规则。

基于不完备知识库的关联规则挖掘算法（association rule mining under incomplete evidence，AMIE）的目的就是挖掘知识图谱中连通、闭式的霍恩规则。其基本思路是根据规则头挖掘规则体，通过挖掘操作，最终将支持度超过预设阈值的规则保留并用于其他知识的推理中。AMIE 算法的三个挖掘操作包括添加悬挂边、添加实例边和添加闭合边，通过这三个操作可以从一个规则头扩展出一个闭合的路径规则。

通过统计找到的规则未必真正符合现实中的逻辑，但是当这种规则经常有效的时候，就可以将该规则作为推理的依据。同时也需要评估规则的有效性和质量。常见的规则评估指标如表 7.3 所示，其中支持度表示同时满足规则体和规则头的实例个数，是其他指标计算的基础。

表 7.3 常见的规则评估指标及公式

指标	公式
支持度（support）	$\text{support}(\text{rule})$
置信度（confidence）	$\text{confidence}(\text{rule})=\dfrac{\text{support}(\text{rule})}{\#\text{body}(\text{rule})}$
基于部分完全假设的置信度（PCA confidence）	$\text{pcaconf}(\text{rule})=\dfrac{\text{support}(\text{rule})}{\#\text{body}(\text{rule}) \land r_0(x,y')}$
规则头覆盖度（head coverage）	$\text{HC}(\text{rule})=\dfrac{\text{support}(\text{rule})}{\#\text{head}(\text{rule})}$

其中，“#body(rule)”表示满足规则体的实例数量，“#head(rule)”表示满足规则头的实例数量，“#body(rule)$\wedge r_0(x,y')$”表示满足了规则体，并能找出符合规则头的关系，但是对应的变量不正确的实例数目。

（3）基于表示学习的推理　前文介绍了基于表示学习的知识表示方法，这种方法可以将实体和关系映射到向量空间，使语义相似的对象有相近的向量表示。基于表示学习的推理即使用训练好的表示学习模型，直接通过向量的计算进行推导。

TransE 模型作为最经典的表示学习模型，具有概念清晰，易于理解和计算效率高的特点，但是也存在比较明显的不足。对于具有自反性的关系，例如“朋友”中，对“(张甲，朋友，王乙)”和“(王乙，朋友，张甲)”两个三元组进行翻译，会得到“朋友”关系对应的空间关系为零向量；对于一对多或多对一关系，例如“(甲公司，生产，汽车 A)”和“(甲公司，生产，汽车 B)”，在 TransE 构建的向量空间中，两个尾实体是一样的向量，这显然是不合理的。因此在 TransE 模型的基础上，很多改进算法相继提出，包括 TransH、TransR 及 TransD 等模型。

TransH 模型将关系设定为空间内的超平面，通过投影将头实体和尾实体映射到该关系平面上。该方法可以让实体在不同的关系下具有不同的表达，并且在计算上仅添加了一步对于实体向量的映射，因此计算效率也较高。这种方式仍然假设实体和关系处于相同语义空间中，但是一个实体是不同属性的集合，一对实体可能在某些关系中接近，但在另一些关系中距离遥远，因此仅使用一个语义空间难以进行区分。

TransR 模型将实体和关系完全分离，设定实体和关系在不同的空间中，将实体空间中的实体通过变换矩阵映射到某一关系空间中。在每一个关系空间中，使得具有该关系的实体靠近，没有该关系的实体远离。

TransD 模型则是更进一步考虑了一个关系可能具有不同的语义表示，因此设计了对实体和关系都进行映射的动态转移矩阵。TransD 模型使用两个向量对每个实体或关系进行表示，一个向量用于表示语义信息，另一个向量用于构建映射矩阵。

上述基于 TransE 的使用向量空间内的距离转化实体关系的表示学习模型，也称为 Trans 系列模型，得到了广泛的研究与应用。

本章习题

1. 常见的知识表示方式有哪些？分别有什么优缺点？

2. 已知知识图谱中有三元组关系：(石油，属于，燃料)、(天然气，属于，燃料)，为将知识图谱进行嵌入表示，初始化实体和关系向量，得到石油：[6,3,−6]，天然气：[1,10,1]，燃料：[10,14,4]，属于：[−6,2,2]。计算 TransE 模型中，$\gamma=2$ 时，该知识图谱表示的三元组总损失。

3. 知识图谱的逻辑结构是怎样的？分成哪些部分？有什么关系？

4. 基于知识图谱采用的技术架构，知识图谱的构建分为几个阶段？分别有什么作用？

5. 知识推理的基础任务和主流方法有哪些？

6. 请构建一个能源相关领域的知识图谱，探讨知识图谱如何解决能源领域的实际问题。

参考文献

第四篇

大数据与人工智能在能源领域的实践

第8章 天然气需求预测模型

本章将系统性阐述天然气需求预测的基本概念和关键技术，主要包括功能需求、模型构建、模型评估和实验四部分。重点介绍模型构建的过程，主要包括预测因素选取、数据预处理和预测模型及相关算法。最后进行数据集训练和模型评估。

本章的教学目的是帮助学生了解天然气需求预测的理论基础，掌握构建和评估预测模型的关键技术，学会将预测结果应用于实际的能源管理和市场策略中。通过本章的学习，学生将具备分析和解决预测问题的能力。

8.1 功能需求

在“双碳”目标下，能源消费结构正在发生变化，天然气作为优质高效、低碳清洁的能源在一次能源消费中的占比越来越大，已经成为我国重要战略资源。随着节能减排政策及清洁能源战略部署的大力推进，天然气产业进入了高速增长的崭新时期，对国家能源消费结构优化具有重要作用。天然气的广泛使用缓解了环境污染问题，但同时也引发了一系列其他问题。一方面，受政策利好、经济发展等因素驱动，天然气市场需求量飙升；另一方面，受制于天然气供给相对紧缺的局面，天然气供需失衡问题日益凸显，能源安全形势愈发严峻。因此，天然气的发展与使用引起了广泛关注，天然气需求研究成为热点研究问题，天然气需求预测意义重大。

天然气需求预测即基于经济、社会、能源、环境及天然气行业等影响因素历史数据，推测判断天然气需求的未来发展趋势，以制定未来天然气战略，有效缓解天然气供需矛盾。本案例对天然气需求进行系统分析，考虑多种影响因素，基于深度学习的方法构建天然气需求预测模型，以天然气需求短期预测为例，介绍数据预处理方法、深度学习基础理论及其框架。首先，基于历史文献及天然气需求特性确定天然气需求预测模型影响因素及指标，获取权威机构数据；其次，在数据预处理阶段，通过缺失值填充、特征选择等操作提高数据集质量；再次，在模型的构建与训练过程中，使用PyTorch实现卷积神经网络；最后，基于模型训练结果对其进行评估，结果证明模型在天然气预测中准确率较高。

8.2 模 型 构 建

如图 8.1 所示,本案例构建天然气需求预测模型。参考已有文献选取经济、社会、能源、环境及天然气行业 5 个维度的影响因素;对原始数据进行数据预处理,包括缺失值处理、特征选择等;基于 PyTorch 深度学习框架,利用卷积神经网络预测天然气需求,使用均方根误差、平均绝对误差等作为模型评价指标。

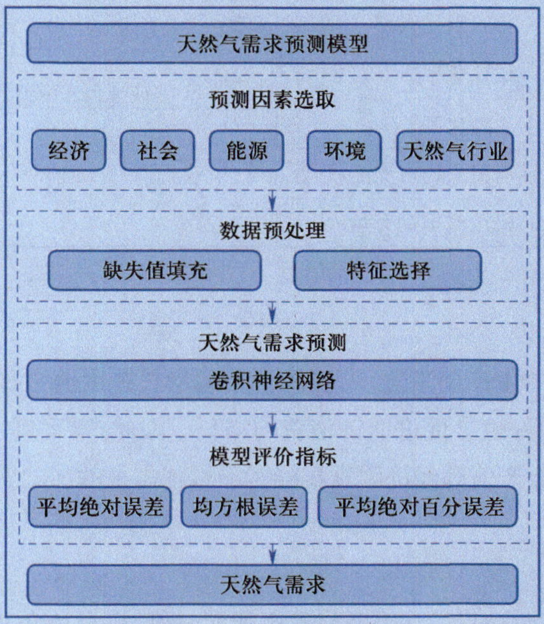

图 8.1 天然气需求预测模型框架

8.2.1 预测因素选取

能源政策、经济发展、人口发展等诸多因素及各因素间动态随机影响的不确定性导致天然气需求难以预测。精准预测天然气需求可以为科学决策提供数据支撑,保障天然气供应安全。因此,分析并挖掘天然气需求影响因素是当前天然气需求预测的关键问题。本案例参考已有文献,结合实际情况,分析影响因素的代表性及影响因素之间的关联性,最终确定考虑经济、社会、能源、环境以及天然气行业 5 个维度进行天然气需求预测,具体影响指标如表 8.1 所示。

表 8.1 天然气需求影响因素

序号	类别	影响因素指标	序号	类别	影响因素指标
1	经济因素	GDP	13	能源因素	能源消费总量
2		第一产业产值	14		石油消费量
3		第二产业产值	15		煤炭消费量
4		第三产业产值	16		电力消费占比
5		工业产值	17		天然气产量
6		第二产业占比	18	环境因素	CO_2 排放量
7		第三产业占比	19	天然气行业因素	城市燃气投入
8	社会因素	年末常住人口	20		城市燃气普及率
9		城镇化率	21		城市天然气用气人口
10		老龄化率	22		城市集中供热面积
11		居民人均可支配收入	23		城市天然气供气管道长度
12		民用汽车拥有量			

1. 经济因素

能源是必不可少的生产要素之一，能源消费的增长速度通常是判断经济形势的重要指标之一，经济形势向好也会促进能源消费的增长。因此，本案例考虑 GDP、第一产业产值、第二产业产值、工业产值等经济因素指标对天然气需求的影响。

2. 社会因素

能源使用经历了柴草时代、化石时代及多能源时代，人类社会文明的发展带动了能源的发展。人口数量增长、城镇化率提高必然会增加天然气需求量。因此，本案例考虑年末常住人口、城镇化率等社会因素指标对天然气需求的影响。

3. 能源因素

目前我国能源市场在生产、运输和销售等业务环节均受到政府的监管。国家通过一系列环保政策对能源结构、能源投资等进行宏观调控，其他能源消费量对天然气需求具有一定影响。因此，本案例考虑能源消费总量、石油消费量、煤炭消费量等能源因素指标对天然气需求的影响。

4. 环境因素

中国力争使二氧化碳排放于 2030 年前达到峰值，于 2060 年前实现碳中和。与其他低碳能源相比,我国天然气大规模稳定供应的基础坚实,是实现低碳化的最优选择。因此,本案例考虑 CO_2 排放量等环境因素指标对天然气需求的影响。

5. 天然气行业因素

天然气行业发展对天然气需求具有重要影响。近年来,天然气行业市场化程度逐渐提高,我国大型油气企业优化重组,实现上下游一体化战略,天然气行业将继续保持稳健发展。因此,本案例考虑城市燃气投入、城市燃气普及率、城市天然气用气人口等天然气行业因素指标对天然气需求的影响。

8.2.2 数据预处理

本案例的数据预处理包括缺失值处理、特征选择两个部分。

1. 缺失值处理

数据缺失是天然气需求预测的常见问题之一。插补法可以保持数据完整性,减少数据偏差,并且易于实现。因此,本案例采用插补法处理缺失值,使用缺失值所在列上下 2 个值的平均值进行填充,以保持数据的完整性和预测模型的准确性。

2. 特征选择

特征选择是天然气需求预测中的一个关键步骤,有利于提高模型性能,减少训练时间。随机森林特征选择无须特征工程,可解释性强,对数据异常值的容忍度高,可以有效避免变量多重共线性问题,并且有利于降低过拟合风险。因此,本案例选择使用随机森林法进行特征选择。特征重要性计算公式如下:

$$X = \sum \frac{err_{\mathrm{OOB2}} - err_{\mathrm{OOB1}}}{N_{\mathrm{tree}}} \tag{8.1}$$

8.2.3 预测模型

深度学习在处理非线性和非结构化数据时具有天然的优势,有利于提高模型泛化能力和预测精度。随着天然气行业数据量的迅速增长,传统预测模型难以准确地预测天然气需求,但深度学习能够有效处理和分析大规模数据集,提高预测的准确性。因此,本案例选择深度学习方法进行天然气需求预测。深度学习主要包括神经网络、循环神经网络、自编码器、强化学习等算法。天然气需求数据具有时间依赖性,卷积神经网络在时间序列预测方面具有优势,并且可以适应不同地区、不同时间尺度的天然气需求预测模型,提供一种灵活的解决方案。因此,本案例选择卷积神经网络进行天然气需求预测。

卷积神经网络包括模型配置和激活函数两个部分。模型配置中的各个层级通过非线性激活函数连接,形成复杂的网络结构,使得 CNN 模型能够学习天然气需求历史数据并预测未来天然气需求变化。

1. 模型配置

卷积神经网络(convolutional neural network,CNN)包括输入层、卷积层、池化层、全连接层和输出层 5 个部分。通过调整这些层的参数和结构,可以优化模型以适应天然气需求预测的数据特性。

(1) 输入层　在天然气需求预测中,输入层是数据进入 CNN 的第一步。输入层首先接收多维天然气需求数据,包括历史天然气需求量时间序列、经济指标、社会指标等,然后对原始数据进行处理,包括去均值、归一化及 PCA 降维,最终形成一个多通道的时间序列数据集。

(2) 卷积层　卷积层是 CNN 中最重要的部分。一维 CNN 的输入是一维特征向量,在卷积层中通过一维卷积核对输入信号的部分区域进行卷积运算,获得一维特征向量,从而实现特征的提取。卷积层的特点是权值共享,通过权值共享,可以减少卷积层的网络参数数量,降低过拟合风险。由于天然气需求数据是一维时间序列数据,且具有非线性的特点,而一维 CNN 可以深层次挖掘数据的非线性特征。因此,本案例采用一维卷积神经网络来提取数据特征,识别天然气需求中的周期性变化趋势。每个卷积核与上一层特征图进行卷积计算,经过一个激活函数后,可以得到输出特征图。卷积过程的计算公式为

$$a_j^{(l)} = f\left(\sum_{i \in N_j} a_i^{(l-1)} * K_{ij}^{(l)} + b_c^{(l)}\right) \tag{8.2}$$

式中:l 表示卷积神经网络结构的层数,j 表示第 j 个通道,$a_i^{(l)}$ 表示卷积层 l 的第 j 个通道输出,$f(\cdot)$ 表示激活函数,N_j 表示特征图子集,$K_{ij}^{(l)}$ 表示卷积核,$b_c^{(l)}$ 表示附加偏置,$*$ 表示卷积操作。

(3) 池化层　池化层位于卷积层之后,主要作用是整合和压缩卷积层提取到的特征。通过降低特征维度和过滤信息,池化层能够减少数据量并保留关键信息,从而有效降低过拟合风险。在天然气需求预测中,使用最大池化或平均池化可以减少时间序列的长度,并且保留重要的时间模式信息。计算公式为

$$a_j^{(l)} = f\left[w_j^{(l)} \mathrm{down}\left(a_i^{(l-1)}\right) + b_s^{(l)}\right] \tag{8.3}$$

式中:$\mathrm{down}(\cdot)$ 表示池化操作过程,$w_j^{(l)}$ 表示池化权值,l 表示卷积神经网络结构的层数。

(4) 全连接层　全连接层位于 CNN 的顶部,其主要作用是进行特征整合、分类决策、参数学习及非线性建模。通过密集的连接,全连接层可以学习到不同特征之间的复杂关系,并进行最终的预测。在天然气需求预测中,全连接层将卷积层和池化层提取的特征映

射到最终的预测结果上。

（5）输出层 输出层负责输出天然气需求预测的最终结果。计算公式为

$$a^{(l)}=f(w_j \times a_i^{(l-1)}+b^{(l)}) \tag{8.4}$$

式中：w_j 表示全连接网络权值，l 表示卷积神经网络结构的层数。

2. 激活函数

在天然气需求预测中，模型需要捕捉数据中的复杂非线性关系。激活函数旨在帮助网络学习数据中的复杂模式，主要包括 ReLU、Sigmoid 和 tanh 等。首先，ReLU 激活函数的表示式简单，可以高效处理天然气需求时间序列，加快收敛速度；其次，ReLU 对不同类型的数据具有很好的适用性，可以有效捕捉天然气需求预测数据的短期波动和长期趋势；最后，ReLU 在 CNN 模型中易于实现和维护，为天然气需求预测模型开发和优化提供了便利。因此，本案例选择 ReLU 激活函数。其计算公式如下：

$$f(x)=\begin{cases} x, x \geqslant 0 \\ 0, x<0 \end{cases} = \max(0,x) \tag{8.5}$$

8.2.4 基于 PyTorch 的卷积神经网络的搭建与训练

深度学习框架在开发和部署深度学习模型中扮演着至关重要的角色，通常提供高级 API，无需重新构建复杂模型，有利于简化开发流程、提高开发效率。PyTorch 框架更倾向于科研领域，语法相对简洁。因此，本案例选择 PyTorch 深度学习框架实现卷积神经网络进行天然气需求预测。具体步骤如下：

（1）数据输入 获取天然气需求数据，对数据进行预处理，按照 7∶3 的比例划分训练集和测试集。

（2）CNN 模型定义 使用 PyTorch 定义一个 CNN 模型来学习天然气需求数据的模式。在模型中堆叠多个卷积层、激活层、池化层，最终通过全连接层输出预测结果。

（3）模型架构构建 在 PyTorch 中，通过继承 torch.nn.Module 类构建自定义的 CNN 模型。首先，使用 torch.nn.Conv1d 设置一维卷积层，处理一维天然气需求时间序列数据。其次，在激活层中，使用 ReLU 激活函数引入非线性。再次，在池化层中，使用 torch.nn.MaxPool1d 减少特征维度。最后，在全连接层中，使用 torch.nn.Linear 将特征映射到预测输出。

（4）损失函数和优化器定义 使用 MSE 衡量预测值与真实值之间的差异，使用 Adam 优化器更新网络权重。

（5）模型训练 进行天然气需求预测模型训练，对输入数据进行前向传播、误差反向

传播。进行迭代,直至达到最佳训练效果。

(6)模型评估 将以上训练模型代入测试集,对比测试集中预测值与真实值的误差,验证模型效果,实现天然气需求预测。

8.3 模型评估

MAE、RMSE 等指标是评判天然气需求预测模型结果的优劣程度的指标,可以通过比较实际数据与预测数据,计算模型的预测精度。计算公式如下:

$$\mathrm{MAE} = \frac{1}{n}\sum_{i=1}^{n} |\hat{y}_i - y_i| \tag{8.6}$$

$$\mathrm{RMSE} = \sqrt{\frac{1}{n}\sum_{i=1}^{n} (\hat{y}_i - y_i)^2} \tag{8.7}$$

对于本案例中的天然气需求预测任务,采用 MAE 直观地观察天然气需求预测值与真实值之间的差距大小,采用 RMSE 来衡量天然气需求预测模型的精度,数值越小代表模型精度越高。

8.4 实　验

8.4.1 数据准备

1. 数据获取

本案例基于省统计年鉴、中国能源统计年鉴、城乡统计年鉴、万得数据库及中国碳核算数据库,搜集 2003—2022 年的 30 个省的 23 个指标数据。本节以黑龙江省为例进行天然气需求预测。

2. 缺失值处理

识别数据集中的缺失值,结果如图 8.2 所示。采用插补法处理缺失值,使用缺失值所在列上下 2个值的平均值进行填充。填充结果如表 8.2 所示。

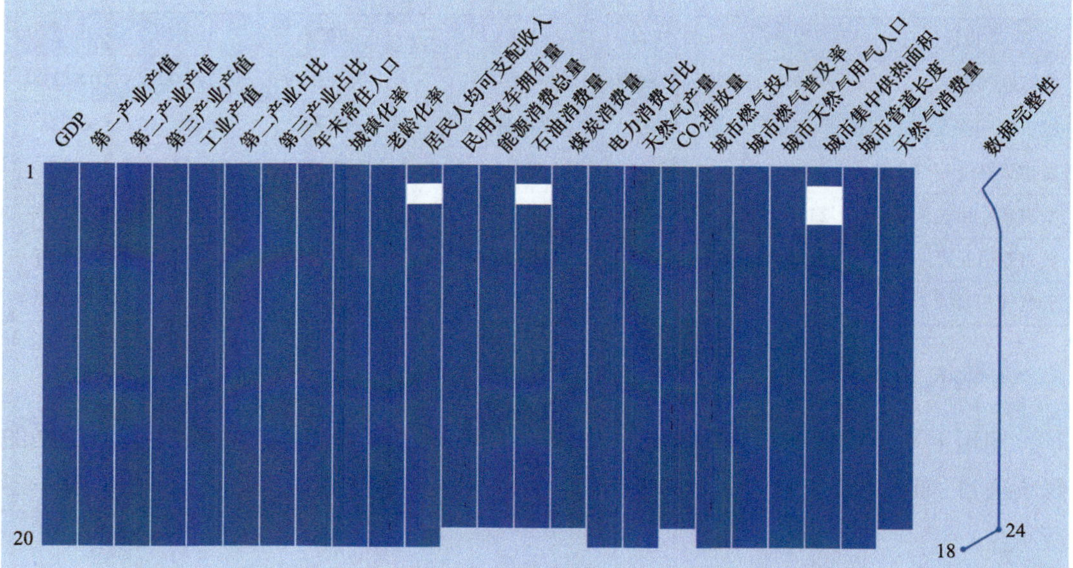

图 8.2 数据集缺失值识别

表 8.2 天然气需求预测数据集(单位已省略)

指标	2003	2004	2005	…	2020	2021	2022
GDP	4 057.4	4 750.6	5 513.7		13 698.5	14 879.19	15 901
第一产业产值	504.8	605.79	684.6		3 438.29	3 462.97	3 609.8
第二产业产值	2 084.7	2 487.04	2 971.68		3 483.51	3 975.29	4 648.9
第三产业产值	1 467.9	1 657.77	1 857.42		6 776.7	7 440.93	7 642.2
工业产值	1 874.8	2 242.32	2 696.3		3 143.979 296	3 658.8	4 257.6
第二产业占比	57.2	59.500 8	53.9		25.4	26.717 113	29.2
第三产业占比	31.5	29.415 7	33.7		49.5	50.008 972	48.1
年末常住人口	3 815	3 817	3 820		3 171	3 125	3 099
城镇化率	52.59	52.78	53.1	…	65.61	65.69	66.2
老龄化率	6.65	6.8	7.6		15.244 262 47	16.78	18.863 13
居民人均可支配收入	4 525.519 012	5 116.921 707	6 048		24 902	27 159	28 346
民用汽车拥有量	76.17	74.16	85.898 5		555.331 2	592.324 8	626.401 8
能源消费总量	6 713.52	7 465.67	8 050.00		11 525.10	12 191.65	11 297.445 25
石油消费量	928.841 914 7	1 163.438 113	1 495.07		1 549.8	1 674.44	1 397.872 47
煤炭消费量	6 490.46	7 347.39	8 559.73		13 964.33	14 790.37	14 280.363 74
电力消费占比	0.09	0.09	0.08		0.11	0.11	0.12
天然气产量	20.99	20.6	24.43		46.78	50.499	55.749 9
CO_2 排放量	172.024 902 6	193.174 184 4	228.038 435 2		336.888 907 2	358.51	312.651 6

续表

指标	2003	2004	2005	…	2020	2021	2022
城市燃气投入	93 977.00	92 380.00	13 310.00	…	21 593.49	13 770.00	120 872.00
城市燃气普及率	67.22	68.87	70.96		90.82	92.23	93.22
城市天然气用气人口	84.43	88.99	103.68		977.38	986.84	1 000.35
城市集中供热面积	23 080.15	23 202.40	24 190.67		82 604.00	85 755.89	90 416.43
城市管道长度	1 109.30	1 098.80	1 192.98		11 560.09	12 447.75	12 898.86
天然气消费量	4.08	4	6.18		31.67	35.42	36.706 225 4

3. 特征选择

使用平均不纯度方法进行特征选择，参数均使用默认值，剔除重要程度小于 0.02 的影响因素，即城市管道长度、GDP 第一产业、GDP 第二产业等影响因素，得到结果如图 8.3 所示。

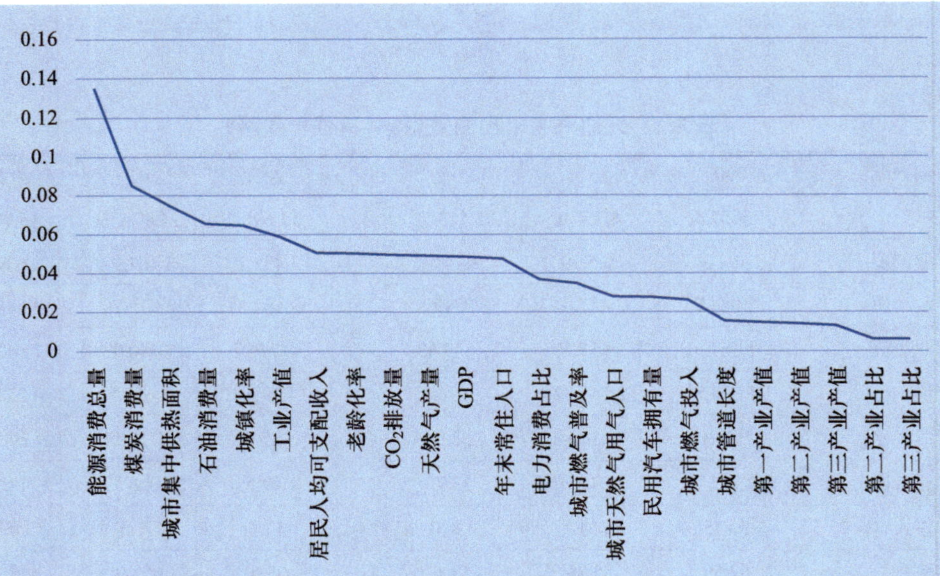

图 8.3 特征选择结果

4. 数据集

经过缺失值处理、特征选择后的部分数据如表 8.3 所示。

表 8.3 天然气需求预测数据集(单位已省略)

指标	2003	2004	2005	…	2020	2021	2022
GDP	4 057.4	4 750.6	5 513.7		13 698.5	14 879.19	15 901
工业产值	1 874.8	2 242.32	2 696.3		3 143.979 296	3 658.8	4 257.6
年末常住人口	3 815	3 817	3 820		3 171	3 125	3 099
城镇化率	52.59	52.78	53.1		65.61	65.69	66.2
老龄化率	6.65	6.8	7.6		15.244 262 47	16.78	18.863 13
居民人均可支配收入	4 525.519 012	5 116.921 707	6 048		24 902	27 159	28 346
民用汽车拥有量	76.17	74.16	85.898 5		555.331 2	592.324 8	626.401 8
能源消费总量	6 713.52	7 465.67	8 050.00		11 525.10	12 191.65	11 297.445 25
石油消费量	928.841 914 7	1 163.438 113	1 495.07	…	1 549.8	1 674.44	1 397.872 47
煤炭消费量	6 490.46	7 347.39	8 559.73		13 964.33	14 790.37	14 280.363 74
电力消费占比	0.09	0.09	0.08		0.11	0.11	0.12
天然气产量	20.99	20.6	24.43		46.78	50.499	55.749 9
CO_2 排放量	172.024 902 6	193.174 184 4	228.038 435 2		336.888 907 2	358.51	312.651 6
城市燃气投入	93 977.00	92 380.00	13 310.00		21 593.49	13 770.00	120 872.00
城市燃气普及率	67.22	68.87	70.96		90.82	92.23	93.22
城市天然气用气人口	84.43	88.99	103.68		977.38	986.84	1 000.35
城市集中供热面积	23 080.15	23 202.40	24 190.67		82 604.00	85 755.89	90 416.43
天然气消费量	4.08	4	6.18		31.67	35.42	36.706 225 4

8.4.2 模型训练

模型训练参数设置如下:学习率为 0.001,训练轮数为 500,batch 大小为 128,损失函数为均方误差函数。损失函数曲线如图 8.4 所示。

8.4.3 模型结果分析

预测结果如图 8.5 所示。基于上文模型评估方法对天然气需求预测模型进行评估,MAPE 为 0.067,MAE 为 2.28,RMSE 为 2.54,模型效果较为良好。

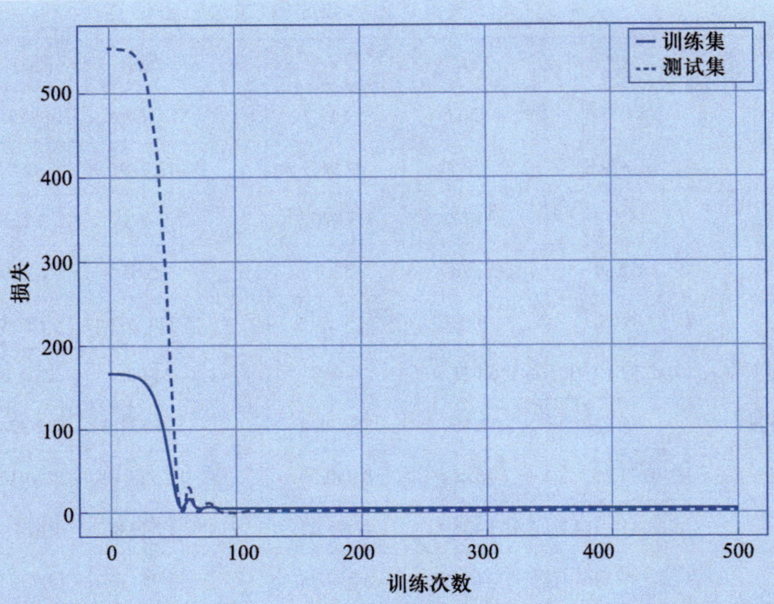

图 8.4 损失函数曲线

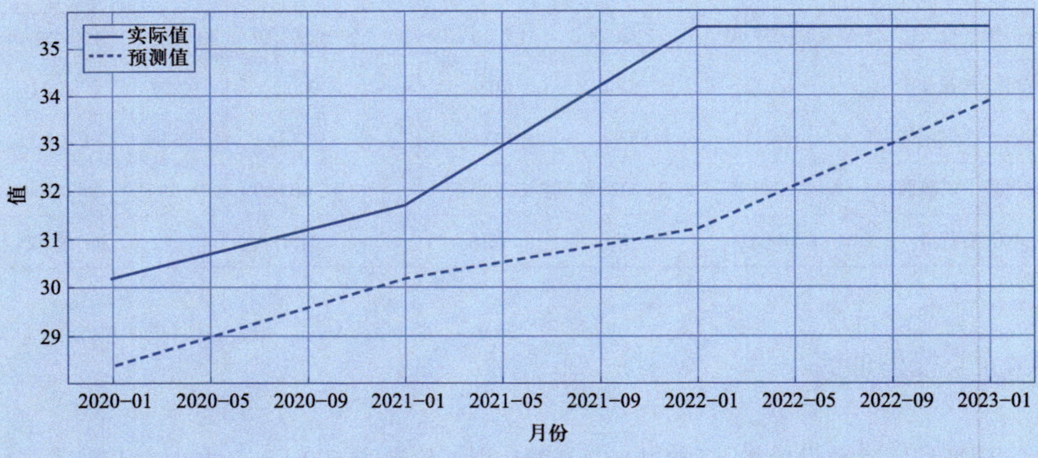

图 8.5 模型预测结果

参考文献

第9章 光伏电池故障检测模型

本章主要由功能需求、模型构建、模型评估和实验四部分构成，详细描述了构建光伏电池故障检测模型的过程，重点介绍了如何使用支持向量机（SVM）实现光伏电池故障的检测。

本章的教学目的在于让学生了解如何通过机器学习技术提升光伏电池故障检测的效率，掌握支持向量机算法的基本原理及其在故障检测中的应用，理解特征提取的重要性及其实现方法，熟悉从数据预处理到模型评估的完整流程。

9.1 功能需求

光伏发电即通过光伏效应将太阳能直接转化为电能，是当前可再生能源领域中发展最为迅速、应用最为广泛的发电方式之一。在低碳转型背景下，光伏发电装机容量显著增长，已经成为全球新增电力装机容量的主要来源。然而，光伏发电系统通常在户外环境中运行，容易受到高温、灰尘和风沙等外界因素的影响。这些影响将降低光伏电池的性能，引发各种故障，以及威胁设备安全。因此，及时准确地进行光伏电池故障检测是确保光伏发电站高效、安全和稳定运行的关键。

光伏电池故障检测的传统方法包括数据监控等传统光伏电池故障检测方法，存在数据处理复杂、检测不够直观的问题。随着光伏系统规模的扩大，传统方法难以满足现代光伏发电系统运维管理的需求。因此，基于图像处理的故障检测技术因其无需复杂数据处理、检测直观的特点引起了人们的广泛关注。专业人员通过分析由无人机或固定摄像头获取的光伏电池图像来检测光伏电池。然而，人工分析光伏电池图像易受噪声影响、效率较低，并且对分析人员知识水平要求高。

随着机器学习技术的发展，支持向量机（SVM）等模型被广泛应用于模式识别和分类任务中。凭借其泛化能力强和效率高的特点，机器学习模型正逐渐取代人工分析。本案例旨在利用光伏电池图像训练支持向量机模型以实现光伏电池的自动化故障检测。本案例以开源数据集 ELPV-dataset 为例，首先进行数据预处理，以降低噪声影响；其次，提取图像特征的特征向量；最后，训练模型以区分正常电池与故障电池。

9.2 模型构建

光伏电池故障检测模型框架图如图 9.1 所示，模型主要由五部分组成：图像预处理、图像特征检测、图像特征描述、图像特征编码及模型训练。第一部分：通过灰度处理、双边滤波、标准化和归一化等数据处理方法，降低原始图像噪声，统一图像分辨率。第二部分：基于 KAZE 算法实现光伏电池故障图像的特征检测，输出稳定的图像特征。第三部分：基于 KAZE 算法实现图像特征点的描述，输出特征描述向量。第四部分：基于 VLAD 方法将提取特征聚合成全局特征向量，将局部特征转化为全局特征。第五部分：在 Spark 环境下，训练模型实现光伏电池故障检测。下面对模型的具体架构进行详细介绍。

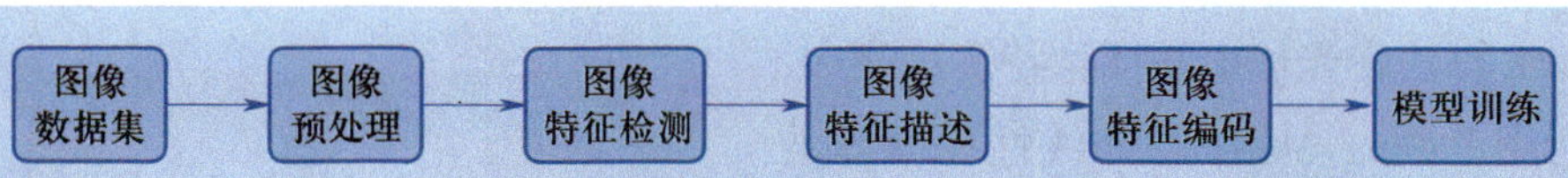

图 9.1 模型框架图

9.2.1 数据集预处理

原始光伏电池图像为彩色图像，其信息含量过大，降低了模型图像识别运算的效率。图像灰度处理是一种将彩色图像转化为灰度图像的技术，该方法在除去图像彩色信息的同时，可以保留图像的特征信息，有效提升运算效率。因此，可使用该方法将原始光伏电池彩色图像转化为光伏电池灰度图像。

由于拍摄、存储时产生的干扰，光伏电池图像存在噪声，具有分辨率不统一的问题，影响模型的检测效果。针对噪声问题，可以采用双边滤波方法有效处理。双边滤波是一种非线性的滤波方法，通过结合像素之间的空间距离和像素值相似性两种权重，对位置相邻且像素值相似的区域进行平滑处理。该方法在除去噪声的同时，避免模糊边缘，保留图像的细节和纹理。针对分辨率不统一的问题，可以采用标准化、归一化有效处理。其中，标准化可以将所有图像的分辨率调整到预设的统一大小，保证模型输入维度一致，特征提取更加规范；归一化可以调整像素值，消除因光照条件带来的影响，保证模型训练过程中的数值稳定性。

9.2.2　特征提取

光伏电池图像的特征提取大致可以分为特征检测、特征描述、特征编码三个关键步骤。

1. 特征检测

特征检测基于图像预处理结果，提取光伏电池图像的特征点。图像特征点的识别可有效降低光伏电池故障检测过程中的计算复杂度，提升图像检测的计算精度。然而，光伏电池图像具有复杂的纹理特征及大量的高频信息，如微裂纹、断裂等缺陷，使其特征信息难以被有效识别。KAZE 算法是一种新型多尺度 2D 特征检测和描述算法。它通过构造非线性尺度空间，使用非线性扩散滤波在非线性尺度空间中检测和描述二维特征。这使得 KAZE 算法在应对复杂纹理区域时表现出色，并可以实现多个尺度的特征点检测，适应不同大小的缺陷。

KAZE 算法在光伏电池图像特征检测中，首先，利用 Perona-Malik 等非线性扩散滤波器迭代平滑图像，构建非线性尺度空间。此过程可以自适应地抑制噪声，并且有效识别光伏电池图像中位于角点、边缘和存在局部纹理变化部分的特征点，并生成一系列不同尺度的图像。其次，KAZE 算法在该非线性尺度空间中寻找局部极值点来检测特征点，并通过非极大值抑制和除去冗余点，最终利用亚像素插值技术精确定位特征点位置，提升定位精度。光伏电池图像的 KAZE 算法特征点采样示意图如图 9.2 所示。

图 9.2　KAZE 算法特征点采样示意图

2. 特征描述

特征描述基于图像特征检测结果，将图像特征点转换为特征向量。特征点的坐标位置不能完全表征特征点的特性，也无法使用模型进行比较和计算。特征向量通过将特征点信息转化为一组数值向量，使模型更精确地捕捉图像局部特征，并且支持高效的图像检测方法计算。

KAZE 算法通过特征点主方向确定和计算局部特征描述构建特征向量。首先，KAZE 算法在特征点邻域内利用非线性尺度空间的梯度信息计算特征点的主方向。其次，KAZE

算法对非线性尺度空间中计算得到的一阶或二阶导数进行分块处理。最后,KAZE 算法将计算所得梯度幅值等根据已确定的主方向旋转后,合并成一个高维向量作为特征向量。通过 KAZE 算法实现对光伏电池图像特征的有效描述,保证特征描述向量对特征点的描述不受图像旋转的影响,使特征描述保持高鲁棒性和高稳定性。

3. 特征编码

在光伏电池图像特征检测后,特征编码将聚合特征向量,将局部特征转为全局特征,避免在后续训练中处理大量特征向量,提高模型训练效率。VLAD 方法是一种图特征编码方法,其基本思想是聚类局部图像描述符,将其映射到视觉词汇表中,从而将图像表示为紧凑的特征向量。该方法具有高效特征表示、强鲁棒性、低计算需求和高区分度等优点。

VLAD 方法通过视觉词典生成和特征向量局部聚合进行特征编码。首先,VLAD 方法利用 K-means 聚类算法对提取的所有特征向量进行聚类,从而生成用于图像检索的视觉词典,为图像生成更加简洁有效的特征表示。其次,VLAD 方法计算局部特征向量与聚类中心之间的残差。最后,VLAD 方法累加串联每个视觉词的累积残差和集,实现特征向量局部聚合,得到 VLAD 编码向量。

9.2.3 模型训练

支持向量机是一种监督学习算法,主要用于分类、回归和异常检测任务。其核心思想是通过寻找一个最优超平面,最大化不同类别数据之间的间隔,从而实现样本的线性分离。核函数是支持向量机的核心部分,它可以将数据映射到更高维特征空间以捕捉数据分布中的深层模式。惩罚参数 C 控制模型对训练集误差的容忍程度,用以权衡模型复杂度与误分类样本的惩罚。损失函数则用于衡量模型预测与实际标签之间的差异,通过优化损失函数来指导模型的训练。支持向量机以其在高维空间中的良好表现和较强的泛化能力而闻名,尤其适合处理具有非线性分布的数据。在光伏电池故障检测任务中,图像特征数据通常维度较高且呈现复杂的非线性分布。因此,本案例使用支持向量机算法完成模型训练。

PySpark 库能够高效处理大规模数据,通过其分布式计算框架,实现实时监测和快速检测,显著提升光伏电池故障检测模型的数据处理速度。因此,本案例将在 PySpark 库的环境下训练模型,以提升模型训练效率。

模型训练是使用数据和算法调整模型参数的过程,目的是使机器学习模型学习数据的特征,从而对未知数据做出准确的预测。模型训练具体步骤如下:

(1) 环境启动　引入 PySpark 库,调用 Spark 方法以启动 Spark 环境。

（2）模型定义　使用机器学习库（如 Sklearn 库）定义支持向量机模型，并选择核函数和配置模型参数（如惩罚参数和损失函数）。

（3）模型训练　将光伏电池图像中提取的特征向量及其标签作为模型输入，训练光伏电池故障检测预测模型。训练过程中，模型通过优化损失函数和调整支持向量的权重，逐步找到分割不同类别数据的最优超平面。

（4）模型预测与评估　利用训练好的模型对测试集数据做出预测，并利用指标评估模型效果。

9.3 模型评估

如表 9.1 所示，混淆矩阵详细展示了模型预测结果和实际标签之间的关系，是评价机器学习分类模型性能的重要工具之一。本案例在混淆矩阵体系的基础上，使用精确度（precision）、准确率（accuracy）、召回率（recall）和 F1 分数（F1 score）全面评估光伏电池故障分类模型的性能。具体公式如式（9.1）— 式（9.4）所示。

表 9.1 混淆矩阵

类别	预测正类	预测负类
真实正类	真正例（TP）	假负例（FN）
真实负类	假正例（FP）	真负例（TN）

$$\text{precision}=\frac{TP}{TP+FP} \tag{9.1}$$

$$\text{accuracy}=\frac{TP+TN}{TP+FN+FP+TN} \tag{9.2}$$

$$\text{recall}=\frac{TP}{TP+FN} \tag{9.3}$$

$$F1=\frac{2TP}{2TP+FP+FN} \tag{9.4}$$

对于本案例中的光伏电池故障检测任务，TP 表示正确识别故障的数量，FP 表示被错误识别为故障的数量，FN 表示未能识别出故障的数量。精确度指所有被模型预测为故障的样本中，实际为故障的比例。准确率表示模型正确识别故障数量占总样本数量的比例。召回率表示模型正确识别故障数量占实际故障样本的比例。F1 分数表示精确度和召回率的调和平均数，用于综合评价模型性能。

9.4 实　验

9.4.1 数据集来源

本案例使用开源数据集 ELPV-dataset，该数据集包含 44 个不同光伏组件的 2 624 张光伏电池图像。如图 9.3 所示，每张图像灰度均为 8 位，分辨率为 300 × 300 像素，且具有不同退化程度的功能性和缺陷。所有图像均在受控环境中拍摄，在一定程度上控制了成像面板的质量，减少了过度曝光等对图像质量的负面影响。

图 9.3　数据集 ELPV-dataset 图像示意图

此外，数据集附有专家评判的图像故障概率表 labels.csv。经统计得到电池类型、故障概率与数量，如表 9.2 所示。其中，电池类型表示电池是否为故障电池，分为正常和故障；故障概率表示电池故障的概率，概率为 0 表示电池为正常电池，概率为 0.33 表示电池有一定可能为故障电池，概率为 0.67 表示电池很可能为故障电池，概率为 1 表示电池为故障电池。

表 9.2　电池图像类型与数量

电池类型	故障概率	数量 / 张
正常	0	1 508
故障	0.33	295
	0.67	106
	1	715
总计	—	2 624

9.4.2 数据集预处理

数据集 ELPV-dataset 已经消除了相机镜头捕捉 EL 图像引起的变形,对所有图像的尺寸和透视进行了标准化与归一化处理。每张图像均已转换为灰度图像,并已标注是否为故障电池。

将光伏电池图像样本按照 8 : 2 的比例划分为训练集和测试集,前者用于训练模型,后者用于测试模型。对训练集使用双边滤波来进一步减少噪声,保留边缘信息。

9.4.3 特征提取

OpenCV 是一个跨平台计算机视觉和机器学习软件库,实现了多数图像处理和计算机视觉方面的算法。它由 C++ 语言编写,具有 C++,Python,Java 和 MATLAB 接口。本项目涉及图像处理和特征提取任务,由于 OpenCV 库由 C++ 编写,底层经过高度优化,在处理大规模图像数据时十分高效,因此本案例采用 OpenCV 库完成特征提取。

基于数据集 ELPV-dataset,调用 OpenCV 库中的 KAZE 算法检测光伏电池图像关键点并计算描述符特征向量。如表 9.3 所示,KAZE 算法检出的特征向量默认维数为 64。

表 9.3 描述符特征向量示例

0	1	2	3	4
0.012 260 83	-0.011 130 77	0.016 213 73	0.036 492 378	0.004 954 4
5	6	7	8	9
0.008 547 175	0.021 847 982	0.025 957 968	0.020 612 869	0.020 842 489
10	11	12	13	14
0.054 907 445	0.043 479 148	-0.021 056 6	0.024 590 209	0.054 223 832
		…		
59	60	61	62	63
0.051 949 192	0.406 078 756	0.181 328 848	0.527 905 703	0.224 709 734

使用 K-means 算法对提取的特征进行聚类,通过交叉验证确定聚类中心数为 10。根据聚类结果,计算每个图像的 VLAD 编码向量,特征描述后特征向量的维数为 640。编码特征向量示例结果如表 9.4 所示。

表 9.4 编码特征向量示例

0	1	2	3	4
0.024 900 986	−0.015 741 23	−0.064 325 71	−0.044 566 51	0.017 444 3
5	6	7	8	9
0.011 095 874	−0.086 171 34	−0.097 197 84	0.025 746 396	0.026 929 868
10	11	12	13	14
−0.052 074 09	−0.074 671 16	−0.027 918 39	0.031 578 738	−0.022 417 37
		…		
635	636	637	638	639
0	0	0	0	0

9.4.4 模型训练

首先，启动环境。导入 PySpark 库，调用 SparkSession 方法以启动 Spark 环境。

其次，模型定义。Sklearn 库是针对 Python 编程语言的免费软件机器学习库，旨在提供简单易用且功能强大的工具，用于分类、回归、聚类等任务。Sklearn 库提供了统一的 API 接口，用户可以快速调用常用机器学习算法并配置参数，非常适合实验分析。因此，本案例使用 Sklearn 库中的 LinearSVC 类定义 SVM 模型。SVM 模型设置如下：核函数采用 linear，线性核的计算复杂度比非线性核（如高斯核或多项式核）低，适合在数据量较大或特征维数较高的情况下使用；惩罚参数 C 采用默认值 1，这样可以平衡模型复杂度和泛化能力；损失函数采用默认值 Squared_hinge，这可以使优化过程更平滑。

再次，模型训练。将特征提取后得到的特征向量与标签作为输入，训练模型以学习图像特征与故障类型之间的关系。

最后，模型预测与评估。将测试集的特征向量输入模型，得到测试集数据的预测标签。并计算混淆矩阵以评估模型效果。

9.4.5 实验结果

模型训练完毕后，使用测试集数据测试模型效果。基于测试结果，得到混淆矩阵结果，如表 9.5 所示。

表9.5 混淆矩阵结果

类别	预测正类	预测负类
真实正类	113	106
真实负类	43	263

因此,计算出模型的分类准确率为71.6%、精确率为72.4%、召回率为51.6%和F1得分为60.3%。

参考文献

第 10 章 反应器内气泡检测、分割与形状重建模型

本章将对反应器内气泡检测、分割与形状重建的技术进行深入的介绍和分析，主要包括功能需求、模型架构、数据集和训练，以及模型评估 4 部分，详细探讨气泡检测的基本原理和方法，包括图像处理技术、机器视觉系统及相关的算法。此外，将讨论气泡分割技术，包括边缘检测、阈值分割等方法，最后进行数据集训练和模型评估。

本章的教学目的是利用反应器内气泡检测、分割与形状重建模型使学生能够理解并掌握深度学习方法及图像处理技术。通过本章的学习，学生将能够独立进行气泡检测和形状重建的实验设计和数据分析，提高学生图像数据分析和图像处理能力。

10.1 功能需求

气液两相反应器是在化工领域常见的反应器类型，在这类反应器中，有相当一部分是以气相作为分散相，即气相以气泡的形式存在于液相中。在对气液反应器进行基础研究的过程中，气泡尺寸、形状和速度是非常重要的参数，需要通过实验手段进行测量。

高速摄像法结合图像处理技术是表征多相流中气泡的有效方法，通过拍摄图像这种方式可以直观地观察到气泡，依托合适的图像处理技术可以识别图像中的气泡，进而可以定量分析图像中气泡的大小和形状。高速摄像能够以较高的帧率拍摄单个气泡或者气泡群的运动过程，进而可以对单个气泡进行追踪或对气泡群应用互相关算法计算气泡轨迹和速度。比较传统的图像处理方法，包括边缘检测、霍夫圆形检测、分水岭算法、凹点提取和模板匹配等，这些方法一般用于处理气含率低且背景均匀的气泡图像，即气泡数量较少的图像。但随着气体分布技术的发展，减小气泡尺寸，提高气含率以达到较大的气液相界面积进而强化传质逐渐成为一种趋势，这意味着图像中气泡的特征更加复杂，气泡重叠也更加严重，对图像处理算法提出了前所未有的挑战。

随着深度学习技术的发展，卷积神经网络等深度学习模型在图像分类、目标检测、图像分割等任务上取得了巨大成功，大大提高了计算机视觉系统的性能。近年来，基于卷积神经网络的计算机视觉技术已经在自动驾驶、人脸识别、医疗影像分析等领域取得了重大

进步，并逐渐扩展到其他领域。实例分割是计算机视觉中一种重要的技术，该技术不仅能识别图像中目标的类别、边界框，还可以对每个对象进行像素级别的分割，与本案例的需求不谋而合。实例分割的代表性技术为 Mask R-CNN，本案例以 Mask R-CNN 为基础开发气泡分割图像处理方法，识别图像中的气泡并对每个气泡进行像素级分割，然后对气泡进行形状重建以还原气泡的真实形状，最后计算气泡尺寸进而得到气泡尺寸分布。

10.2 模 型 架 构

10.2.1 概览

模型整体架构如图 10.1 所示，模型主要由 5 部分组成：特征提取、区域提案、检测与分割、气泡形状重建及尺寸分布统计。第一部分通过卷积提取输入图像的特征，得到一系列不同尺度的特征图。在第二部分中，区域提案是基于在上一步中获得的特征图生成的，输出是一系列可能包含气泡的感兴趣区域（region of interest，RoI）。第三部分基于前两步得到的特征图和 RoI 进行检测和分割。这部分包含两个网络分支，其中一个分支用于目标分类和边界框回归，另一个分支用于像素分割得到气泡掩码。第四部分基于前一步预测的掩码进行气泡形状重建，同时得到气泡的直径。气泡尺寸分布信息可以通过对图像数据的批处理统计得到。下面对模型的具体架构进行详细介绍。

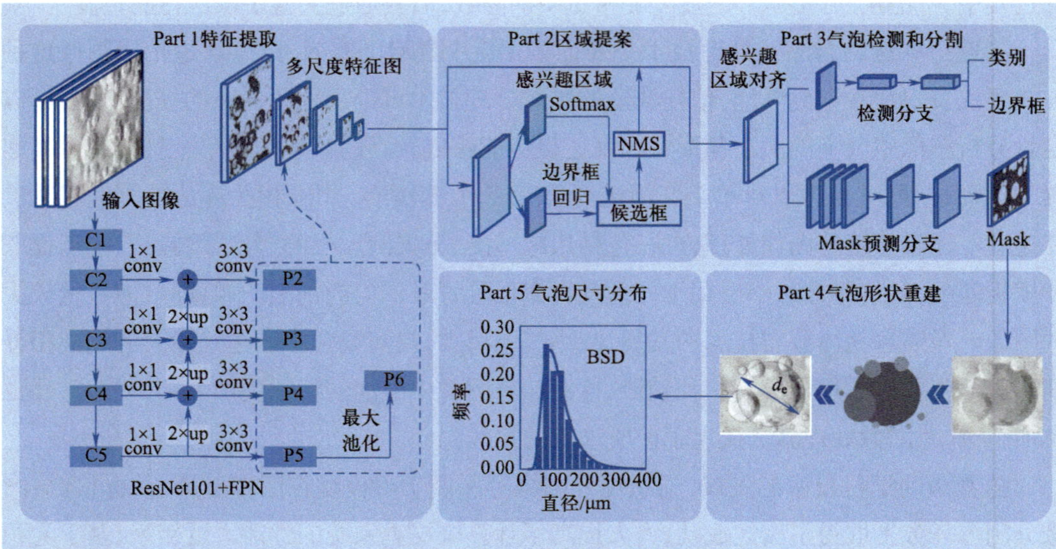

图 10.1 模型整体架构示意图

10.2.2 骨干网络

模型的骨干网络(backbone network)采用了 ResNet101,对整个图像进行特征提取。在同一张气泡图像中,较大气泡的直径可能是较小气泡的数十倍,因此,亚毫米气泡检测的关键点之一是确保可以识别任何大小的气泡,以反映正确的尺寸分布。然而,识别尺度差异大、数量多的物体对于卷积神经网络来说是一项具有挑战性的任务,当卷积神经网络提取特征时,特征图的高分辨率和强语义往往是矛盾的。由于卷积的特性,随着网络的加深,特征的语义会增强,但分辨率会降低。基于上述考虑,CNN 模型的特征提取部分采用了能构建各种尺度高级语义特征图的特征金字塔网络(feature pyramid networks,FPN)。如图 10.2 所示,FPN 包括自下而上的路径、自上而下的路径和横向连接。

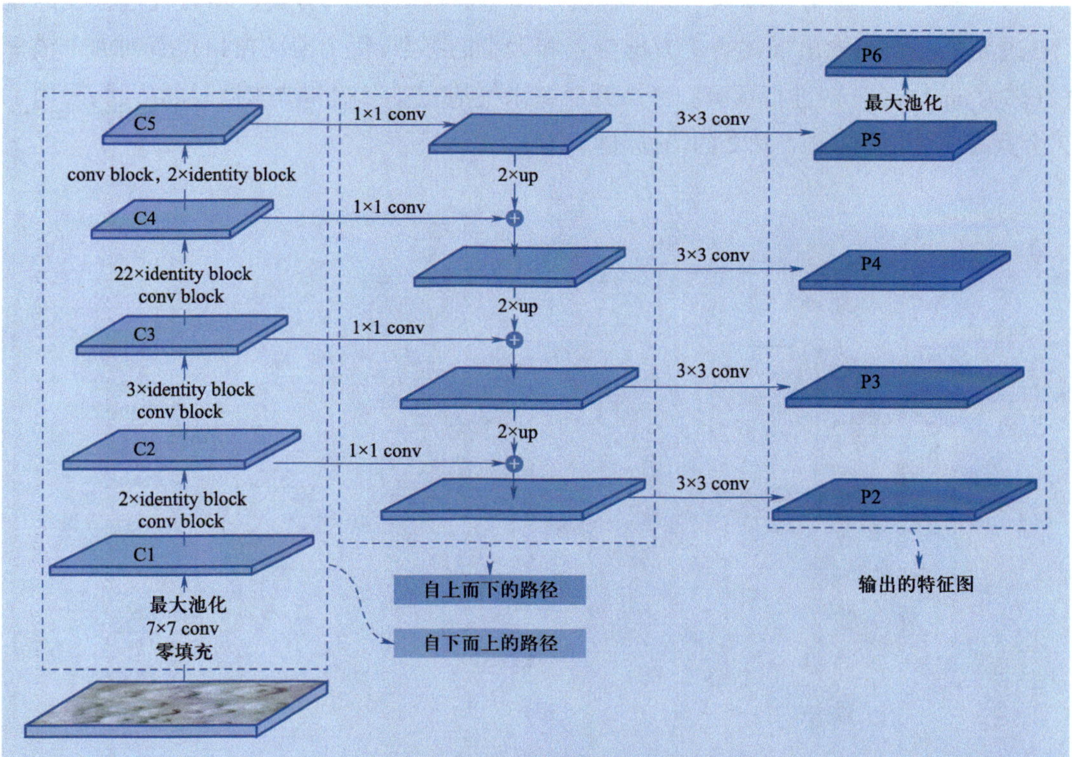

图 10.2 FPN 网络结构示意图①

自下而上的路径是骨干网 ResNet101 的前馈计算,计算的特征层次结构由多个尺度的特征图组成,即 C2、C3、C4 和 C5,分辨率分别为输入图像的 $\frac{1}{4}$、$\frac{1}{8}$、$\frac{1}{16}$ 和 $\frac{1}{32}$。在自下而

① 读者请自行查阅文献了解“conv block”“identity block”与“conv”。

上的路径中,分辨率逐渐降低,但语义变得更强。自上而下的路径通过对更高金字塔层级的特征图进行上采样,将特征分辨率提高一倍,自下而上的路径以及自上而下的路径中相同大小的特征图通过横向连接融合。通过上述过程,可以得到 P2、P3 和 P4。C5 经过卷积得到 P5,然后最大池化得到 P6。输出的特征图 P2—P6 被输入到网络的后续部分。总之,这种特征金字塔结构使得所有尺度的输出特征图都具有很强的语义,特别是大分辨率特征图的语义得到了增强,为提高识别微小气泡的能力奠定了基础。

10.2.3 区域提案网络

区域提案网络(region proposal network,RPN)以 FPN 输出的特征图为输入,输出一系列可能包含气泡的建议框。如图 10.3 所示,一个小型网络将特征图的一个 3×3 窗口作为输入,输出的特征分别输入后续的分类层和边界框回归层,分类层估算气泡存在的概率,边界框回归层输出描述每个方框位置和大小的参数,每个滑动窗口位置对 k 个锚框(也称为 anchor)分别进行预测。考虑到亚毫米气泡完整形状和被遮挡时的形状,采用了 3 个宽高比分别为 0.5、1 和 2 的锚框(即 k 为 3)。

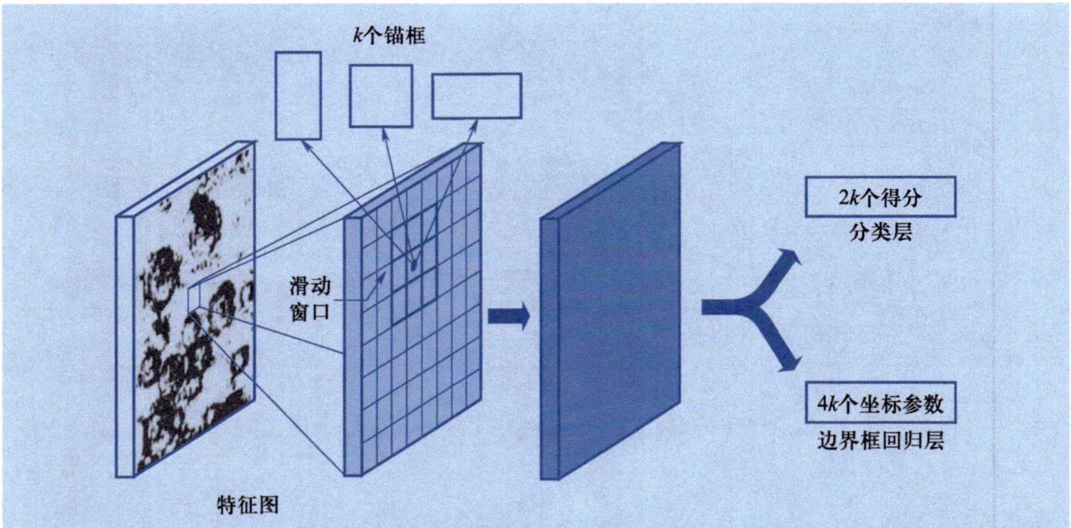

图 10.3 区域提案网络结构示意图

除长宽比之外,锚框的大小也应与不同大小的气泡相匹配。考虑到气泡在图像中的像素大小,锚框的大小被调整为 16、32、64、128 和 256 像素 5 个等级。分别以较大尺寸气泡的图像和较小尺寸气泡的图像为例,图 10.4(a)和图 10.4(c)分别展示了在图像中心处生成的不同尺度和长宽比的锚框,可以看出在这种配置下能够较好地保证所有尺寸气泡都尽可能地有大小接近的锚框能与之匹配。

区域提案网络中的分类层会对生成的锚框进行评估，只有得分高的锚框才会被保留。然后，边界框回归层会对这些锚框的大小和形状进行调整（bounding box refinement），使其更贴合气泡。接着，去除低置信度的锚框，然后通过应用非最大值抑制（non-maximum suppression）去除过于接近的锚框（因为会出现一个气泡有很多个锚框与之对应的情况）。如图 10.4（b）和图 10.4（d）所示，通过上述程序，经过区域提案后的锚框定位了可能存在亚毫米气泡的区域，即 RoI。

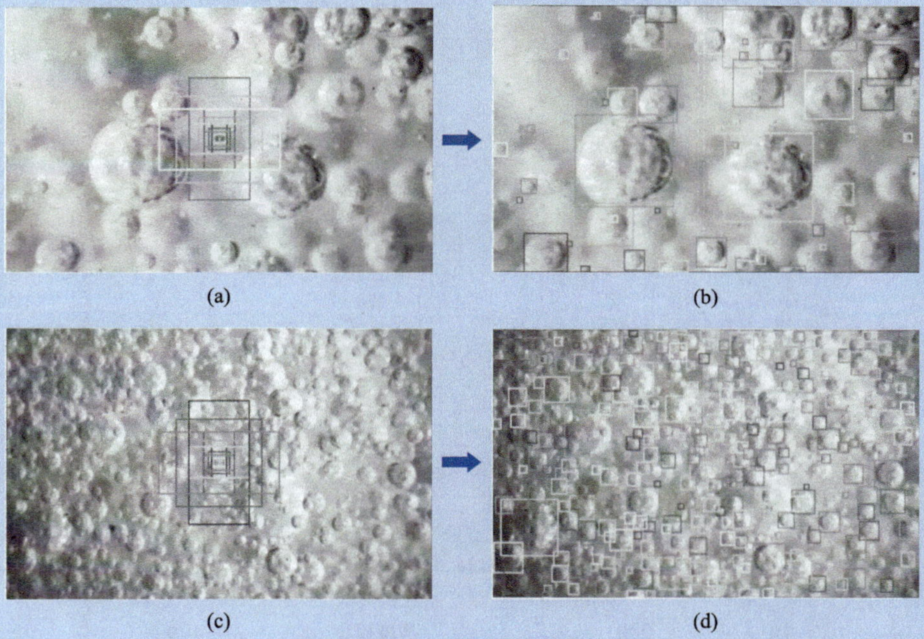

图 10.4 彩图

图 10.4　图像中心不同比例和大小的锚框（a，c）及非最大值抑制后的细化锚框（b，d）

10.2.4　RoIAlign

在目标检测和实例分割任务中，一张图像通常包含多个目标，而每个目标的大小、形状和位置都可能不同。为了方便后续的分类和分割操作，需要将不同大小的候选边界框内的特征图区域重新采样为固定大小的特征图，在 Mask R-CNN 中该操作称为 RoIAlign。不管输入 RoIAlign 的特征大小为多少，经过该层之后，一律变成固定值（即 pool_size，一般是 7 × 7）。RoIAlign 通过双线性插值对特征图采样的方法避免了区域特征错位（misaligned）的问题，进而为预测像素级掩模的精度提供了基础保障。

10.2.5 气泡检测与掩模预测

经过 RoIAlign后得到了固定大小的特征图，这些特征图包含了气泡的信息，作为气泡检测和掩码分割网络的输入。如图 10.5 所示，气泡检测与掩码预测是 2 个分支，气泡检测分支预测每个气泡的类别和边界框（x，y，w，h）。掩码分割预测分支是一个小型 FCN（fully convolutional networks，全卷积网络），以像素到像素的方式预测气泡掩模（mask）。在 FCN 中，通过不断卷积和上采样得到 28 × 28 大小的掩模，再根据气泡检测网络的结果（位置和大小信息）上采样得到最终的预测掩模。如图 10.6（b）所示，像素级分割的掩码可以将重叠的气泡以像素级精度分离开来。

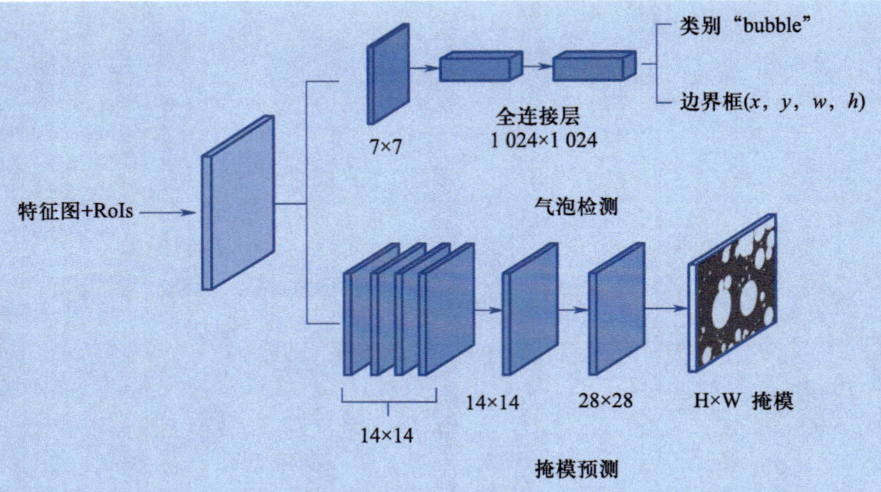

图 10.5 气泡检测与掩模预测示意

10.2.6 气泡形状重建

如果最终目的是分割气泡，上述工作已经可以满足需求，但如果需要计算每个气泡的直径，则需要进一步处理。受限于图像拍摄时的照明条件，尤其是当采用正面打光（即相机和光源在实验装置同一侧，依靠气泡对光的反射得到气泡图像）的方式时，图像中气泡与背景之间的灰度差异较小，因此气泡边缘不会特别清晰锐利，在光照不均匀等非理想因素影响下可能会出现“虚假轮廓”。如图 10.6（a）所示，气泡的真实轮廓应是蓝色虚线指示的位置，但气泡图像却呈现出红色虚线所描述的虚假轮廓。虚假轮廓会导致 CNN 模型识别出虚假轮廓并产生误差。此外，预测的掩码只描述了气泡可见部分，并没有还原重叠气泡的不可见部分，如图 10.6（b）所示，每个半透明的彩色区域都是预测的

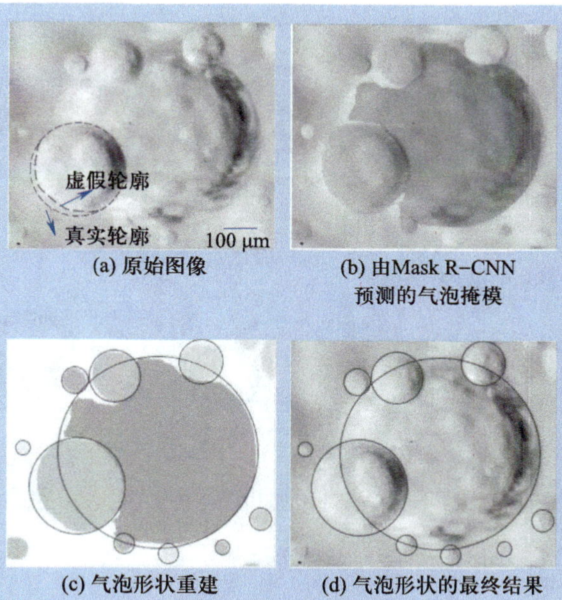

图 10.6 彩图

图 10.6 气泡形状重建过程示意

气泡掩码。在计算气泡的尺寸时，为了减少上述 2 个因素造成的误差，在预测掩码后引入了气泡形状重建算法。亚毫米气泡因体积小而呈球形，根据亚毫米气泡的形状特征，在预测掩码的基础上，通过拟合每个气泡掩码的最小外接圆来重构气泡的实际形状，效果如图 10.6(c)所示。经过上述形状重建后得到最终的气泡轮廓，如图 10.6(d)中蓝色线条所示。将气泡形状重建时得到的最小外接圆直径作为该气泡的直径，通过批量处理大量图像即可得到气泡尺寸分布。

上述形状重建方法是针对形状为球形的气泡，对于其他形状的气泡需要针对各自的形状特征来进行重建。气泡形状主要为球形、椭球形和摆动形，本案例将椭球形和摆动形气泡拟合为椭圆，然后根据拟合得到的长半轴 a 和短半轴 b 按照式(10.1)计算等效直径。

$$d_e = 2\sqrt[3]{a^2 b} \tag{10.1}$$

然而，如图 10.7(a)中蓝色实线所示，当在神经网络预测的掩码基础上直接拟合椭圆时，发现对于显示完整的气泡拟合效果较好，而被遮挡的气泡的拟合结果不能很好地估计气泡真实的形状和几何中心。这是因为网络预测的掩码并不会直接还原气泡被遮挡的部分，所以掩码在气泡被遮挡的部分是向内凸出的，即存在凸度缺陷，而凸度缺陷影响了椭圆的拟合。

为了避免凸度缺陷对椭圆拟合的影响，需要对预测的掩码进行处理。首先计算掩码外轮廓的凸包。所谓凸包即是对一个曲线进行校正，使该曲线转变为始终凸出或者至少平坦的曲线，因此凸包可以解决凸度缺陷问题，在一定程度上对曲线进行填补。采用

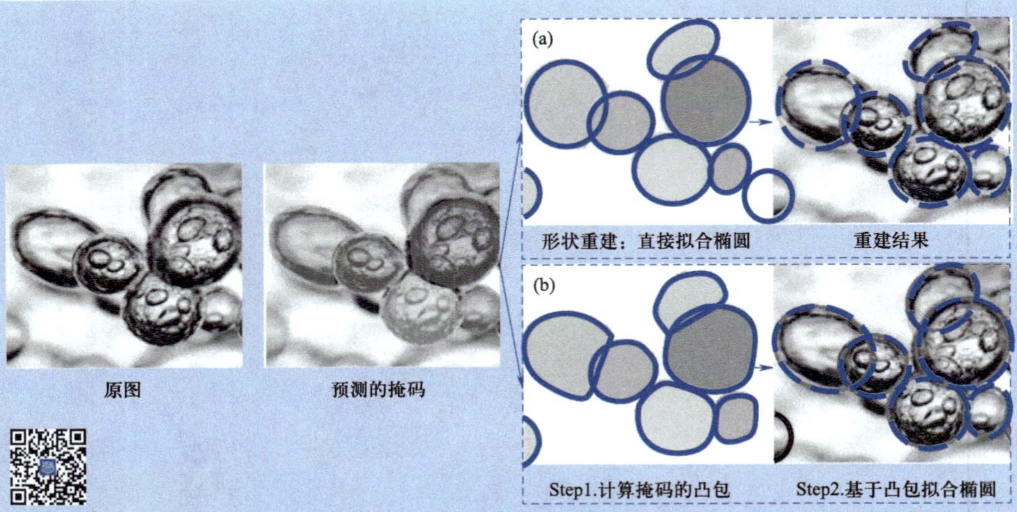

图 10.7
彩图

图 10.7 非球形气泡的形状重建

OpenCV 库中的 convexHull(cnt) 函数可以计算轮廓的凸包，输入的 cnt 为气泡掩模的轮廓。图 10.7(b) 中蓝色实线为根据掩码外轮廓计算的凸包连成的曲线，蓝色虚线为基于凸包进行拟合的椭圆，可以看出，采用凸包拟合的椭圆能够准确描述气泡的真实形状，相比直接基于掩码外轮廓拟合椭圆的方式，精度得到了大幅提升。

10.3 数据集和训练

实验介质的物性和操作条件是影响气泡尺寸分布的重要因素，气泡图像拍摄时的反应器构型、打光方式以及采用的镜头会显著影响气泡的成像，为了能够充分考察上述图像处理方法的鲁棒性或者面对未知体系的泛化能力，我们在各种实验条件下获取大量的气泡图像，为制作数据集做准备。

数据集中的图像需要人工标注和分割，需要对每个气泡都标注类别(气泡)、边界框和掩码。目前有许多工具可以实现数据标注，如 Labelme、Pixel Annotation Tool、CVAT 等。不同软件支持不同的导出格式，需要针对不同格式编写标注数据加载程序以使训练时网络能够正确读取标注结果。

在实例分割模型训练中，数据增强是一种常用的技术，用于增加训练样本的多样性，提高模型的泛化能力。imgaug 是一个广泛使用的 Python 库，用于实现各种图像数据增强技术，如翻转、旋转、缩放、裁剪、颜色变换、仿射变换、弹性变换、伽马值调整、直方图均衡、像素值扰动等。对于 Mask R-CNN，数据增强除了作用于原始图像外，还需要同步作用于对应的掩模。本案例采用的数据增强处理操作包括水平/垂直翻转、仿射变换、伽马对比度调整和直方图均衡，如图 10.8 所示。上述数据增强方法的数量（0~3）和类型都是随机选择的。

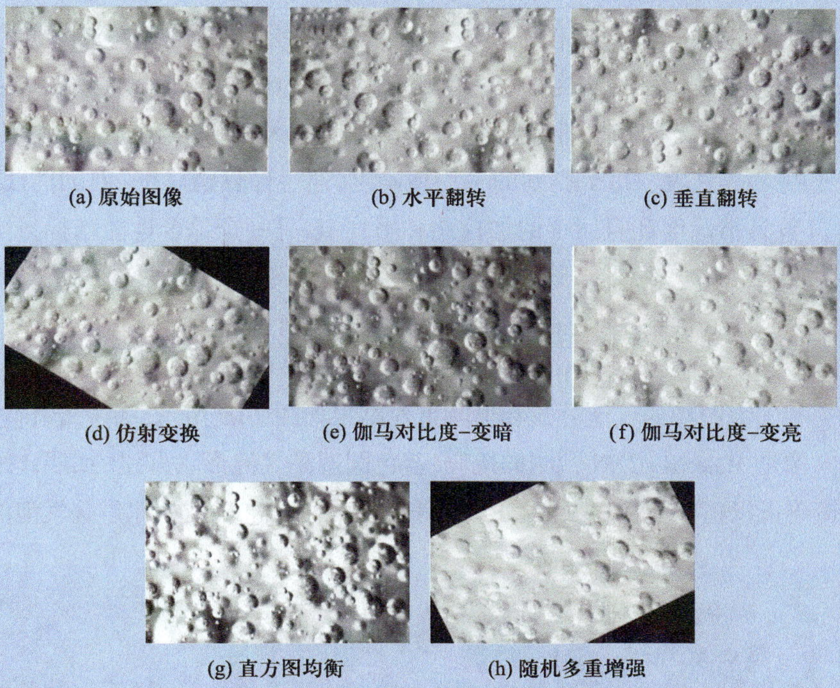

图 10.8 原始图像的数据增强结果示例

本案例采用的 Mask R-CNN 结构复杂，需要训练的网络参数数量庞大，因此训练初始化的 Mask R-CNN 需要耗费大量时间且对数据集数量要求较高，而在预训练的 Mask R-CNN 基础上进行训练则可以节省计算成本，这就是所谓的基于参数的迁移学习技术。本研究采用的预训练模型基于 Mask R-CNN 的通用实例分割模型，该模型由 MS COCO 数据集训练而成。将预训练模型使用亚毫米气泡数据集进行训练后再部署于气泡检测、分割和形状重建任务中。

10.4 模型评估

召回率（recall）、精度（precision）、平均精度（mAP）和 F1 分数是评估气泡检测模型分类和定位性能的性能指标。预测掩码与 GT（ground truth）掩码的交并比（IoU）被进一步用来评估掩码预测的准确性。上述性能指标的数值介于 0~1 之间，数值越大表示性能越好。

recall 和 precision 分别由式(10.2)和式(10.3)定义。

$$\text{recall}=\frac{\text{TP}}{\text{TP}+\text{FN}} \tag{10.2}$$

$$\text{precision}=\frac{\text{TP}}{\text{TP}+\text{FP}} \tag{10.3}$$

对于本研究中的气泡检测任务,TP(true positive)是指正确检测到的气泡数量,FP(false positive)是指被错误检测为气泡的区域数量,FN(false negative)是指未检测到的气泡数量。召回率表示模型找出所有气泡的能力,精度表示正确分类的气泡占所有检测到的气泡的比例。mAP 表示每个类别的平均精确度,通过计算精确度-召回曲线下的面积得出。F1 分数是精确度和召回率的加权调和平均值,是一个综合性能指标,计算公式为式(10.4):

$$\text{F1}=\frac{2\times\text{precision}\times\text{recall}}{\text{precision}+\text{recall}}=\frac{2\text{TP}}{2\text{TP}+\text{FP}+\text{FN}} \tag{10.4}$$

不同类型气泡图像的气泡分割和形状重建结果如图 10.9 所示,图中带有蓝色圆圈图像的气泡图像是 Mask R-CNN 预测的掩码,蓝色圆圈是气泡形状重建的结果。图 10.9 证明预测的掩码可以精确地覆盖气泡,而形状重建算法可以准确地还原重叠气泡的形状。

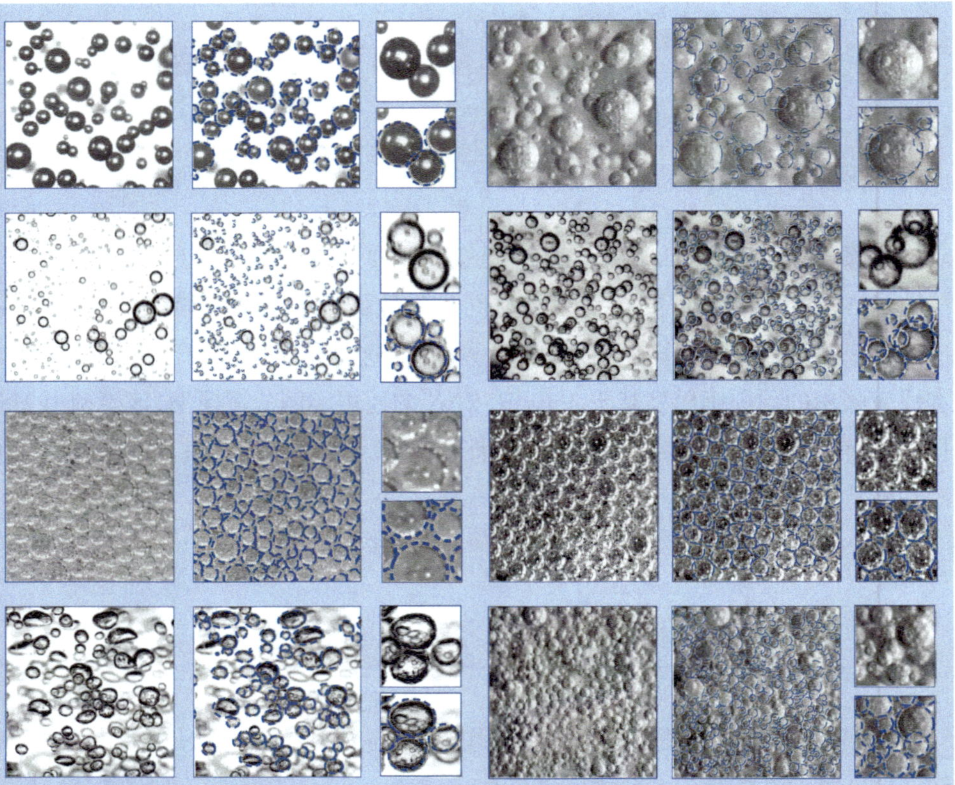

图 10.9
彩图

图 10.9 气泡分割和形状重建结果

图 10.10 为 recall、precision、mAP 和 F1 分数随气含率(气体所占体积分率)的变化关系图，当气含率低于 20% 时，指标均保持在 0.9 以上，这说明模型具有足够精确的气泡检测和定位能力，可以在较大的气含率下保证精度。

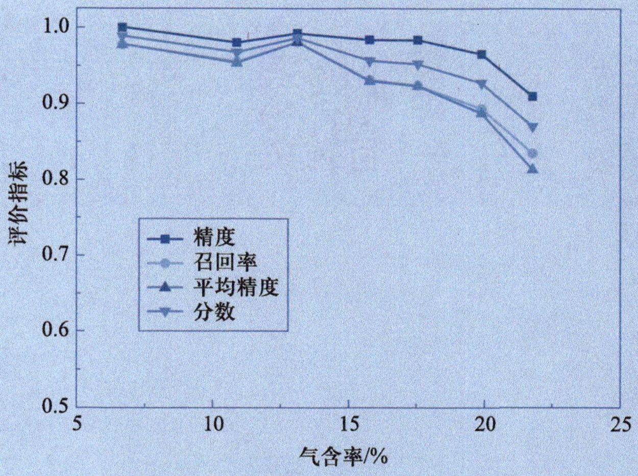

图 10.10 各评价指标与气含率的关系

使用 IoU 来定量评估气泡分割和形状重建的性能，其中 $IoU_{pre\text{-}mask}$ 为直接预测的掩码与 GT 掩码之间的 IoU，$IoU_{rec\text{-}mask}$ 为形状重建后掩码与 GT 掩码之间的 IoU。如图 10.11 所示，当气含率小于 16% 时，IoU 值高于 0.9。此外，$IoU_{rec\text{-}mask}$ 的值总是大于 $IoU_{pre\text{-}mask}$ 的值，证明了应用形状重构算法有助于减少误差。

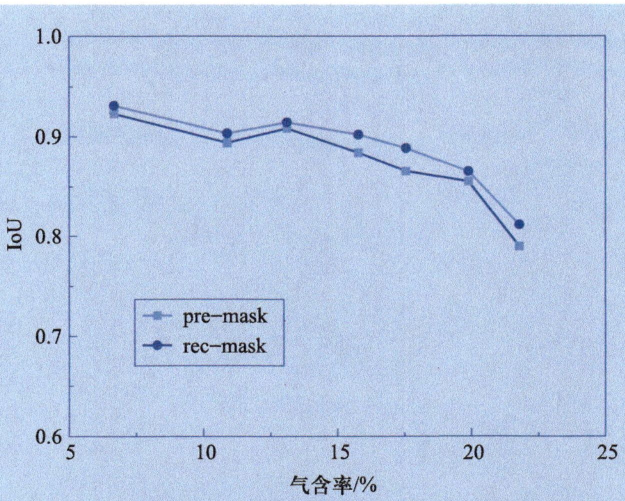

图 10.11 $IoU_{pre\text{-}mask}$ 和 $IoU_{rec\text{-}mask}$ 与气含率的关系

参考文献

郑重声明

读者意见反馈

为收集对教材的意见建议，进一步完善教材编写并做好服务工作，读者可将对本教材的意见建议通过如下渠道反馈至我社。

咨询电话　400-810-0598

反馈邮箱　hepsci@pub.hep.cn

通信地址　北京市朝阳区惠新东街 4 号富盛大厦 1 座

　　　　　高等教育出版社理科事业部

邮政编码　100029